Hume's Political
Philosophy
And
The Scottish
Enlightenment

汶红涛 著

休谟政治哲学与苏格兰启蒙运动

复旦大學出版社

"我的为人，或者宁可说，我从前的为人（因为我现在说到自己时，应该用这种过去说法；这样一来，倒使我鼓起勇气来，吐露自己的意见），和平而能自制，坦白而又和蔼，愉快而善与人亲昵，最不易发生仇恨，而且一切感情都是十分中和的。我虽是最爱文名，可是这种得势的情感也并不曾使我辛酸，虽然我也遭遇过几度挫折。青年人和不自检束的人也乐与我相处，正如勤恳的人和致力文艺的人乐与我相处似的。我因为与谦抑的女子相处，觉得特别快乐，所以她们待我也很好，使我没有什么不满意的地方。总而言之，许多人虽然在别的方面都超卓，可是也往往遇到人的诽谤，致使自己不悦。至于我，则不曾被诽谤的毒齿所啮、所触。我虽然置身于各政党和各教派的狂怒之下，可是因为我对他们平素的忿怨处之泰然，他们反似乎失掉了武器。我的朋友们从来没有遇见任何机会，来给我的品格和行为的某些地方辩护。热狂的信徒们非不愿意捏造并传播不利于我的故事，但是他们从来找不出令人可以有几分相信的事实来。我并不是说，我对我自己所写的这种安葬演说中没有任何虚荣心在内，不过我希望，我这种虚荣心并没有错置了。这是一件容易弄明，容易稽查的事实。"

1776 年 4 月 18 日

——《休谟自传》

目录

序　启蒙语境下的思想 …………………… 高全喜　1

导论 ……………………………………………………… 1
　一、论题的缘起与意义 ……………………………… 2
　二、论题的国内外研究现状 ………………………… 4
　　（一）国外研究现状 ……………………………… 4
　　（二）国内研究现状 ……………………………… 9
　三、论题的研究思路与结构 ………………………… 13
　四、休谟的生平与著作 ……………………………… 15

第一章　回到苏格兰启蒙运动 …………………… 21
　一、什么是苏格兰启蒙运动：争议与定义 ………… 22
　　（一）关于苏格兰启蒙运动的争议 ……………… 22
　　（二）"启蒙"与"启蒙运动" …………………… 24
　　（三）"苏格兰启蒙运动"的定义 ………………… 26
　二、苏格兰启蒙运动的特征 ………………………… 29
　三、苏格兰启蒙运动的核心思想 …………………… 32
　　（一）人性科学 …………………………………… 32
　　（二）风俗、习惯与社会变化 …………………… 34
　　（三）历史与社会"四阶段" …………………… 34
　　（四）商业社会 …………………………………… 35

四、苏格兰启蒙运动的背景 …………………………… 37
　　（一）苏格兰的地理环境 …………………………… 38
　　（二）苏格兰的经济与政治 ………………………… 39
　　（三）苏格兰的大学、协会与俱乐部 ……………… 41
　　（四）苏格兰的法律与宗教 ………………………… 46
五、休谟与苏格兰启蒙运动 …………………………… 50

第二章　休谟政治哲学的基础（Ⅰ）——自然主义人性论 …………………………………………………… 55

一、《人性论》与"人性科学" ……………………………… 56
　　（一）《人性论》的主题与结构 ……………………… 56
　　（二）"人性科学"的构建：目的与意义 …………… 60
　　（三）"人性科学"的方法：牛顿主义 ……………… 62
二、从人性到制度 ………………………………………… 64
　　（一）性善论的制度逻辑 …………………………… 65
　　（二）性恶论的制度逻辑 …………………………… 67
三、休谟视域中的"人性" ………………………………… 69
　　（一）对"人性"的一般看法 ………………………… 69
　　（二）人性的两面：自私与同情 …………………… 73
四、人性论："经验主义"还是"自然主义" …………… 77

第三章　休谟政治哲学的基础（Ⅱ）——情感主义德性论 …………………………………………………… 83

一、道德理论的渊源：莎夫茨伯利、哈奇森和巴特勒 ……………………………………………… 84
二、休谟的道德理论：从理性到情感 ………………… 92
　　（一）道德区分并非源于理性 ……………………… 93
　　（二）道德的基础：特殊的道德感 ………………… 97
　　（三）同情原则与"明智的旁观者" ………………… 101

（四）"旁观者理论"的几点批评 …………………… 107
　三、愉悦性与效用性 …………………………………… 108
　四、自然德性与人为德性 ……………………………… 110

第四章　正义与正义感 …………………………………… 117
　一、正义是一种规则 …………………………………… 120
　　（一）正义的起源：利益与需要 …………………… 120
　　（二）正义的内容：财产权 ………………………… 128
　　（三）正义的维续：三大法则 ……………………… 135
　二、正义是一种德性 …………………………………… 142
　　（一）"正义是一种德性"的确切含义 …………… 142
　　（二）正义感形成的基础和方式 …………………… 146
　　（三）政治美德与伦理美德的区分 ………………… 148

第五章　政府与政体 ……………………………………… 151
　一、休谟的政府理论 …………………………………… 152
　　（一）政府的起源：执行正义的需要 ……………… 152
　　（二）政府的职责与限度 …………………………… 156
　二、政治权威的基础与正当性 ………………………… 160
　　（一）政府权威的基础：利益而非许诺 …………… 160
　　（二）政府权威的正当性辩护：时间与习惯 ……… 164
　三、休谟的政体理论 …………………………………… 166
　　（一）政体的几种类型 ……………………………… 167
　　（二）理想的共和政体 ……………………………… 172

第六章　休谟的自由观 …………………………………… 177
　一、休谟与近代自由主义 ……………………………… 179
　　（一）近代自由主义：从"权利"到"功利" ……… 179
　　（二）霍布斯与洛克的"权利论"自由观 ………… 184
　　（三）休谟对"权利论"自由观的批判 …………… 185

二、休谟视域中的"自由" ……………………………… 187
　（一）休谟是一个自由主义者吗 ……………………… 188
　（二）休谟的"自由式"肖像 ………………………… 192
　（三）基于规则与法治的自由 ………………………… 194

第七章　政治国家与市民社会 ……………………… 199

一、休谟的国家观 ………………………………………… 200
　（一）霍布斯与洛克的理性主义国家观 ……………… 201
　（二）休谟对理性主义国家观的批判 ………………… 202
　（三）"有限国家"与"法治国家" …………………… 204

二、政治国家与市民社会的关系 ………………………… 206
　（一）"国家"与"社会"的界分：休谟、斯密与弗格森 … 207
　（二）"国家"与"社会"的关系模式 ………………… 210
　（三）苏格兰启蒙学派："市民社会"与"国家"的平衡 … 213

三、商业社会的启蒙与现代文明 ………………………… 215
　（一）休谟的态度：社会先于国家 …………………… 216
　（二）什么是商业社会：定义与特征 ………………… 217
　（三）对商业与奢侈的辩护 …………………………… 219
　（四）商业的现代性意义：道德的与政治的 ………… 224

第八章　休谟与近代政治哲学 ……………………… 231

一、休谟与契约论政治哲学 ……………………………… 232
　（一）契约论政治哲学：霍布斯、洛克与卢梭 ……… 232
　（二）"理性"的反思与"自然法"的解构：休谟对
　　　　契约论政治哲学的批判 ………………………… 240
　（三）休谟与卢梭：两种政治哲学进路的分野 ……… 246

二、休谟与功利主义政治哲学 …………………………… 252
　（一）功利主义政治哲学的理论基础："功利"与
　　　　"功利原则" ……………………………………… 252
　（二）休谟的"效用"概念：向功利主义的过渡 …… 256

（三）边沁、密尔与哲学功利主义的兴起 …………… 260

结语 ……………………………………………… 265
参考文献 ………………………………………… 271
后记 ……………………………………………… 283

启蒙语境下的思想

高全喜

前不久收到汶红涛君发来的微信，希望我能为他即将出版的大作《休谟政治哲学与苏格兰启蒙运动》写一个序言。对于序跋之类的文字，我一般没有多少兴致，我并非专通，相关议题也无高论，应酬之作了无意思。但是，红涛的请求我却是一口答应下来，因为他研究的主题与我感兴趣的问题意识密切相关，且三年前我们在苏格兰的格拉斯哥和爱丁堡还有一段记忆深刻的交游。现在阅读品味红涛的书稿，联想到我们一起游走大卫·休谟和亚当·斯密的墓园，拜谒先贤的精神遗产，不禁滋生无限的感慨。300多年前西方边陲苏格兰的启蒙思想竟然在今天的东方中国理论界引起众多学人的关注和研究，这不能不说思想的魅力是无穷的，也说明富有生命力的思想火种是难以磨灭的。

汶红涛的这部著作是他步入政治哲学十多年的产物，据悉他在青少年时就喜爱哲学，但感应当时的学术风潮，很容易被法国和德国哲学思想所激荡，他曾经沉迷于欧陆的启蒙思想和古典哲学，这一点与我三十年来的读书经历也大致相同，可以说，改革开放以来中国有两代思想理论爱好者都有类似的思想历程。难能可贵的是，红涛能够从中走出来，逐渐感受到英美思想的价值，并关注到休谟的政治哲学，进而深入苏格兰启蒙思想的熔炉之中。关于启蒙运动，中国的哲学思想界早就耳熟能详，对于法国启蒙思想乃至德国古典哲学的启蒙性质，有过非常宏富的翻译和研究，可谓成果斐然。但是，关于苏格兰启蒙运动及其思想特征，却少有人问津，虽然近期相关的翻译和研究开始日益增多，那也是晚近十余年来的事情，并且也难以形成哲学研究的主流倾向。说起来，红涛对于苏格兰启蒙思想的研习属于中国学界晚近关注英美政治思想的第一波，他在十多年前就把主要精力放到英国经验主义和苏格兰启蒙思想上面，他对休谟政治哲学的研究，并非重复传统西方哲学史有关经验论和唯理论的二元史观，而是把休谟思想置于苏格兰启蒙运动的大框架之下予以探讨，这样一来，就使得他的休谟研究具有苏格兰启蒙思想的独特韵味。

现在大家都知晓法国启蒙运动与苏格兰启蒙运动是两种性质完全不同的启蒙运动，法国思想与苏格兰思想在社会内涵、政治诉求、理论渊源和问题意识等方面是有所不同的，甚至是大相径庭的。在十年前，这种学界的常识并非十分明朗，红涛能够在研究休谟政治哲学的路径上意识到两种启蒙思想的差异，把休谟等一系列思想家纳入苏格兰启蒙运动的大背景下思考有关伦理、道德、政体、政府、法治、商业、贸易以及人性、情感、理性和自由、规则等问题，这就远远超出了传统哲学史关于政治哲学的厘定，呈现出一种宏富的理论格局。红涛一直关注苏格兰启蒙运动，他的研究把英格兰和苏格兰的社会背景结合在一起，致使他的论著具有不同于法国启蒙思想的自由保守倾向，这种保守是英美思想谱系中的保守，与苏格兰启蒙运动所致力的社会秩序演进和文明政治的拓展密切相关。因此，红涛笔下的政治哲学就与法国激进主义的政治哲学，在问题意识、学术旨趣和概念认知方面有着很大的不同。同为启蒙运动下的政治哲学，法兰西和苏格兰两种启蒙运动呈现出迥然不同的风格，休谟的思想就是典型的写照。

谈到大卫·休谟，国内学界的相关研究也算不少，但大多把他视为一位经验主义的哲学家，对其哲学认识论和方法论等多有讨论，但休谟的政治哲学，尤其是他的融汇历史、法治和商业于一炉的政治思想，认知者和研究者并不多。红涛能够访学格拉斯哥大学，追随导师克里斯托弗·贝瑞教授和克雷格·史密斯博士深入苏格兰启蒙思想的历史语境，在一种宏阔的现代英国社会转型的历史进程中，梳理和论辩休谟政治哲学的思想史蕴含，这确实令人耳目一新。我在若干年前对于休谟政治哲学也有研究，感觉红涛的路径和问题旨趣与我大致相同，看到年轻人能够沿着英格兰-苏格兰启蒙思想的路子步入说不尽的休谟，我颇感欣慰。从大的脉络来看，休谟、斯密和弗格森等苏格兰思想家们的理论既接续英格兰政治思想传统，又基于苏格兰融入英国的问题意识，开启出新的道德哲学、经济理论和文明学说，这条理路是情感主义的和改良主义的，与法国启蒙运动的狂飙突进大为不同，与理性主义的契约论、功利论和革命论也迥然异趣。这种苏格兰启蒙语境下的政治哲学，需要温厚的思想话语和同情性的观念体认才能把握，红涛的著述充分体现了这个特征，他对于休谟的分析是非常到位的，审慎而节制，细密而宏阔，清晰而饱满，凡此种种，大体触及休谟著书做人的遗风余韵。

休谟思想是个重大话题，苏格兰启蒙思想更是一座金矿，中西思想界对此的研究和挖掘远没有穷尽，希望红涛今后继续沉潜下去，假以时日，为中国的西方哲学史界贡献出更为优异的研究作品。

2022 年 9 月 28 日于沪上书房

导论

一、论题的缘起与意义

大卫·休谟（David Hume，1711年4月26日—1776年8月25日）是苏格兰最负盛名的哲学家、历史学家和经济学家，是苏格兰启蒙运动和西方哲学史上极其重要的思想家。其思想广泛触及哲学、政治、历史和经济等领域，主要著作有：《人性论》（1739—1740）、《道德和政治论文集》（1741—1742）、《人类理解研究》（1748）、《道德原则研究》（1752）、《大不列颠史》（1754—1762）、《宗教的自然史》（1757）和《自然宗教对话录》（1779）等，与约翰·洛克（John Lock）、乔治·贝克莱（George Berkele）并称英国三大经验主义者，后来尤其以经验论和怀疑主义著称。由于多种原因，休谟的政治哲学思想一直没有受到应有的重视。

第一，在过去相当长的时期，学术界对于休谟的研究主要集中于他的认识论或知识论，人们更多地关注了休谟的经验主义、怀疑主义和因果论等认识论问题，很少关注他的政治哲学。作为哲学家的休谟，其哲学认识论所引起的广泛而深远的影响，比起其政治思想则更为人们所关注。康德认为，是休谟的怀疑论将自己从独断论的迷梦中唤醒。因而，康德给予休谟极高的评价，但这一评价也主要针对休谟的认识论思想。以赛亚·伯林也认为，休谟的哲学认识论成就远远高于他的政治思想成就。因此，鉴于休谟的认识论或知识论哲学广泛而持久的影响力，其政治哲学受到忽略也不难理解。第二，休谟对其政治哲学的第一次系统阐述主要集中于《人性论》第三卷"道德学"，而这一卷既包含了他的道德哲学，也包含了他的政治哲学。作为其政治哲学核心的"正义"问题则主要是在此卷第二章"论正义与非义"中讨论的。相对于《人性论》一书的篇幅，政治哲学部分的篇幅显得相对有限。此外，除了《人性论》第三卷，休谟通过他在1744年出版的《道德和政治论文集》（*Essays Moral and Political*）和历史巨作《大不列颠史》

(*The History of Great Britain*)两部著作表达了对政治问题的思考，但这两部著作对政治问题的评论和阐述显得较为零散，缺乏体系性。因此，有不少学者认为，休谟的政治哲学在他整个的思想体系中并不占据重要位置，甚至认为休谟的政治思考只是其哲学思想的补充，与哲学思想缺乏一致性和连贯性，价值并不大。第三，从政治哲学史的角度来看，17、18世纪占据主流的是以霍布斯和洛克为代表的契约论政治哲学，休谟之后的19世纪则兴起和形成了以边沁和密尔为代表的功利主义政治哲学。作为一个过渡性的人物，休谟批判和解构了近代契约论政治哲学，为19世纪功利主义政治哲学的形成提供了理论基础和理论框架。与契约论政治哲学和功利主义政治哲学鲜明的理论框架和理论形态相比，作为过渡和转型阶段的休谟政治哲学则不大具有明显的体系性，因而遭到冷遇。

基于以上诸种原因而对休谟政治哲学重视的不足，本书认为：休谟政治哲学是休谟整个哲学体系中不可忽视的重要构成部分。不论是政治哲学理论本身，还是在政治哲学史上的地位与意义，都具有其鲜明的独特性和价值。从休谟的《人性论》一书来看，第一，休谟的政治哲学思想并非孤立的和零散的，而是与休谟整个人性科学研究的主题和用意保持着内在的连贯性和统一性。人性研究是其"道德学"或道德哲学、政治哲学以及政治经济学研究的基础，而政治哲学研究则是休谟人性科学在政治领域中的扩展和应用。没有人性研究，政治哲学的研究则是不可能的；没有政治哲学的研究，其人性科学也是不完整的。第二，休谟的政治哲学思想具有其自身完整的结构和逻辑。这一完整的结构和逻辑，一方面表现在它与整个"人性"科学研究的结构和逻辑保持着内在统一；另一方面，也是最重要的一方面，表现在他的政治哲学具有自身独特的思考理路和思考框架。其理论基础、理论结构、理论逻辑都具有连贯性、完整性和独特性。第三，从政治哲学史的维度来看，休谟的政治哲学不是孤立的，更是不能予以忽略的，它在近代政治哲学史上处于极为特殊的位置，扮演着极为重要的角色。

因此，对于休谟政治哲学的研究是不可忽略的。这一研究不仅有助于我们更深入地理解休谟的哲学思想，而且对于厘清其在政治哲学史上的地位、把握苏格兰启蒙运动的内涵与意义，都具有非常重要的哲学史和思想史意义。

二、论题的国内外研究现状

（一）国外研究现状

作为欧洲三大启蒙运动之一的苏格兰启蒙运动，长期以来被学术界所忽视，直到20世纪60年代才进入学界视野，有关研究逐步展开。之前对于是否存在苏格兰启蒙运动，学界一直存有争议。英国史学家修·特雷弗—罗伯（Hugh Trevor-Roper）和邓肯·福布斯（Duncan Forbes）就针对这一问题展开过争论。[①] 邓肯·福布斯肯定了苏格兰启蒙运动的存在，并对之进行了一系列研究，在英国引发了对苏格兰启蒙运动的研究热潮。而意大利历史学家文图里（Franco Wenturi）在1960年斯德哥尔摩召开的第11届历史科学大会和1969年的剑桥特立威廉讲座上都充分强调了苏格兰启蒙运动的重要性，并提出"对苏格兰启蒙运动的'全面研究'相应地早已成为18世纪欧洲历史研究的最重要的一部分"[②]。自此，苏格兰启蒙运动正式被学界加以接受和认可，并作为一个独特的学术主题进入研究视野。20世纪60年代后，西方学者对苏格兰启蒙运动中的代表性人物，如弗朗西斯·哈奇森（Francis Hutcheson）、大卫·休谟（David Hume）、亚当·斯密（Adam Smith）、亚当·弗格森（Adam Ferguson）等人的哲学、政治、经济、社会、法律等思想展开了深入研究，产生了大量的学术成果。

这一研究从时间上大致可以分为两个阶段：第一阶段从20世纪60年代到90年代，主要针对苏格兰启蒙思想家进行专门性研究。代表性

[①] John Robertson, "The Scottish Contribution to the enlightenment", *The Scottish Enlightenment Essays in Reinterpretation*, edited by Paul Wood, Rochester: Rochester University Press, pp. 37-63.

[②] Franco Wenturi, *Utopia and Reform in the Enlightenment*, Cambridge: Cambridge University Press, 1971, pp. 132-133.

的学术著作和论文有：哈耶克（Hayek）1963 年发表的《大卫·休谟的法律哲学和政治哲学》、邓肯·福布斯（Duncan Forbes）于 1975 年出版的《休谟的政治哲学》[1]、唐纳德·温奇（Denald Winch）的《亚当·斯密的政治学》[2]和间·兰道尔（Jane Rendall）于 1978 年出版的《苏格兰启蒙运动的起源》[3]。第二阶段从 20 世纪 90 年代至今，主要关注苏格兰启蒙思想家的整体式和专题式研究。2000 年保罗·伍德（Paul Wood）出版的《苏格兰启蒙运动：再诠释论文集》[4] 和 2003 年剑桥大学出版的《剑桥哲学研究指针》系列丛书中收录的由亚历山大·布罗迪（Alexander Broadie）编辑的《苏格兰启蒙运动》[5]，是两本最具代表性的研究论文集。专著方面，努德·哈孔森（K. Haakonseen）的《自然法与道德哲学：从格老秀斯到苏格兰启蒙运动》[6] 从自然法和道德哲学的角度对苏格兰启蒙运动做了深入研究。约翰·德维尔（John Dwyer）的《激情的岁月——亚当·斯密与苏格兰启蒙文化的一种解释》[7] 则从文化角度对亚当·斯密与苏格兰启蒙运动之关系做了深入研究。克里斯托弗·贝瑞（Christopher J. Berry）[8] 的《苏格兰启蒙运动的社会理论》[9] 一书向读者提供了对苏格兰历史上重要思想家的社会思想的清晰易懂的解释和综述，而他的另外一本著作《苏格兰启蒙运动

---

[1] Duncan Forbes, *Hume's Philosophical Poliiticas*, Cambridge: Cambridge University Press, 1975.
[2] 唐纳德·温奇：《亚当·斯密的政治学》，褚平译，译林出版社 2010 年版。
[3] Jane Rendall, *The origins of Scottish Englightenment*, London: St. Martin's Press, 1978.
[4] Paul Wood (Editor), *The Scottish Enlightenment: Essays in Reinterpretation*, Rochester: Rochester University Press, 2000.
[5] Alexander Broadie (Editor), *The Cambridge Companion to The Scottish Enlightenment*, Glasgow: Glasgow University Press, 2006.
[6] 努德·哈孔森：《自然法与道德哲学：从格老秀斯到苏格兰启蒙运动》，马庆、刘科译，浙江大学出版社 2010 年版。
[7] John Dwyer, *The Age of The Passions — An Interpretation of Adam Smith and Scottish Enlightenment Culture*, Tuckwell Press, 1998.
[8] "Christopher J. Berry" 有译为"克里斯托弗·贝瑞"，也有译为"克里斯托弗·贝里"，两者均可，本书正文使用"克里斯托弗·贝瑞"这一译名。
[9] 克里斯托弗·贝瑞：《苏格兰启蒙运动的社会理论》，马庆译，浙江大学出版社 2012 年版。

中的商业社会观念》①则聚焦于考察苏格兰思想家对商业社会的思考。美国学者阿瑟·赫尔曼（Arthur Herman）所著的《苏格兰：现代世界文明的起点》②一书，是目前较受欢迎的一部了解苏格兰启蒙运动的非严谨的学术著作，具有极大的参考价值。

同样，作为苏格兰启蒙运动之殿军的大卫·休谟，其政治哲学思想在20世纪上半期以前鲜有人提起，尤其是他作为一个政治哲学家的身份一直未得到应有的关注和肯定。直到20世纪60年代，随着苏格兰启蒙运动研究的兴起，休谟作为政治哲学家的地位逐渐得到了学术界的认可，西方学术界对休谟政治哲学的研究逐渐增多。这一研究主要集中于如下几个方面。

第一，对休谟道德哲学和政治哲学的系统性介绍。罗素·哈丁（Russell Hardin）的《休谟：道德与政治理论》③一书对休谟的道德哲学和政治哲学做了比较系统的介绍。弗雷德里克·沃兰（Frederick G. Whelan）的《休谟政治哲学中的秩序与技巧》④一书也详细介绍了休谟的道德哲学和政治哲学，但该书侧重于研究休谟政治哲学和道德哲学之间的理论关联。约翰·B. 斯图尔特（John B. Stewart）的《休谟的道德与政治哲学》⑤也是一本研究休谟道德哲学和政治哲学的重要著作。詹姆斯·贝里（James Baillie）的《休谟论道德》⑥则是一本集中介绍和研究休谟道德哲学的著作，该书对休谟道德哲学的背景、内容、特点做了较为详细的论述，对于深入理解休谟的道德哲学具有重要的理论价值。戴维·诺顿（David Fate Norton）的《休谟（剑桥哲学

---

① 克里斯托弗·贝里：《苏格兰启蒙运动中的商业社会观念》，张正萍译，浙江大学出版社2018年版。
② Herman, *How the Scots Invented the Modern World*, Portland: Broadway Books Press, 2002.
③ Russell Hardin, *David Hume: Moral and Political Theorist*, Oxford: Oxford University Press, 2007.
④ Frederick G. Whelan, *Order and Artifice in Hume's Political Philosophy*, Princeton: Princeton University Press, 1985.
⑤ John B. Stewart, *The Moral and Political Philosophy Of David Hume*, Columbia: Columbia University Press, 1963.
⑥ Baillie James, *Hume on morality*, London: Routledge Press, 2000.

指南）》①一书对休谟的认识论、道德哲学、政治哲学以及宗教哲学都做了全面的介绍，是一本值得阅读的学术著作。

第二，对休谟道德哲学和政治哲学与 18 世纪启蒙运动之间关系的研究。亚历山大·布罗迪编著的《苏格兰启蒙运动》一书，讨论和分析了休谟的道德哲学和政治哲学对近代启蒙运动的影响。斯蒂芬·贝克（stephen buckle）的《休谟的启蒙域》②从休谟的经验主义、怀疑主义和自然主义等方面讨论了休谟哲学的启蒙意义。斯图亚特·布朗（Stuart Brown）所编的《英国哲学和启蒙时代》③，比较全面地分析和介绍了休谟的认识论、道德哲学和政治哲学对英国启蒙运动的意义和贡献。

第三，对休谟思想中的具体理论如财产权、道德心理学、正义理论以及休谟哲学思想和政治思想之间关系问题的关注和研究。尤其在休谟哲学认识论和政治哲学的关系问题上，邓肯·福布斯认为，休谟的政治思想与其哲学认识论之间存在着本质性关联，必须从哲学认识论角度来研究和理解休谟的政治思想。但相反的观点则认为，休谟的政治哲学和他的哲学认识论之间没有必然关联。罗素（Bertrand Russell）就认为，休谟思想的价值在于他的哲学认识论，认识论和政治哲学在休谟那里是相对分离的，两者不存在直接的关系。而戴维·米勒（David Miller）则认为，不论是研究休谟道德哲学、政治哲学还是宗教哲学，对其认识论的理解是有必要的，但并不是理解和研究休谟政治哲学的直接理论基础。④

第四，关于休谟政治哲学性质定位问题的争论。有学者认为休谟是一个保守主义政治理论家，也有人认为休谟是一个自由主义者。前

---

① David Fate Norton, *The Cambridge Companion to David Hume*, Cambridge: Cambridge University Press, 1993.
② Stephen Buckle, *Hume's Enlightenment Tract*, Oxford: Oxford University Press, 2004.
③ 斯图亚特·布朗主编：《英国哲学和启蒙时代》，高新民等译，中国人民大学出版社 2009 年版。
④ David Miller, *Philosophy and Ideology in Hume's Political Thought*, Oxford: Oxford University Press, 1981, pp. 13 - 14.

者的理由是，休谟明确批判了近代契约论政治哲学及其理论基础——自然法与自然权利学说，而这一点正是保守主义的理论特征所在。如学者弗雷德里克·G. 沃兰（Frederick G. Whelan）就认为，虽然休谟的政治哲学中保留了某些自由主义的结论，但他对理性的反思使得他只能被视为一位保守主义者，因为理性是一切政治社会及其制度框架得以建构的基础。① 唐纳德·W. 利文斯顿（Donald W. Livingston）在为劳伦斯·邦吉的《休谟：反革命的先知》（*David Hume：Prophet of the Counter-revolution*）一书所写的序言中说，休谟"更像是现代保守主义的最初资源"②，因为在理性契约和经验演化之间，休谟选择了后者，因此他不是自由主义者的同道，而是保守主义者的先驱。在《休谟的日常生活哲学》中，他也强调了休谟是一位保守主义者，因为他在真正哲学（后皮浪哲学）和虚假哲学（由自主性原则所支配的哲学）之间做出区分的基础上，以前者来反对后者。③ 杰里·马勒（Jerry Muller）认为，休谟是一个政治保守主义者，他将其相对保守的政治观与哲学怀疑论结合在一起。④ 莱斯利·斯蒂芬（Leslie Stephen）也认为，作为"异端的怀疑主义在政治上的转换"，休谟在意识形态上属于"讥讽的保守主义"⑤。后一种观点则认为，休谟政治哲学的性质是自由主义的。约翰·B. 斯图尔特（John B. Stewart）认为，休谟主张限制政府权力和实施法治，其政治哲学中的诸多结论符合自由主义的基本原则。⑥ 阿米·斯特基斯（Amy H. Sturgis）认为，洛克、休谟、亚

---

① Frederick G. Whelan, *Order and Artifice in Hume's Political Philosophy*, Princeton：Princeton University Press, 1985, p. 363.
② Laurence L. Bongie, *David Hume：Prophet of the Counter-revolution*, Indianapolis：Liberty Fund, 2000, p. xi.
③ 唐纳德·利文斯顿：《休谟的日常生活哲学》，李伟斌译，华东师范大学出版社2018年版，第398页。
④ 杰里·马勒：《保守主义：从休谟到当前的社会政治思想文集》，刘曙辉、张容南译，译林出版社2010年版，第43页。
⑤ Leslie Stephen, *The History of English Thought in the Eighteenth Century*（Vol. 2），New York：Peter Smith Pub Inc, 1949, p. 185.
⑥ John B. Stewart. *Opinion and Reform in Hume's Political Philosophy*, Princeton：Princeton University Press, 1992.

当·斯密、约翰·密尔、曼德维尔、贡斯当、托克维尔、哈耶克、诺齐克和弗里德曼等人都应被列入古典自由主义行列。① 诺尔曼·巴利（Norman P. Barry）认为，虽然休谟批判和解构了近代契约论政治哲学的理性主义基础，但却从情感与经验的角度巧妙地解释了自由主义的基本原则，"在政治思想史中，休谟的学说建立在一种基于彻底反理性主义和怀疑主义的自由价值的理性系统上，也许是一种最精妙和最有说服力的尝试"②。克里斯托弗·贝瑞在他的《大卫·休谟：启蒙与怀疑》③和《休谟、斯密与苏格兰启蒙运动论文集》④中对休谟"自由主义"肖像的刻画表明，休谟政治哲学的自由主义特征远大于其保守主义特征，如肯定科学、反对迷信；支持经济自由和市场自由；强调法治和宗教宽容；主张基于"无赖原则"的限权而非威权等。

（二）国内研究现状

相对于西方学界，国内关于苏格兰启蒙运动的研究刚刚起步，研究成果相对有限，整体上仍然处于翻译介绍阶段。直到最近几年，陆续出版了一些研究专著，也发表了一些学术论文，但整体而言，对这一主题的研究还是偏少。就"苏格兰启蒙运动"这一主题的研究而言，2010年以来浙江大学出版社组织翻译并出版了一套"启蒙运动经典译丛"和一套"启蒙运动研究译丛"。"启蒙运动经典译丛"包括：《文明社会史论》《道德哲学体系》《论人的理智能力》《论人的行动能力》《精神科学的逻辑》《论美与德性观念的根源》《按常识原理探究人类心灵》《论政治与经济：休谟论说文集卷一》《论道德与文学：休谟论说文集卷二》《逻辑学、形而上学和人类的社会本性》《论激情和感情的本性与表现，以及对道德感官的阐明》。"启蒙运动研究译丛"包括：《剑

---

① 拉齐恩·萨丽：《哈耶克与古典自由主义》，秋风译，贵州人民出版社2003年版，第19—61页。
② 诺尔曼·P. 巴利：《古典自由主义与自由至上主义》，竺乾威译，上海人民出版社1999年版，第25页。
③ 克里斯托弗·贝里：《大卫·休谟：启蒙与怀疑》，李贯峰译，华中科技大学出版社2019年版。
④ Christopher J. Berry, *Essays on Hume, Smith and the Scottish Enlightenment*, Edinburgh: Edinburgh University Press, 2018.

桥指南：苏格兰启蒙运动》《财富与德性——苏格兰启蒙运动中的政治经济学的发展》《自然法与道德哲学——从格老秀斯到苏格兰启蒙运动》《立法者的科学：大卫·休谟和亚当·斯密的自然法理学》《苏格兰启蒙运动的社会理论》《苏格兰启蒙运动中的商业社会观念》《民族发展中的苏格兰哲学》《启蒙及其限制》《商业与正义》《激情与财富——休谟的人性科学与其政治经济学》等。

但国内学者以"苏格兰启蒙运动"为题的研究专著至今没有，只有部分博士、硕士的学位论文和一些公开发表的学术文章。博士学位论文中，周保巍的《走向文明——休谟启蒙思想研究》[1]，主要从思想史的角度讨论了休谟"文明观"的启蒙意义；项松林的《苏格兰启蒙思想家的市民社会理论研究》[2]，主要从政治学角度研究了哈奇森、休谟和亚当·斯密的市民社会理论；王超的《苏格兰启蒙政治思想研究——以政治正当性为中心的考察》[3]一文则主要以政治正当性为核心对哈奇森、休谟和亚当·斯密的政治思想做了系统梳理；杨芳的《"商业社会"的建构——亚当·斯密启蒙研究》[4]，主要研究了斯密商业社会理论的启蒙意义。硕士学位论文主要有毕建宏的《苏格兰启蒙运动中的商业秩序与公民美德》[5]和翟宇的《论苏格兰启蒙思想家弗格森的政治思想》[6]。此外，公开发表相关主题学术论文30多篇[7]。

---

[1] 周保巍：《走向文明——休谟启蒙思想研究》，华东师范大学博士学位论文，2009年。
[2] 项松林：《苏格兰启蒙思想家的市民社会理论研究》，浙江大学博士学位论文，2009年。
[3] 王超：《苏格兰启蒙政治思想研究——以政治正当性为中心的考察》，山东大学博士学位论文，2011年。
[4] 杨芳：《"商业社会"的建构——亚当·斯密启蒙研究》，华东师范大学博士学位论文，2007年。
[5] 毕建宏：《苏格兰启蒙运动中的商业秩序与公民美德》，北京大学硕士学位论文，2006年。
[6] 翟宇：《论苏格兰启蒙思想家弗格森的政治思想》，吉林大学硕士学位论文，2007年。
[7] 国内相关研究论文有：林毓生：《从苏格兰启蒙运动谈起》，载《读书》1993年1期；周保巍：《"自由主义"的自由和"共和主义"的自由——苏格兰启蒙运动中的观念冲突》，载《华东师范大学学报（哲学社会科学版）》2006年第1期；李雪丽：《苏格兰启蒙运动概论》，载《湘潭大学学报（哲学社会科学版）》2005年第2期；周保巍：《走向"文明"——苏格兰启蒙运动中的"历史叙事"与"民族认同"》，载《浙江学刊》2007年第3期；周保巍：《苏格兰启蒙运动中的"道德原则"与"社会变迁"——以"勤勉"观念为个案的考察》，载《浙江学刊》2008年第3期；高力克：《严复的伦理观与苏格兰启蒙哲学》载《哲学研究》2009年第2期；翟宇：《苏格兰启蒙运动的兴起》，载《贵州社会科学》2009年第10（转下页）

以"休谟政治哲学"为主题的研究，国内也相对较少。除了认识论或知识论研究之外，休谟的政治哲学仍是一个相对被忽略的理论领域。就现有的研究来看，主要以对休谟政治思想的一般性介绍和评价为主，缺乏系统化和专门化研究。阎吉达先生的《休谟思想研究》[①]，是一部对休谟思想比较系统、全面研究的专著，该书对休谟的政治思想，尤其是关于社会与政府的起源、政体主张等观点做了分析和阐述。周晓亮先生的《休谟哲学研究》[②] 一书，是国内休谟思想研究非常重要的一本专著，该书对休谟的认识论、伦理学、美学和宗教学思想做了清晰、全面的分析，水平颇高，但对于休谟的政治哲学则未涉及。王

(接上页)期；项松林：《苏格兰启蒙运动的历史、思想及其现实意义探析》，载《浙江社会科学》2009年第11期；翟宇：《苏格兰启蒙思想家弗格森：生平与著述》，载《江汉论坛》2009年第11期；项松林：《生活史视野下的苏格兰启蒙运动》，载《中南大学学报（社会科学版）》2010年第4期；王超：《苏格兰启蒙运动与现代性关系初探》，载《求是学刊》2010年第4期；项松林：《市民社会的德性之维：以苏格兰启蒙运动为中心的考察》，载《伦理学研究》2010年第5期；项松林：《苏格兰启蒙运动的思想主题：市民社会的启蒙》，载《同济大学学报（社会科学版）》2011年第2期；韩志伟、郝继松：《论道德感的实践本性——以苏格兰启蒙运动为中心的考察》，载《理论探讨》2011年第3期；陈晓曦：《理性、情感与道德区分——兼论苏格兰启蒙运动中情感主义学派的论证及意义》，载《湖南社会科学》2011年第5期；孟建伟、郝苑：《苏格兰启蒙运动与科学》，载《自然辩证法通讯》2012年第1期；李虹、项松林：《在洛克、孟德斯鸠与黑格尔之间——苏格兰启蒙思想家论市民社会与国家》，载《湖南师范大学社会科学学报》2012年第2期；项松林：《苏格兰启蒙学者的政治思想探究》，载《武汉科技大学学报（社会科学版）》2012年第2期；任裕海：《苏格兰启蒙思想与美国宪政生成关系简论》，载《学海》2012年第3期；项松林：《苏格兰启蒙思想家的社会哲学探究》，载《西南交通大学学报（社会科学版）》2012年第4期；李虹、项松林：《道德的民主化启蒙——以苏格兰启蒙运动为中心的考察》，载《学术界》2012年第5期；杨晓东：《苏格兰启蒙学派的人性论与社会秩序建构逻辑——大卫·休谟和亚当·斯密的视角》，载《华北电力大学学报（社会科学版）》2012年第6期；林子赛：《充满激情的人性——论苏格兰启蒙思想家弗格森的人性观》，载《浙江社会科学》2012年第10期；项松林：《启蒙理想与现代性——以苏格兰启蒙运动为中心的考察》，载《贵州社会科学》2013年第4期；杨芳、卢少鹏：《苏格兰启蒙运动的教育根源探析》，载《江西社会科学》2013年第7期；臧峰宇：《苏格兰启蒙运动与马克思的正义论》，载《哲学研究》2014年第1期；臧峰宇：《苏格兰启蒙运动与青年马克思的市民社会理论》，载《天津社会科学》2014年第2期；张正萍：《情感正义论：从诗性正义回到苏格兰启蒙》，载《浙江大学学报（人文社会科学版）》2014年第3期；高力克：《斯密与严复：苏格兰启蒙运动在中国》，载《浙江社会科学》2014年第11期；刘晓燕、刘海霞：《论苏格兰启蒙运动时期的宗教世俗化——以休·布莱尔的宗教思想为中心》，载《学术交流》2015年第3期。

① 阎吉达：《休谟思想研究》，上海远东出版社1994年版。
② 周晓亮：《休谟哲学研究》，人民出版社1999年版。

彩波先生在其《西方政治思想史——从柏拉图到约翰·密尔》[①]中认为，休谟的政治哲学开创了一种西方政治哲学思考的新路径，但对其具体研究还不够。张桂琳先生在《理性与功利：谁是权威——休谟政治哲学述评》[②]一文中，以理性和功利为视角总结了休谟政治哲学的基本特征，评价了休谟对西方政治哲学史的影响。李强先生在其专著《自由主义》[③]一书中，从苏格兰启蒙运动对近代自由主义发展的影响和贡献角度，阐述了休谟政治哲学的基本内涵及其对自由主义的理论贡献。刘军宁先生则在其著作《保守主义》一书中，阐述了休谟政治哲学对保守主义思想的重要影响。[④] 顾肃先生和唐士其先生则分别在其著作《自由主义基本理念》[⑤]和《西方政治思想史》[⑥]中从自由主义和保守主义传统角度简要介绍了休谟的政治哲学。高全喜先生所著《休谟的政治哲学》[⑦]一书是国内第一部关于休谟政治哲学研究的专著。该书视野开阔，论述全面，问题意识清晰明确，是一部极具分量的学术著作。宋宽锋在其《休谟政治哲学再诠释——兼评高全喜先生〈休谟的政治哲学〉》[⑧]一文中，对现有休谟政治哲学研究上的理论误解做了进一步的辨析和澄清。夏纪森在其专著《正义与德性——哈耶克与休谟正义理论比较研究》[⑨]中，对哈耶克和休谟的正义理论进行了比较研究，指出了哈耶克与休谟正义理论的异同。李伟斌的《休谟政治哲学新论》[⑩]从自然主义和保守主义之关系的角度解读了休谟的政治思想，具有新意。徐治国的《休谟的社会政治思想研究》[⑪]主要从社会秩序理论的视

[①] 王彩波：《西方政治思想史——从柏拉图到约翰·密尔》，中国社会科学出版社2004年版。
[②] 载于张桂琳：《西方政治哲学——从古希腊到当代》，中国政法大学出版社1999年版。
[③] 李强：《自由主义》，中国社会科学出版社1998年版。
[④] 刘军宁：《保守主义》，天津人民出版社2007年版。
[⑤] 唐士其：《西方政治思想史》，北京大学出版社2002年版。
[⑥] 顾肃：《自由主义基本理念》，中央编译出版社2003年版。
[⑦] 高全喜：《休谟的政治哲学》，北京大学出版社2004年版。
[⑧] 宋宽锋：《休谟政治哲学再诠释——兼评高全喜先生〈休谟的政治哲学〉》，载《山东大学学报（哲学社会科学版）》2006年第4期。
[⑨] 夏纪森：《正义与德性——哈耶克与休谟正义理论比较研究》，上海人民出版社2009年版。
[⑩] 李伟斌：《休谟政治哲学新论》，中国社会科学出版社2013年版。
[⑪] 徐治国：《休谟社会政治思想研究》，人民出版社2017年版。

角探讨了休谟的政治思想，是对休谟政治思想研究的进一步推进。

从以上国内的研究成果可以看出，我国学术界对休谟政治思想的研究呈现出不断繁荣之势，对其关注越来越多，研究也愈加深入。但对休谟政治哲学与苏格兰启蒙运动之内在历史与理论关联的全面、系统、深入的研究，依然是不够的，这也是今后国内学术研究的一个重要方向。

三、论题的研究思路与结构

鉴于休谟政治哲学思想自身的独特性以及在西方政治哲学史上的特殊地位与意义，为了清晰地展现休谟政治哲学思想的价值，本书将从三个维度展开研究。第一，对休谟政治哲学的基础理论展开研究。一方面旨在弄清休谟政治哲学的理论基础、思考路径、理论型态和具体内容；另一方面旨在明确休谟政治哲学的内在结构、思考逻辑和思想目的。以此展现休谟政治哲学的独特性。第二，辨析休谟的自由观，澄清其国家观和市民社会理论。第三，在休谟政治哲学基础理论研究之上，将休谟政治哲学置于苏格兰启蒙运动的大背景中，考察和研究休谟政治哲学在西方政治哲学史中的地位及其意义。具体而言，是考察和研究休谟政治哲学和近代西方契约论政治哲学与近代功利主义政治哲学之间的内在关联。

本书分为导论和正文，正文共八章。

第一章考察了苏格兰启蒙运动的定义、特征、核心思想及其相关社会历史背景。本章共分为五节：第一节主要讨论苏格兰启蒙运动的定义与争议；第二节主要分析苏格兰启蒙运动的主要特征；第三节分析讨论苏格兰启蒙运动的四个核心思想；第四节介绍苏格兰启蒙运动的相关社会历史背景；第五节尝试讨论了休谟与苏格兰启蒙运动的关系以及他对苏格兰启蒙运动的影响。

第二章主要讨论休谟政治哲学的人性基础，即自然主义的人性论。本章分为四节：第一节对《人性论》一书的主题、结构及其相关问题做了分析和铺陈；第二节主要讨论政治哲学的人性论形态，从性善论和性恶论两种典型人性论形态出发，探讨其人性与制度建构之间的逻辑关系，从而为理解休谟政治哲学的人性论基础提供一种参照；第三节主要探讨休谟对人性的具体看法；第四节是对休谟"人性论"思想性质问题争论的进一步讨论，明确休谟的人性论思想是自然主义的。

第三章主要讨论休谟政治哲学的德性基础，即情感主义的德性论。本章分为四节：第一节探讨休谟道德思想的历史渊源，以莎夫茨伯利、哈奇森和巴特勒为主要对象；第二节具体讨论休谟道德理论的情感主义转向；第三节和第四节则分别讨论休谟关于德性的标准和分类问题，这直接关系到休谟政治哲学与道德哲学之间的内在关联以及区分。第二章和第三章共同构成了休谟政治哲学的基础。

第四章主要讨论休谟政治哲学的核心问题——正义。本章从两个维度理解休谟的正义理论：即作为规则的正义和作为德性的正义。因此本章分为两节：第一节主要探讨作为规则意义上的正义问题，涉及正义的起源、内容及维续等；第二节主要探讨作为德性意义上的正义问题，也即正义感问题，涉及正义与德性之间的关系、正义感形成的基础与方式以及政治美德与伦理美德、政治哲学与道德哲学之区分等问题。

第五章主要讨论休谟的政府理论和政体理论。本章分为三节：第一节主要探讨了休谟的政府论思想，涉及政府的来源、职责与限度问题；第二节主要探讨了权威的基础、合法性与正当性问题；第三节则主要探讨休谟的政体理论。

第六章主要讨论休谟的自由观。本章分为两节：第一节主要探讨了近代自由主义的内在发展逻辑以及休谟与近代自由主义之间的关系；第二节则着重探讨了休谟政治哲学中的自由主义意蕴。

第七章主要讨论休谟的政治国家观和市民社会理论。本章分为三节：第一节考察和分析了休谟的国家观；第二节分析和讨论了"国家"与"社会"概念之间的关系，指出了两者在苏格兰启蒙语境中的分化与差异；第三节着重分析了休谟对"国家"和"社会"关系的理解和看法，并详细论述了休谟的市民社会或商业社会理论。

第八章主要讨论休谟与近代政治哲学之间的关系。本章分为两节：

第一节考察和分析了休谟对近代契约论政治哲学的批判和解构；第二节考察和分析了休谟政治哲学对功利主义政治哲学的兴起和形成产生的理论影响及其意义。

四、休谟的生平与著作

大卫·休谟（David Hume），1711年4月26日出生于苏格兰爱丁堡。他的父亲约瑟夫·霍姆（Josephus Home）是一位律师，在休谟幼年时（1713年）去世，他的母亲是凯瑟琳·法尔康诺（Katherine Falconer）夫人。不论在父系还是母系方面，休谟都系出名门，但家中并不富裕，并且休谟在家里三个孩子中排行最小，按照当地习俗，他只能得到很少一部分财产。休谟认为他的母亲"是一位特别有德行的人，她尽全力于教养子女"①。休谟在母亲那里得到了良好的教育，以至于他在少年时期就热爱文学，他说："这种热情是我一生的主要情感，而且是我的快乐的无尽宝藏。"②

求知若渴、好学深思的休谟在不到12岁时（1722年初）就进入了爱丁堡大学读书，当时的爱丁堡大学充斥着各种新的科学、哲学和文学思潮。起初他打算学习法律专业，但不久，他发现自己除了对文学热情日渐高涨外，越来越迷上了哲学，并对其他所有事物都感到极度厌烦。休谟曾对他的朋友说："法律，作为我以前打算从事的一种职业，在我看来令人作呕。在这世界上，除了做学者和哲学家，我再想不出别的途径可以提升我的声誉。"③ 可见，哲学已经在这个少年的心中落地生根了。1725年或1726年，在没有取得学位的情况下离开爱丁堡大学时，休谟已经是一位思想深邃、雄心勃勃并立志献身于写作生涯的年轻人，此后便长期自修。1729年起，休谟潜心于哲学研究，旨

---

① 休谟：《人类理解研究》，关文运译，商务印书馆1957年版，第1页。
② 同上。
③ David Hume, *The Letters of David Hume*, edited by Y. T. Greig, Oxford: Oxford University Press, 1932, p. 13.

在建立一套全新的哲学体系。由于持续工作，加之思虑过度，他的身体严重衰弱，精神萎靡不振，18岁的他骨瘦如柴，弱不禁风，就像个痨病鬼一样。1730年4月，休谟求医被告知所得的是一种"学者病(the disease of the learned)"，实际上就是"忧郁症（vapors）"，之后7个月休谟严格遵医嘱治疗，一直到1730年冬初。这段时间，休谟在学习上稍微放松了些，运动十分规律，每周骑马两三次，每天步行一段时间，胃口也增加了不少，身心得到了很大改善。到1731年5月，休谟变成了一个面色红润、神清气爽的壮小伙。之后的两三年里，休谟并没有十分小心地调养身体，而是继续阅读、思考和写作，经历了人生中最富创造力的时期，并终于取得了重大突破，即他对《人性论》的谋篇布局已胸有成竹了。事实上，1732年刚满21岁的休谟就已经开始着手撰写《人性论》了。

然而，由于身心还是无法承受深度、抽象思考和写作的疲劳，休谟常常觉得力有不逮。通过阅读杜波斯（Dubos）的著作，休谟发现有两样东西对这种病症极为不利，即学习和怠惰，而治愈它的方法就是忙碌和消遣，于是他决定暂时搁置学术事业，于1734年在布里斯托从事了一段时间的商业活动，几个月后就放弃了，因为他发现"那种生涯完全不合我的脾胃"①，这更坚定了他的学术志向和信心。同年，由于英国人很难以苏格兰的方言正确念出休姆（Home）这个名字，他便将名字改为休谟（Hume）。1734年夏，休谟前往法国安茹的拉弗莱舍(La Flleche)并在此隐居疗养了三年。在这段平静安宁的时光里，休谟完成了《人性论》(Treatise of Human Nature)一书的写作。1737年秋，休谟从巴黎返回伦敦，准备《人性论》一书的出版。1738年末，《人性论》前两卷匿名印行面世。这部书刚一出版便遭冷遇，之后休谟又撰写了《人性论摘要》一书，尝试缩短篇幅来吸引读者，依然没有使《人性论》一书获得重视。长期的写作和高度的思想兴奋让休谟的身心严重失调，他决定回乡省亲，调养身心。1740年春，《人性论》第

---

① 休谟:《人类理解研究》，关文运译，商务印书馆1957年版，第2页。

三卷在伦敦出版发行，同样，人们的关注很少。1742年，休谟在爱丁堡匿名印行了他的《道德与政治随笔》的第一部分，结果这部著作获得了读者的一致好评，这使得他完全忘记了之前的挫折，之后又出版了《道德与政治随笔》第二卷。

1744年，休谟遇到了人生中一件至关重要的事，就是他申请了爱丁堡大学的伦理学和精神哲学教席，但遭到拒绝。1745年1月，休谟收到安南戴尔（Annandale）侯爵的邀请，去伦敦做他的家庭教师，不过这份工作仅维持到1746年4月，之后，休谟离开维尔德庄园，退居伦敦。在这一年里，英国发生了詹姆斯党人的叛乱，休谟目睹了整个事件的经过，并在这一时期写下了《道德和政治论文三篇》，它们分别是"论原始契约""论被动的服从"和"论新教继承权"。1747年5月18日，准备返回苏格兰的休谟意外收到一份邀请，请他担任圣克莱尔（James St Clair）将军的秘书，并随军远征加拿大。1747年1月，因内阁决定放弃这一任务，休谟的职业生涯再度面临转折，于6月从伦敦返回家乡，但1748年1月，他又接受了克莱尔的邀请，出任其秘书并陪同军事使团访问维也纳和都灵。1748年底，休谟陪克莱尔将军返回英国。这一时期，休谟由于担任公职和节俭的生活方式，第一次实现了经济独立。

1749年，休谟再次返回宁威尔区的老家。当时他的母亲已经去世了，他与兄长住在乡下。在老家居住的这段时间，他撰写了《道德政治论文集》的第二卷，取名《政治论衡》（Political Discourses）。此外他还改写了《人性论》的第二卷和第三卷，分别取名《论情感》和《道德原则研究》。1751年，《人性论》第三卷的新版——《道德原则研究》（An Enquiry Concerning the Principles of Morals）面世，休谟认为这是他的著作中最好的一部。这一时期，休谟还撰写了一本宗教性著作——《自然宗教对话录》，出于谨慎，他采纳了朋友们的建议，决定在生前不予发表。1752年，休谟印行了《政治论衡》，这本著作一问世就受到极大欢迎，成为休谟著作中最畅销的一部。这时，先前的出版物（除了那个不幸的《人性论》）也逐渐引起人们的注意，销售的数量也逐渐增加，这极大地鼓励了他。他认为"一个人有了这种心境，比生在每年有万镑收入的家里，还要幸福"①。

根据其自传，直到1752年休谟才回到爱丁堡，同年便经历了人生中第二次求职挫败。因被人指控为异端和无神论者，他落选了格拉斯哥大学逻辑学教席，对此休谟格外失望。意外的是，同年休谟被苏格兰辩护士协会（Faculty of Advocates）遴选为"律师公会图书馆"的管理员，虽然薪酬很少，"不过它却使我可以任意利用一个大图书馆。于是我就拟定了一个计划，来写一部《英国史》"②。其实早在担任安南戴尔侯爵的家庭教师时，休谟就有写作《英国史》的计划，这次的机会实属难得，休谟可以充分利用丰富的图书资料来落实他的写作计划。做图书管理员这一时期，休谟定居在爱丁堡，经常参加当地文人圈的各种聚会，如"群贤会"（The Select Society）、"爱丁堡艺术、科学、制造业和农业促进会"（the Edinburgh Society for the Encouraging of Arts, Sciences, Manufactures and Agriculture）等，当时的很多社会名流都是这一协会的成员，休谟、亚当·斯密、亨利·霍姆都是其中的杰出代表。

1754年，休谟又遭遇了一次失意和伤害。在担任图书管理员期间，休谟为图书馆进购了一批图书，图书馆董事认定其中几本书为"下流无聊"的读物，这些书被下架并从图书馆目录中勾销，图书馆决定之后管理员购买图书必须经董事会的批准。为了写作《英国史》，休谟不得不忍辱负重，继续担任管理员，直到1757年才辞去这一职务。同年，即1754年，休谟的《英国史》第一册面世，这部史书出版以后，"人们都攻击我，向我发出责斥、非难甚至厌恶的呼声来。英格兰人、苏格兰人、爱尔兰人、民权党、王党、教会中人、各派中人、自由思想者、宗教家、爱国者、宫廷中人，都一致愤怒我这个人，因为我擅敢对查利一世和斯特洛浦伯爵的命运，洒一掬同情之泪。当他们的怒潮的狂

---

① 休谟：《人类理解研究》，关文运译，商务印书馆1957年版，第4页。
② 同上。

澜过去以后，更令人丧气的，乃是那部书似乎已被世人置之度外了。米拉尔先生告我说，在一年之内，他只卖了四十五部书"①。在《英国史》的第一册出版两年后，第二册又出版了，这一册涵盖了查理一世之死到革命时期的一段。但是第二册却没有引起民权党人的不快，反而较受人们的欢迎，它不仅扩大了影响力，也间接使《英国史》第一册的销量变好起来。《英国史》这部庞大的历史著作直到 1762 年才得以告竣，并且成为英国有史以来最受欢迎的史著。与此同时，随着 1757 年《论文四篇》的发表，休谟一生中大部分著述都得以面世，"1748 年至 1762 年期间的这些著作，将休谟带到了文学的聚光灯下，并为他赢得了经久不衰的盛名"②，最终休谟以评论家和历史学家的身份闻名于世。

1763 年，休谟受邀担任赫特福德（Herford）伯爵的秘书，陪同后者一起到巴黎赴任大使，他们于同年 10 月到达巴黎。到巴黎后，休谟受到了隆重、热烈的欢迎，收到了社会名流数不清的赞赏。巴芙勒伯爵夫人（Comtesse De Bouffles），就是休谟的崇拜者和欣赏者，曾多次去信表达对休谟的敬意和仰慕之情，并真诚邀请休谟到巴黎居住。此次休谟的到来，让巴芙勒夫人如愿以偿，通过她组织的文化沙龙和哲人聚会，休谟结识了众多法国启蒙思想家，如伏尔泰、卢梭、霍尔巴赫、达朗贝尔等。这是休谟人生中最快乐的一段时光。1765 年 8 月，由于赫特福德伯爵调任爱尔兰国务大臣，休谟在代行公职 4 个月后，于 1765 年 12 月 27 日获准回国休假，并于 1766 年 2 月 5 日正式辞任，之后返回英国。他本打算在爱丁堡享受一段休闲时光，但很快被赫特福德伯爵举荐给他的弟弟康威将军，请休谟担任将军的次等秘书。这份工作休谟干得很好，并与康威将军建立了互信。1768 年 1 月 20 日，康威将军辞职，休谟的任期也告结束。1769 年 8 月，他离开伦敦，返回了爱丁堡。

回到爱丁堡后，休谟想从此安闲地定居下来并度过他人生中最后的时光。此时的休谟在经济上已十分富有，差不多每年有 1 000 镑左右

---

① 休谟：《人类理解研究》，关文运译，商务印书馆 1957 年版，第 5 页。
② 欧内斯特·C. 莫斯纳：《大卫·休谟传》，周保巍译，浙江大学出版社 2017 年版，第 244 页。

的收入，他在新广场（即圣安德鲁斯广场，位于王街以北的一个街区）购置了地皮，建造了他的"小房子"，之后就和他的姐姐凯瑟琳及女佣一直生活在这里。因为休谟的名望，他房子所在的街道被命名为"圣大卫"街。1771年10月26日，富兰克林抵达爱丁堡，翌日便拜访了休谟。休谟在圣大卫街热情款待了这位远道而来的思想家，在11月21日富兰克林动身前往伦敦前，大半时间他们都待在一起。

1772年，休谟开始感觉自己的身体日渐衰弱。1775年，他患上了肠胃病，夜里的发烧、严重的腹泻和内出血，让他自感时日不多，面对死亡的临近，休谟始终保持着乐观、超然与洒脱。他写道："我的身体虽然很衰了，可是我的精神从没有一刻消沉。"① 他的研读"仍如一向那样热烈，谈笑仍如一向那样快活"②。他认为"有许多征象，预示我的文名终究会显耀起来，可是我知道我也只有不多几年来享受它。我到此时对于生命算是最无牵挂的了。"③ 在休谟去世前，即1776年7月7日，詹姆士·鲍斯威尔探望了他。休谟向鲍斯威尔透露，他坚定的将人在死后还会有来生的理论视为"最不合理的迷信"。在生命的后期，休谟最关心的还是宗教问题，他至死都对宗教迷信持批判态度。有关休谟是无神论者的说法在当时颇为流行，给休谟带来不少麻烦，直到去世那一年，休谟才承认自己是《人性论》的作者，而且去世后出版的论文《论自杀》和《论灵魂不朽》，以及《自然宗教对话录》一书，都没有注明作者或出版商的名字。

1776年8月25日下午4点左右，大卫·休谟在位于圣·大卫街的家中与世长辞。4天后，他的葬礼在大雨中进行，按照他的意愿，他被埋葬在爱丁堡卡尔顿山丘东侧的卡尔顿·克拉格兹（Calton Crags）公墓。他的墓碑是一座罗马式大园塔，由著名建筑师罗伯特·亚当所设计，上面镌刻着休谟生前自己所写的墓志铭：生于1711，死于[……]——空白部分就让后代子孙来填上吧。

---

① 休谟：《人类理解研究》，关文运译，商务印书馆1957年版，第8页。
② 同上。
③ 同上。

第一章

回到苏格兰启蒙运动

一、什么是苏格兰启蒙运动：争议与定义

作为苏格兰启蒙运动的殿军，休谟是最耀眼的明星。研究休谟的政治哲学，不可避免地要对苏格兰启蒙运动给予充分的关注和理解。然而，对于苏格兰启蒙运动，无论是从历史还是哲学的视角看，都存在或一致性或差异性的看法和理解，这些看法和理解恰恰表明苏格兰启蒙运动作为一个重要的课题值得我们深入地关注和研究。因而，澄清和辨析关于它的争议、定义及性质是极其必要的。

（一）关于苏格兰启蒙运动的争议

长期以来，当我们谈起"启蒙运动"（The Enlightenment）时，往往想到的是法国启蒙运动和德国启蒙运动，很少有人能想到"苏格兰启蒙运动"（The Scottish Enlightenment），甚至在学术界也鲜有人研究，直到20世纪60年代后期，它才被学者们"发现"并逐渐成为关注和研究的热点。之前，对于是否存在苏格兰启蒙运动，学界一直存有重大争议。有部分学者认为，根本不存在所谓的"苏格兰启蒙运动"。在他们看来，启蒙运动是一场国际化的思想和文化运动，在它所涉及的国家中并没有明显的国家特征，即使苏格兰人参与了启蒙运动，但并没有发展出一个独立的苏格兰启蒙运动。另有部分学者则认为，苏格兰启蒙运动的确存在并且影响深远，只是对这一运动的性质存在诸多不同看法。在他们看来，苏格兰启蒙运动虽然不及法国启蒙运动声名远播，但确实存在，并且具有鲜明的苏格兰特色。生活和工作在苏格兰的启蒙思想家们面临着相同的问题，采用了相同的研究方法，提出了相似的概念并最终发展出了特色鲜明的一套制度和一组观念，那么这套制度和这组观念理所当然地带有苏格兰的时空印记。英国史学家修·特雷弗—罗伯（Hugh Trevor-Roper）和邓肯·福布斯（Duncan Forbes）就针对这一问题展开过争

第一章　回到苏格兰启蒙运动

论。① 邓肯·福布斯肯定了苏格兰启蒙运动的存在，并对之进行了一系列研究，在英国引发了对苏格兰启蒙运动的研究热潮，而意大利历史学家文图里（Franco Wenturi）在1960年斯德哥尔摩的第11届历史科学大会上和1969年的剑桥特立威廉讲座中，都充分强调了苏格兰启蒙运动的重要性，并指出"对苏格兰启蒙运动的'全面研究'相应地早已成为18世纪欧洲历史研究的最重要的一部分"②。自此，苏格兰启蒙运动正式被学界加以接受和认可，并作为一个独特的学术主题进入研究视野。

苏格兰启蒙运动之所以能进入学术视野并成为一个重要的研究主题，并非没有理由。从政治哲学史和道德哲学史的角度看，首先，20世纪哈耶克将他所努力捍卫的自由主义传统视为来自丰富的苏格兰启蒙思想，特别是大卫·休谟和亚当·斯密的思想。其次，对休谟哲学尤其是休谟道德哲学研究的增多，使得学者们越来越意识到其所置身于其中的苏格兰启蒙思想的丰厚与深刻，从而将目光转向了苏格兰启蒙运动。再次，在现代自由主义和社群主义的理论争论中，社群主义对自由主义的指责之一，就是自由主义所秉持的价值中立原则放弃了对形而上学问题以及多元价值背后的深层人性问题的探讨，仅仅停留于对公共政治层面程序性规范和制度的讨论，仅仅满足于法律、正义和社会秩序的形式建构，进而导致或助长了现代西方社会的极端利己主义和原子化个人主义，破坏了社会的信任与合作，阻碍了共同目标的形成，从而也摧毁了政治自由本身。社群主义的指责虽然有"稻草人攻击"之嫌，但也反映出了现代自由主义在理论上确实存在一些易受攻击的软肋。事实上，在古典时代，自由主义蕴含着极其丰厚的理论资源，不仅关注制度规则的程序性建构，也关注这一建构的人性和道德基础，即将自由主义的制度规则与人性和道德的内在机理牢牢地

---

① John Robertson, "The Scottish Contribution to the enlightenment", *The Scottish Enlightenment Essays in Reinterpretation*, edited by Paul Wood, Rochester: Rochester University Press, pp. 37-63.
② Franco Venturi, *Utopia and Reform in the Enlightenment*, Cambridge: Cambridge University Press, 1971, pp. 132-133.

融贯在一起。作为苏格兰启蒙运动的殿军，休谟的道德哲学和政治哲学所蕴含的丰富理论内涵，对于澄清和辨析自由主义和社群主义之间理论争论的某种伪合理性提供了积极的启示，这也是进一步引起学者们重新关注苏格兰启蒙运动的重要原因。最后，学者威廉·罗伯特·司各特（William Robert Scott）在关于哈奇森思想研究的专著《弗朗西斯·哈奇森》中强调了苏格兰启蒙运动的重要性，并产生了广泛而持久的影响，极大地引起了学者们对苏格兰启蒙运动的研究兴趣。

此外，从政治经济学的角度看，还有三个原因值得我们关注：第一，学界针对亚当·斯密的《道德情操论》和《国富论》中的某些不一致性，即"亚当·斯密问题"，产生了分歧和争议，回答这一问题，当然不能停留于对亚当·斯密作为一位古典经济学家的关注，而必须将研究扩展至其经济思想所根植的苏格兰的历史背景、社会问题与现实语境。因此对以亚当·斯密和大卫·休谟为代表的苏格兰启蒙思想家广义道德哲学的研究是不可回避的。第二，20世纪中后期国际学术界的马克思主义研究发现了一些证据，表明马克思历史唯物主义的产生和形成曾受到苏格兰启蒙思想家亚当·斯密的积极影响，特别是亚当·斯密对财产权和政治权力的解释中隐含着某种历史发展规律的论述，对马克思的历史唯物主义产生了一定的影响，这也在一定程度上激起了学者们的注意力，虽然后来这一解释被认为是对斯密观点的一种误解。第三，当代边际效用理论充分意识到了古典时代的休谟渊源，从休谟的政治经济学到奥地利学派的主观主义路径非常强调财产权产生的心理机制作用，而休谟在其政治经济学中对这一心理机制的作用做了深入的分析和论述，所以回归并挖掘18世纪古典政治经济学的思想资源，对于我们今天面对和解决各种经济问题具有重要的现实意义。

（二）"启蒙"与"启蒙运动"

"启蒙"（englightment），以一种隐喻的方式表达了点亮、照亮、促进光明从而摆脱黑暗的意思。启蒙运动的学者和思想家们都认为自己生活在一个启蒙时代。从时间层面上讲，"启蒙"是一个时代的名称，它指的是1680年至1830年，尤其是18世纪反抗传统权威以了解自然与社会的真实状况的时代。这个时代与过去的时代是不同的,这种不同可以对比为"光明"与"黑暗"。因此启蒙思想家们把自己的工作视作为了争取光明而与一直以来盛行的黑暗力量的一种斗争。这种观念明确表明,"启蒙运动是一种自我意识的运动"[①],也是一种追求光明、挣脱黑暗的运动。"用不那么隐喻的话来说,这种光明与黑暗之间的对比是知识、理性、科学与愚昧、偏见、迷信之间的对比。"[②] 显然,启蒙思想家们把知识、理性和科学视为克服一切愚昧、偏见和迷信的伟大力量,并相信对它们的应用会清除阻碍人类进步的黑暗势力,如贫穷、疾病和犯罪。

对于"启蒙",德国哲学家康德在1784年发表的《什么是启蒙?》一文中,做了如下回答:"启蒙运动就是人类脱离自己所加之于自己的不成熟状态,不成熟状态就是不经别人的引导,就对运用自己的理智无能为力。……要有勇气运用你自己的理智!这就是启蒙运动的口号。"[③] 康德用贺拉斯的诗句"Sapere aude"(要敢于认识)为启蒙做了进一步的注脚。在康德看来,"启蒙"就是摆脱他人的控制,而这需要有决心或决断来掌握自己的命运,否则就会停留在黑暗中。和当时的几乎所有的启蒙思想者一样,他谴责过去的愚昧、偏见和迷信,希望知识、理性和科学之光能照亮现实世界,从而让人类获得自由。既然"启蒙"意味着人类自我意识的觉醒,意味着对光明的想象,更意味着一场思想和观念的深度革命,那么,"启蒙运动"就是一场在空间上广泛、在时间上持续推进的思想解放运动。很显然,"自我意识"是其核心,而引导人类自我意识复苏和助推思想解放的动力归根结底在于"科学"。简言之,启蒙运动是对科学革命的继承。科学革命发端于哥白尼和伽利略,并在牛顿那里臻至顶峰。启蒙思想家们渴望并试图在社会科学或道德科学领域能取得与自然科学相媲美的成就。事实上,

---

① 克里斯托弗·贝瑞:《苏格兰启蒙运动的社会理论》,马庆译,浙江大学出版社2012年版,第2页。
② 同上。
③ 康德:《历史理性批判文集》,何兆武译,商务印书馆1990年版,第22页。

启蒙运动本身是培根擘划的广泛应用。培根提出"知识就是力量"的口号，就意味着我们不仅要获得确定性的知识，更重要的是将知识应用于改善人类的生活，消除愚昧、无知、迷信与贫困，清除一切阻碍人类进步的黑暗力量和历史残渣。无知与迷信是一种奴役的力量，是不自由的状态，而启蒙运动旨在使所有人都可以获取有关自然和社会的不断增长的知识来摆脱这一状态，因此启蒙运动就是一场利用知识来摆脱这种奴役或不自由状态的战斗，而且还是一场超越民族、国家、肤色与语言之差异的广泛且自觉的战斗。因而不论是法国启蒙运动、德国启蒙运动还是苏格兰启蒙运动，启蒙思想家们在"启蒙"的基本理解上似乎没有什么不同。他们认为，不能通过阅读旧书或诉诸形而上学来理解世界是如何运作的，对于自然与社会的知识都必须通过经验来阐明。同时，启蒙思想家们越来越相信，要生活在一个全新的、更好的时代，通过知识的运用和个人世俗的努力来实现这一目标是完全可能的。他们不受地域和职业限制，共同参与到这场运动中来，积极表达和传播各自的观点，清除陈见，革新观念，在自我意识的领域深度耕耘，指引人类摆脱自我蒙昧的状态，确立和恢复人类的自信、尊严与价值。

(三)"苏格兰启蒙运动"的定义

"苏格兰启蒙运动"这一术语，是最早由威廉·罗伯特·司科特（William Robert Scott）于1900年提出的，准确地说，这是他在研究弗朗西斯·哈奇森时使用的一个词。① 在《弗朗西斯·哈奇森》一书中，司科特比较详细地探讨了哈奇森在"苏格兰的启蒙运动"（Enlightenment in Scotland）中的地位问题。② 他认为弗兰西斯·哈奇森"体现了苏格兰启蒙运动的典型特征"③。后来这一术语被学界广泛采用。"苏格兰的启蒙运动"这一短语有效地表明，苏格兰是涵盖整个

---

① 就目前的研究和考证，虽然不能确定他是否是第一个使用这一概念的人，但能确定的是他肯定是最早的人之一。
② William Robert Scott, *Francis Hutcheson* (1900), New York: Kelley reprint, 1966.
③ William Robert Scott, *Francis Hutcheson: his life*, Teaching and Position in the History of Philosophy, Cambridge: Cambridge University Press, 1900, p.265.

第一章　回到苏格兰启蒙运动

欧洲（包括北美）的更广泛思想运动的一部分，因而"苏格兰启蒙运动"不仅具有启蒙运动的核心特征，而且也带有鲜明的区域性特征。

自这一术语诞生并被采用后，学界对其做了多次修改或重新界定。在对"苏格兰启蒙运动"这一术语的众多定义中，有三种值得我们关注：政治经济学定义、科学性定义和综合性定义。政治经济学定义是由休·特雷弗·罗伯（Hugh Trevor-Roper）提出，他从政治经济学发展的角度来定义这一运动，约翰·罗伯森（John Robertson）进一步发展了这一思路，并指出道德哲学、历史学和政治经济学是苏格兰启蒙运动的三大基石，而政治经济学则是推动社会发展和进步的核心因素。科学性定义则是由罗杰·艾默生（Roger Emerson）和保罗·伍德（Paul Wood）两位学者提出，他们强调科学在苏格兰启蒙运动中的核心意义以及苏格兰启蒙思想家们对科学的关注。综合性定义由理查德·舍尔（Richard Sher）提出，侧重于从"文化"的角度去定义苏格兰启蒙运动，这种定义关注的是苏格兰启蒙运动所展现出来的文化性和人文性，在学科领域上强调了伦理学和历史学等人文学科的重要性。[①]

无论对"是否存在苏格兰启蒙运动"这一问题存在怎样的争议，也不论对"苏格兰启蒙运动"做何种定义才算准确，不可否认的是，在人与环境的关系框架下来看，苏格兰启蒙运动身上确实具有鲜明的苏格兰特色。在这场18世纪具有世界性广度的思想和文化运动中，涌现出了一大批思想家，如弗朗西斯·哈奇森、凯姆斯（Kames）、大卫·休谟、亚当·斯密、亚当·弗格森、托马斯·里德（Thomas Reid）、亨利·霍姆（Henry Home）、杜格尔·斯图沃特（Dugald Stewart）、约翰·米勒（John Millar）、威廉·罗伯逊（William Robertson）、休·布莱尔（Hugh Blair）、柯林·麦克劳林（Colin Maclaurin）、詹姆斯·瓦特（James Watt）、约瑟夫·布莱克（Joseph

---

[①] 关于这一术语三大定义的相关讨论，参见亚历山大·布罗迪编：《剑桥指南：苏格兰启蒙运动》，贾宁译，浙江大学出版社2010年版，第3—4页。

Black）和詹姆斯·哈顿（James Hutton）等，其论著涉及哲学、政治学、经济学、道德科学、历史、宗教、艺术、数学、自然科学等很多领域。他们大都生活和工作在苏格兰这一社会大环境下，并受到这一社会环境的深刻影响和塑造，因此，他们的论著总是基于他们对苏格兰国内政治、经济、社会、文化、教育、宗教、商业等问题的深入观察和思考，其思想不可避免地带有鲜明的苏格兰特色。① 尽管苏格兰启蒙思想家们所涉及的领域庞杂而丰富，研究和论述的侧重也各有不同，但仍然具有问题的一致性和领域的整体性，那就是他们始终关注一个中心问题：即苏格兰如何摆脱封建束缚并逐步走上现代的独立和自由之路。这就激发了苏格兰人对于社会改良和转型——也即自己所处的社会从落后向新式文明社会的过渡，而后者作为一种完全不同的社会形态被概括为商业社会——的关注。因而，苏格兰启蒙思想家们面对着同样的问题，并且大致采取了相似的方法去研究和思考苏格兰的现在与未来，从而塑造了18世纪苏格兰独特的时代精神与观念。

　　从时间的角度来看，苏格兰启蒙运动的渊源可以上溯至如学者艾伦（Allan）和爱默生（Emerson）所认为的1707年苏格兰与英格兰合并之前，从那时起，苏格兰的知识界就开始关注苏格兰的改良和发展，然而作为一场有影响的、整体性的思想和文化运动则是在18世纪末到19世纪初，研究苏格兰启蒙运动的著名学者亚历山大·布罗迪指出，苏格兰启蒙运动既是18世纪的一场思想盛宴，也是一场伟大的思想和文化运动。18世纪最为杰出的哲学家、政治经济学家、社会学家、历史学家、科学家、医学家甚至修辞学家和神学家大都来自苏格兰，他们引领了苏格兰以及欧洲走向现代化。那么，可以说，18世纪的苏格兰启蒙运动，既属于整个欧洲启蒙运动的有机组成部分，同时又具有自身的特点，可能正是由于它具有不同于法国启蒙运动的特点，使我们曾经在相当长的时间里忽略了它的存在。

---

① 亚历山大·布罗迪编：《剑桥指南：苏格兰启蒙运动》，贾宁译，浙江大学出版社2010年版，第2页。

二、苏格兰启蒙运动的特征

苏格兰启蒙运动究竟有何不同？它有着怎样的独特之处？要理解这一点，我们有必要将苏格兰启蒙运动和法国启蒙运动作一比较，在比较中才能看出苏格兰启蒙运动的独特性。谈到"启蒙"，德国哲学家康德的回答就是"敢于认识"，启蒙运动的口号就是"要有勇气运用你自己的理智"①。他还说："这一运动除了自由以外并不需要任何别的东西，而且还确乎是一切可以被称为自由的东西之中最无害的东西，那就是在一切事情上都有公开运用自己理性的自由。"② 在康德的语境中，法国启蒙运动的核心要义是"理性"。因此，法国的启蒙思想家们以高扬理性的方式猛烈批判封建专制主义和宗教黑暗，并以"自由、平等和博爱"为口号强调和肯定了人的理性在构建新世界中的核心意义。

而苏格兰启蒙运动则不同，相比法国启蒙思想家对理性的强调，苏格兰思想家更强调社会的传统与习俗。克里斯托弗·贝瑞指出："苏格兰启蒙运动对理性在启动社会变革方面的效能持一种更加审慎的看法，他们愿意承认习俗在人的行为中所具有的力量，并敏感地意识到如下事实，也即许多进步只是眼下的即时关切的无意图后果。"③ 换言之，他们深刻地意识到"理性"本身的局限性，尤其是在获得知识和推动社会变革上的局限性。这是苏格兰启蒙运动最基本的特征。这种对理性的不同态度，归根结底源于苏格兰人对人性、环境、传统、习俗尤其是社会发展阶段的理解和认识上的差异。

首先，18世纪的苏格兰人大多从"自然性"的视角理解人性，他们认为对"人性"的理解和探究只能从其自然性的行为中加以界定和把握，因为人的行为并非理性推理的产物，而是经验和习惯的产物。理性的功能和作用是有限的，把人界定为理性的存在导致了对人性的

---

① 康德：《历史理性批判文集》，何兆武译，商务印书馆1990年版，第22页。
② 同上。
③ 李宏图：《理解苏格兰启蒙运动》，载《学海》2014年第1期。

误解。休谟在《人性论》第三卷《道德学》中，明确区分了理性和情感在人性构成中的地位、功能及其相互关系，强调理性从属于情感（或激情），道德的基础在于情感而非理性，理性只是提供方向和手段。而法国启蒙思想家将人视为理性的存在，坚信理性是获得知识和推动社会变革的唯一可靠力量，并对理性寄予厚望。其次，既然人的行为是习惯和传统的产物，那么，作为对应的社会制度建构也同样应遵循习惯和传统，因而苏格兰人认为制度是具有传承性或"黏性"（即它抵制变化）的，他们承认习俗和传统在社会变革中的力量和作用。社会制度的变革与更新不是一蹴而就的，它既尊重变化同时又抗拒变化。正因为如此，苏格兰人对一切激烈的社会变革和政治革命都持审慎态度；而法国启蒙思想家们则认为，一旦某种社会制度不合理，就应该以更合理的制度取代之，甚至以革命的方式来完成。再次，对苏格兰启蒙思想家而言，不仅社会变革是渐进的、缓慢的，而且社会变革的原因也是"社会性的"，而非"理性的"，许多社会进步都只是当下关切和行动的无意识后果，而非理性设计的结果；法国启蒙思想家则对社会的变化持乐观态度，相信人类理性的无所不能，相信完美社会或乌托邦的可行性，相信现存的一切秩序和法则都可以通过理性的规划和设计得以实现，所以理想社会是可以一蹴而就的。最后，延伸到政治哲学中，在苏格兰启蒙思想家们看来，政治社会及其制度框架的建构并非基于理性所达成的契约，而是社会化的人们在社会生活中经验性需求的产物，人们对政府和国家权威的服从也不是受制于契约的约束，而是因为人们已经被社会化并接受了一种基于习惯和传统的管理模式。①

总之，对待"理性"态度的差异是苏格兰启蒙运动和法国启蒙运动最基本的区别。法国启蒙思想家们对理性更自信或者说对社会的理性干预（visible intervention of reason）更有信心，而苏格兰启蒙思想家们则对理性更加审慎，更加相信社会习俗、传统、习惯的作用。这就

---

① 李宏图：《理解苏格兰启蒙运动》，载《学海》2014年第1期。

使得苏格兰启蒙运动具有高度社会化的特点。正因为如此,苏格兰启蒙思想家对政治社会的理解也与法国启蒙思想家们大为不同。苏格兰启蒙思想家认为人类经历了捕猎(hunter)、游牧(namadical pastoral)、农业(agricultural)社会之后,最后到达了商业社会,商业社会是作为一个制度和系统秩序出现的"文明社会",是人类社会的新阶段,因此亚当·斯密创造了"商业社会"概念,亚当·弗格森也提出了"公民社会"概念,并分别为之辩护。身处新的社会阶段,苏格兰启蒙思想家们认为支撑未来政治社会的三大基础是市场、法律和道德。这表明,18世纪的苏格兰启蒙思想家们一致性地关注苏格兰社会的改良、进步和发展,并积极投身社会转型的探索和思考——如何摆脱落后文明并逐步实现自由独立的新式文明社会,而这一新式文明通常被称为"商业社会"。当然,与商业社会相适应的一系列制度性和文化性的革新,如政府与国家、市场规则、大学教育、教会组织等,必然会成为苏格兰启蒙思想家们所关注的问题域。

除了意识到理性的局限性这一基本特征外,苏格兰启蒙运动的一些其他特征仍然值得我们注意。

第一,苏格兰启蒙思想家避免了关于"事物本质"的形而上学争论,赞成对现实采取经验主义的方法加以研究。这种经验主义态度对解决和回答有关道德问题的辩论具有特别重要的作用。换言之,将培根主义和牛顿主义应用于道德问题的讨论,可能会取得与自然科学相媲美的成就。致力于科学知识和道德知识的组织化、系统化,也是苏格兰启蒙运动的基本特征。

第二,苏格兰启蒙思想家们相信,所有的科学和哲学努力都必须有助于改善人们的生活条件,也就是促进"人类改善"。就整体而言,苏格兰人是相信进步的,他们对于人类是否有能力取得进步持一种审慎乐观态度,因为苏格兰人是从进化的角度来理解和阐述进步的,这种理解其本质上是自然主义的。

第三,苏格兰启蒙思想家对政治问题的态度是审慎的,他们不是法国模式下的激进社会批评家,他们是平凡而务实的参与者,是身体力行的渐进改革者。他们对政治改革的要求是务实的，不是意识形态的，更不是天马行空的。他们对革命不感兴趣，只对规则的改变和每个人的需求感兴趣。

第四，苏格兰启蒙思想家们的思想是高度社会化的，他们相信社会可以改良，社会的文明与进步是可能的，但这是一个渐进的、缓慢的过程，所以他们反对一切激进变革。

第五，与法国启蒙运动诞生在贵族的沙龙里不同，苏格兰启蒙运动诞生在大学，其主要成员是大学教师、律师、牧师等知识分子，他们组成各种各样的协会和俱乐部，形成了一个志同道合的文化和学术共同体，在其中他们就许多共同关心的问题和跨领域的问题进行讨论或辩论，彼此交流思想、交换灵感，写出了大量跨学科的著作，成为了百科全书式的思想家。因此，"社交性"的俱乐部众多且成为传播新思想的重镇，也是苏格兰启蒙运动的一个重要特征。

三、苏格兰启蒙运动的核心思想

相同的社会环境使得苏格兰启蒙思想家们面对着相同的社会问题——苏格兰如何通过改良和转型步入现代文明。所以，他们都致力于"科学"探索，反对无知与迷信，都关注"道德主题"，并试图将牛顿物理学的方法应用于"道德"研究。他们也运用相同的方法比如理论史或推测史（Theoretical or Conjectural History）方法，来研究和讨论政治、经济和社会问题，这在苏格兰启蒙运动中很常见。实际上，苏格兰启蒙运动具有内在的一致性，并在思想上有其关注核心。

（一）人性科学

"人性科学"是苏格兰启蒙运动的核心思想。大卫·休谟在1740年出版的《人性论》的导言中以"人性科学"[①] 来描述自己在哲学上的伟大构想。他相信将牛顿的实验主义方法应用于人性的研究，可以获得

---

① 很多研究者直接称之为"人学"。

关于人性的确定性知识，从而使自己成为道德哲学中的牛顿。与休谟同时代的启蒙思想家们都表现出对"人性科学"的强烈关注，这种关注绝非偶然。近代自然科学的发展所建立的新的宇宙自然观，一方面剥夺了人在宇宙中的中心地位，另一方面也切断了人与上帝之间的密切关联。尤其是数学的突破和牛顿物理学的产生，从根本上改变了人们对事物的理解和认知。自然科学所取得的成就让人们重新提出和回答"人是什么"这个问题，也使得近代哲学家们自觉地把自然科学成果作为构建哲学理论的动力。同样，休谟就是以牛顿的物理学为榜样，将实验推理的方法推广应用于精神领域中，建立了一个关于人性的科学体系。休谟在《人性论》的引言中写道："一切科学对于人性总是或多或少地有些关系，任何学科不论似乎与人性离得多远，它们总是会通过这样或那样的途径回到人性。"① 人性本身才是"科学的首都和心脏"②。如果掌握了人性，那么"我们在其他各方面就有希望轻而易举地取得胜利了"③。因此"人性科学"是其他一切科学的基石。

很显然，这是经验主义的一部分，而经验主义对人性的研究揭示了它的支配性原理是"激情或情感"（passions）。道德也是如此。人类道德判断的基础并不在于理性或演绎推理，而在于激情或情感反应。对人类行为的经验观察为此提供了可靠的证据：人们对快乐的欲望和对痛苦的厌恶，即苦乐感是道德判定的基础。这一观念在苏格兰思想家那里是普遍的、一致的，在秉持这一相同观念的基础上，哈奇森、凯姆斯、斯密、休谟都相信建立一门"道德科学"是可能的，并都从事相同的工作。虽然他们之间也存在不少分歧，但在理性本身不能告诉我们善恶对错上却高度一致。简言之，在苏格兰启蒙思想家那里，对人性的认识必须具备经验证据，对人性的科学研究是获得关于人性知识的唯一方法，因此"人性科学"不仅是一个伟大的构想，也是可以实现的目标。

---

① 休谟:《人性论》（上册），关文运译，商务印书馆1980年版，第2页。
② 同上书，第3页。
③ 同上。

（二）风俗、习惯与社会变化

苏格兰启蒙运动的一个重要特征就是，意识到理性在获得知识和推动社会变革方面的局限性。正因为如此，他们愿意承认风俗、习惯在人的行为以及社会变革中所具有的力量。从个体角度看，个人行为是风俗和习惯而非理性推理的产物，个人的信念也同样是依靠经验和习惯建立起来的。习惯是一种强大的力量，受习惯支配的日常生活更加顺利和高效，人们的日常生活其实并不需要理性的介入和干预，否则会破坏人类生活的自然秩序，造成种种混乱。换言之，日常生活的经验与习惯，能够为我们提供人类行为及其活动的稳定且可信的规范与秩序，理性的过度干涉对于日常生活而言实属多余。

从社会建制的角度看，作为个人行为的对应物，社会制度也是习俗和习惯的产物，它受制于传统，具有一定的"黏性"（sticky），即抗拒变化，其演变是缓慢的、渐进的，不易受到理性快速决策的影响。这也是苏格兰人反对社会契约论的原因所在。在苏格兰人看来，政治社会或政府的建立并非基于契约论者所声称的某种理性契约，而是基于现实的利益和需要所采取的人为"补救"。政府的权威当然也并不来自那种所谓的理性契约，而是基于习俗和习惯，人们接受并服从了特定的政治模式而已。换言之，一切社会和政府建制并非人类理性设计的产物。苏格兰人清醒地意识到个人意图与结果之间的不匹配，他们看到人类行为往往会带来无意识的产物。亚当·斯密所说的"看不见的手"就是证明，弗格森通过对"行动"和"设计"的对比来分析和论述"文明社会"也是证明。苏格兰人所持有的这种观念，使得他们将社会的变革与理性剥离开来，不仅社会变化更大程度上受制于风俗和习惯，而且对它的解释也必须依赖于经验性的一般原则。

（三）历史与社会"四阶段"

苏格兰人不仅将社会变化看做一个缓慢、渐进的过程，而且对于人类历史与社会发展阶段也持一致看法，这在他们的著述中清晰可见。社会发展"四阶段"论出现在1776年出版的亚当·斯密的《国富论》中，后来在他格拉斯哥大学的讲座中被着重强调，实际上这一学说可能早在 1750 年到 1751 年的爱丁堡讲座中就有了。在 1762 年到 1763 年的讲座中，斯密明确说到了"人类通过的四个独立阶段"——狩猎、游牧、农业和商业，其中最发达的是商业社会。这一学说后来被当作了一个标准。苏格兰人相信历史存在一个基本的模式或框架，四阶段就是这样一个模式或框架。自然的历史和社会的历史是一样的，都遵循同样的模式或框架。这种模式或框架说明人类行为、价值观和制度是如何发展和改进的。人是社会的存在，人的历史就是一部社会史，研究人类历史就必须经验性地研究人的社会史。历史与社会当然是一个从简单到复杂的发展过程。知识的增长、技术手段的丰富以及人类控制力的强大，都在催生一个更加复杂和多元的商业社会的出现。这一切变化都是整体社会形态的变化，而且这一变化明显地具有某种连贯性。

对于社会史以及社会变化中的连贯性的探究，不能诉诸于理性，而只能诉诸于风俗和习惯，因为社会变化归根到底是风俗和习惯的变化，只有通过风俗的变化才能理解社会的变化。所以苏格兰人"将社会总体理解为一套随着时间流逝而不断变化的制度与行为"[①]，这种变化之中存在着某种连贯性。更重要的是，他们对商业社会充满信心与期待，认为商业社会正在催生新的秩序与观念。

（四）商业社会

商业社会被苏格兰人视为社会发展的最高阶段。从社会发展的视角看，商业社会意味着进步，这种进步体现在它更加"文明"或者"有教养"。当然这并不是说苏格兰人对商业社会持完全肯定的态度。事实上，他们对商业社会的态度是复杂的，因为商业社会既有积极的方面，也有消极的方面，但总体而言，它是具有优越性的。苏格兰人对商业社会的理解和评价绝不是非此即彼的，而是看到了其复杂性。

在探究商业社会的产生原因时，斯密将商业社会的出现视为"财

---

① 克里斯托弗·贝里：《苏格兰启蒙运动中的商业社会观念》，张正萍译，浙江大学出版社 2018 年版，第 1 页。

产权和风俗"变化的产物,休谟同样指出风俗和习惯的改变是欧洲商业社会出现的原因。从社会科学史的角度看,他们都强调社会是一套变化着的制度与行为,但变化中存在着某种连贯性,并以此解释商业社会的诞生,这种解释不是一种政治或法律意义上的解释,而是推测史或自然史的解释。在商业社会的优势问题上,斯密的解释最具说服力。斯密将商业社会称为"人人都是商人"的社会。这个定义明显把商业社会视为一个人人彼此联系并相互依存的包容性体系。商业社会通过劳动分工将每个人嵌入一个复杂的合作体系中,让社会成员之间的相互依赖成为必然;通过正义与法治提供稳定的、可预测性的规则保证生产和交换高效化。商业社会客观上既带来个人私利的满足,也带来了社会公益的增加;既带来了物质生活的改善,也带来了品位和精神风貌的提升。斯密在格拉斯哥大学的讲座中曾用"富裕"和"自由"来为商业社会提供辩护。

商业社会究竟具有哪些特征呢?克里斯托弗·贝瑞概括如下:"(1)由劳动分工的普遍施行而引发的繁荣,用斯密的话来说即普遍富裕。这种繁荣是遍及一切阶级的,以至于与其他历史时期相较,即便是穷人的生活境况也有较大程度的改善。(2)以能否促进绝大多数成员而非少数人的物质福利来判断一个商业社会的共同福祉。(3)现代繁荣的发展有赖于法治和严格地执行正义(the strict administration of justice),这种制度化了的公平与早期社会的奴隶制和法律强制下的等级制水火不容。(4)社会交往大多以间接和匿名的方式进行,即使是以直接的方式进行,它也是在陌生人之间展开的,所以,这种社会互动方式是不带个人色彩的、功能性的,而不是个人性的和特殊主义的。(5)生活在一个法治社会里,并兴起了一种独特的、现代形式的自由,也即以自己的方式追求自己的利益。而一个准允这些不同追求的社会势必是一个多元社会。不管这些追求是否具有商业性,人们都将在一个和平的环境里,至少目无法纪的现象不再横行无忌,致力于实现这些追求。(6)消费品不仅量多,而且质优,足以彰显'商业社会'的品位与奢华。(7)商业社会将政治领域视作与军务一样的专业化领域,商业社会还是一个银行和信用社会，在其中，可以为了公共的社会福利而动用公共资源，而内在于这些特征的是商业社会的行为模式。（8）基于自利而创造出来的财富为善行提供了更大的可能性，弱势群体因之而受到关照，而不是让其自生自灭。（9）商业社会是彬彬有礼的，妇女受到尊重，人们彼此之间坦诚相待，即使面对敌人，也会施以人道主义援手。重要的是，商业社会的这些特征不是偶然共存的，它们具有某种内在的一致性。"① 显然，这些特征，将新的社会形态——商业社会，与以往一切旧的社会形态区分开来，同时也展现了商业社会独有的积极元素。

尽管如此，商业社会也存在消极的方面，苏格兰人清楚地意识到这一点。关于商业的危险性，正是苏格兰启蒙运动中的主要争论之一。就一般观点而言，他们认为商业的发展会损害社会凝聚力。因为在商业社会，自利驱动人的行为，主导人与人之间的互动，有人认为它破坏了社会美德。具体而言，就是商业社会通过鼓励奢侈，削弱了社会的防御能力，进而破坏了自由本身。当然，这一观点在苏格兰启蒙运动中是存在争议的，弗格森和凯姆斯勋爵就持以上观点，但遭到了休谟和斯密的驳斥。还有其他一些观点也直指商业社会的消极面，诸如：劳动分工不利于社会团结，损害工人们的"美德"，以及信贷体系会威胁到社会结构等。对于这些问题，苏格兰人的理解是复杂而深入的，他们既能看到积极面，也能看到消极面，这些面向复杂地交织在一起，他们没有采取简单化的原则，而是根据问题关切和现实需要对其作出分析和评价。

四、苏格兰启蒙运动的背景

要全面而深入地研究和理解休谟的政治哲学，决不能忽视他所生活的那个时代和社会，即 18 世纪的苏格兰。正是 18 世纪苏格兰独特的

---

① 转引自李宏图：《理解苏格兰启蒙运动》，载《学海》2014 年第 1 期。

"境遇",为以休谟为代表的苏格兰启蒙思想家们提供了思想探索的现实问题。

(一) 苏格兰的地理环境

苏格兰位于大不列颠岛北部,北、西临大西洋,东濒北海,南为英格兰和爱尔兰海。南北长441千米,东西宽248千米,面积77169平方千米,约占大不列颠岛面积的三分之一,若包括有人定居的岛在内,面积为78772平方千米。苏格兰由三个地理区域组成:北部是人迹罕至、广阔荒凉的高地,土地极其有限;中部是低地,地形缓和,有多条河流分布其中,该地区自然资源丰富(尤其是煤炭),在苏格兰的工业繁荣中起了关键作用,18世纪几个人口稠密的城市,如格拉斯哥、爱丁堡、邓迪和阿伯丁都位于这个区域;南部高地是一座座连绵起伏的小山,将苏格兰和英格兰分割开来。从整个地形上来看,苏格兰实际上就分为高地和低地两部分。爱丁堡市和格拉斯哥市以南为河谷平原与丘陵地带,地势相对缓和,称之为低地;以北则是高地。高地由古老的、分裂的高原组成,古老的岩石被水流和冰川分割成峡谷和湖泊,形成了一个非常不规则的山区。

苏格兰的地理环境是极为恶劣的。首先,整个地区大约只有不到10%的可耕种土地、13%的放牧草场和3%的森林,并且这些土地质量参差不齐,如何使用土地还要看具体地区的海拔、土壤和微观气候等条件而定,"这一特定的地理环境很大程度上决定了苏格兰长期贫穷的历史和现状"[①]。其次,苏格兰属于沿海地区,有3500千米的绵长海岸线,呈锯齿状且地势高低不平,瀑布间隔极小,内陆水系无法作为交通要道使用,严重制约了苏格兰的工业生产和商品流通。恶劣的地理条件虽然并不能从根本上决定苏格兰的发展,但确实限制了进步的空间,这就迫使苏格兰人最大限度地利用、改进现有资源和条件进行生产,从而实现社会发展与进步。[②]"苏格兰人研究化学,目的是研制出

---

① 亚历山大·布罗迪编:《剑桥指南:苏格兰启蒙运动》,贾宁译,浙江大学出版社2010年版,第7页。
② 同上书,第8页。

更好的肥料和纺织用的漂白剂和染料,他们研究地理,目的是探测矿产资源的宝藏"①。当然,土地资源也不可避免地限制了这个地区的人口数量。1700 年,苏格兰人口为 110 万,虽然到 1801 年时,人口增长了 50%,但人口和资源之间的平衡依然十分脆弱。1700 年居住在高地的人口占总人数的三分之一,到了 1800 年,这一比例已大大下降。其实到了 18 世纪中叶,有一半人口住在苏格兰中部地区,人口的增长和分布变化给资源消费带来了更大的压力,同时也面临人口锐减的威胁。为了缓解这种紧张关系,苏格兰人不得不四处流动迁徙寻找新资源和研发新技术。到了 18 世纪中后期,苏格兰人已经意识到必须通过运用科学、推广技术、发展经济、改善教育等方式来解决他们所面对的现实问题,并且积极付诸实施。其结果是苏格兰高地和低地逐渐出现了分化,高地人口逐渐减少,而低地经济发展迅速,城镇化规模不断扩大,人口逐渐增长,且受教育程度也不断提高。这种分化和反差进一步激发了苏格兰启蒙思想家们对苏格兰社会现实问题的关注和思考:如何使苏格兰摆脱落后、实现进步? 这也是苏格兰启蒙运动一以贯之的核心关怀和重大任务。

(二) 苏格兰的经济与政治

1707 年,是苏格兰历史上具有分水岭意义的一年,苏格兰和英格兰通过《合并法案》(Treaty of Union of England and Scotland) 实现了政治合并。导致这一政治结果的直接原因是经济问题。由于 17 世纪末期的多次战争,导致苏格兰经济形势恶化,贸易低迷,加之本身环境资源限制和 17 世纪 90 年代的连年饥荒,以及达连湾开拓殖民地的失败,致使社会矛盾更加突出,国内局势动荡不安,形势非常严重,苏格兰的主权已经难以维系。迫于现状,苏格兰人针对本国的经济状况展开了激烈的讨论。"他们探讨了实现经济增长所必须的先决条件,对重商主义与自由贸易理论提出的解决方案都进行了考察。他们还研究

---

① 亚历山大·布罗迪编:《剑桥指南:苏格兰启蒙运动》,贾宁译,浙江大学出版社 2010 年版,第 8 页。

了在经济增长过程中银行与政府应该各自发挥怎样的作用。"① 后来也提出过许多改善经济现状的方法，但都收效甚微。严峻的经济现实迫使苏格兰人意识到要解决苏格兰的困境，就必须开拓广阔的市场、增加投资和更新产业，与英格兰建立更为紧密的关系，这是帮助苏格兰脱离困境的唯一途径。于是，在1707年与英格兰合并后，苏格兰虽然放弃了独立的主权，议会和枢密院也被取缔，但在经济上却获得了英格兰本土及其海外殖民地的广阔市场、充足的投资、先进的技术和产业支持。大不列颠赋予苏格兰贸易自由权和统一关税，苏格兰商人的生意当时十分红火。除了经济考量之外，政治的权衡也是不可避免的。通过合并，苏格兰虽然放弃了主权，但仍然可以保留自己的法律体系、教育体制、宗教信仰、生活方式及风俗习惯等，并且在英国国会中享有16名上议院议席和45名下议院议席。尽管这一名额分配明显较少，也引发了一系列不满和抗议，但相对于长远的现实利益而言，仍然是可以接受的。对于英格兰来说，合并也是利大于弊。合并后的英格兰一方面避免了与苏格兰高地贵族的长期对抗，便于在苏格兰地区巩固王室权力，大幅度降低了政治风险；另一方面可以消除法国与苏格兰结盟的意图，从而为夺取欧洲霸主地位增加更大的可能性。所以选择合并，可谓一举两得。当然，这种合并在苏格兰一直存在巨大的争论，因为合并后的好处直到1725年后才逐渐显现出来。1745年后，政府集中力量解决高地问题，通过各种政治和经济手段为高地地区注入新产业，革新农业技术，兴建新型城镇和码头，苏格兰经济状况得到明显改观后，那些争论才渐渐平息。所以亚当·斯密写道："在当时看来，这种好处的前景既很遥远，又有些捉摸不定；而它的直接影响是有损于国内每个阶层的直接利益，贵族的尊严将受到打击。绅士中的大多数人习惯于在他们自己的议会内代表他们的国家，此后在不列颠议会中要永远放弃行使这样的代表权的一切希望。商人甚至在开始时似乎

---

① 亚历山大·布罗迪编：《剑桥指南：苏格兰启蒙运动》，贾宁译，浙江大学出版社2010年版，第10页。

也受到损害。与殖民地进行贸易，对他们确实是开放的，但是他们对这种贸易一无所知。他们所熟悉的是，对法国、荷兰和波罗的海一带的贸易。但是期间新发生的困难重重，那个最重要的部门差不多已被完全消灭。还有教士，他们当时所处地位并不是无足轻重的，然而对于教会的前途也感到忧心忡忡。这就难怪在那个时候，所有各阶层人民对有损他们直接利益的措施，都群起而攻之。现在他们子孙的见解跟他们却大不相同，但是我们的祖先只有少数能领会这种见解，而且即使有所领会也是模糊的，不完整的。"①

经济的现实迫使政治的合并，而政治的合并带来了苏格兰的经济发展和社会进步，为苏格兰从落后的旧社会向新兴的商业社会转型创造了条件。当政治与经济的融合日趋深入，苏格兰人的生活方式也逐渐发生了改变。成为"北不列颠"人，效仿和学习英格兰人的生活标准成为一种共识，甚至开明的苏格兰人已经开始思考如何将苏格兰和英格兰的法律体制融合在一起这样的问题。正是在这种复杂的政治经济环境交织的时代与社会背景中，苏格兰启蒙思想家们热切地进行着各个领域的理论和现实问题的思考与探索。

（三）苏格兰的大学、协会与俱乐部

如前文所述，法国启蒙运动诞生于贵族的沙龙，而苏格兰启蒙运动则诞生于大学。因此大学在18世纪苏格兰启蒙运动中扮演着极其重要的角色。这当然与当时的整体教育状况密不可分。在18世纪的苏格兰，教育的水平和规模在当时的欧洲是很高的，这与落后的经济形成较大反差。苏格兰城镇里的学校数量要多于其他大多数欧洲城市，亚当·斯密曾写道："在苏格兰，这种教区学校的设立，几乎叫全体人民都会诵读，使一大部分人民都会写算。"② 普通教育尚且如此，大学教育的优势则更为明显。在苏格兰启蒙运动的兴起中，格拉斯哥大学和爱丁堡大学的作用尤为重要，圣安德鲁斯大学的贡献较少，阿伯

---

① 欧内斯特·莫斯纳、伊恩·辛普森·罗斯：《亚当·斯密通信集》，林国夫等译，商务印书馆1992年版，第104—105页。
② 亚当·斯密：《国富论》，郭大力、王亚南译，商务印书馆2015年版，第749页。

丁的国王学院和马修学院则富有思想活力。格拉斯哥大学曾一度成为苏格兰启蒙运动的发源地，爱丁堡也被称为"北方的雅典"。格拉斯哥是当时经济发展最快的地区，依托其得天独厚的港口位置掌控着通往东方和南方的海上航路，超越了布里斯托成为对美洲殖民地进行烟草贸易的主要通道，是当时的商业中心和大西洋东岸繁荣的国际港口城市。此外，格拉斯哥还是当时不列颠重要的造船业和纺织业重镇。爱丁堡则占据旧首府的优势，并且是教会和法律的管理中心所在地。

事实上，在15—16世纪，苏格兰的几所主要大学就已经建立起来了——圣安德鲁斯大学（1417年）、格拉斯哥大学（1451年）、阿伯丁大学（1494年）、爱丁堡大学（1583年）。这些大学建立之初，其教员大都来自世界上创建最早的巴黎索邦大学所培养出的苏格兰籍教师，当然很多在苏格兰大学里执教的老师以前也都在巴黎索邦大学和其他大学任教，并且在当时欧洲学术界已享有盛名，"在欧洲大陆，最吸引苏格兰学生的大学首推巴黎。这样的学术互动关系一直持续到18世纪。"[①] 在18世纪，许多苏格兰思想家们都在大学执教，弗朗西斯·哈奇森、亚当·斯密、托马斯·里德、约翰·米勒和发明蒸汽机的詹姆斯·瓦特都是格拉斯哥大学的教授，亚当·弗格森、道格拉斯·斯图亚特（Douglas Steuart）、威廉姆·罗伯特（William Robert）都是爱丁堡大学教授（很遗憾的是，休谟两次分别申请爱丁堡大学和格拉斯哥大学的教师职位均未成功）。他们把在欧洲所接受的新思想和新观念带回了苏格兰，如牛顿的科学、笛卡尔（Rene Descartes）的哲学和普芬道夫（Samuel Pufendorf）的法学，并在苏格兰的大学里进行了一系列的改革，围绕自然科学及其教学方法的最新研究成果来重组大学课程，增设新型学科，如公法、民法、自然法、苏格兰法等法学学科，以及

[①] 阿瑟·赫尔曼：《苏格兰：现代世界文明的起点》，启蒙编译所译，上海社会科学院出版社2016年版，第iv页。

希腊语和古典文学（哈奇森的贡献）。① 当时大学的内部改革还是比较超前的，特别鼓励和支持科学理论与实践的结合，出现了一批具有开创性的研究成果，也对一些打破旧制的做法给予充分的宽容和支持，如哈奇森就在格拉斯哥大学以英文而非拉丁文讲授道德哲学，成为全欧洲第一位使用本国语言讲课的大学教授，可谓开风气之先。苏格兰的大学是自由的、开放的，与欧洲大陆的思想文化交流也很频繁，也正是在这种频繁的交流中，苏格兰启蒙思想家们意识到 18 世纪英格兰开启的近代工业革命所带来的变化与落后的苏格兰所形成的反差，强烈的危机意识和现实关怀促使苏格兰的思想家们深入关注和思考苏格兰的现状与未来，"如何实现苏格兰向现代文明社会的转型和发展"成为他们一致关心的问题，如亚当·斯密关心如何实现"商业社会"，而亚当·弗格森关心如何构建"公民社会"等。

克里斯托弗·贝瑞比较深刻地指出："大学的贡献主要在两个方面：自然科学的重要工作主要是由医学教授布莱克（Joseph Black）和库伦（William Cullen）来完成的，他们两人也同时教化学。随后，为了赚取更多的薪水，他们转至爱丁堡大学任教，就像里德从阿伯丁国王学院来到格拉斯哥大学一样。这种科学工作延伸到课堂之外。库伦和凯姆斯勋爵就化学肥料问题展开了长期的通信，不仅如此，库伦还购买了地产，将自己的原则付诸实践。库伦还进行了亚麻的漂白实验，从而使麻纺织业成为苏格兰仅次于农业的重要行业。詹姆斯·瓦特以数学仪器制造者的身份受雇于格拉斯哥大学，与教授们互动频繁，他认识到自己的蒸汽机需要一个单独的冷凝器，并最终从库伦那里获得

---

① 爱丁堡大学在 1707 年设立了公法、自然法和万国法（public law and law of nature and nations）讲座教授，1710 年又设立了民法教席，1722 年设立了苏格兰法教授教席。同样，格拉斯哥大学在 1713 年设立了民法讲座教授。很多学者开展了此学科的教学，如斯蒂尔子爵（Viscount Stair，1616—1695）讲授苏格兰法，并写出《苏格兰的法律机构》（*The Institutions of the Laws of Scotland*，1681）一书，这本书被认为是苏格兰法律思想的奠基之作。而乔治·麦肯齐（George Mackenzie）爵士则是犯罪法律学的权威，他的《犯罪事件中的苏格兰法律与习俗》（*Laws and Customs of Scotland in Matters Criminal*）一书是苏格兰关于这一领域的第一本教科书。（参见阿瑟·赫尔曼：《苏格兰：现代世界文明的起点》，启蒙编译所译，上海社会科学院出版社 2016 年，第 iv 页。）

了这种冷凝器。同时，布莱克的潜热理论也使他得以计算要达到有效的冷却需要多少水量。另一方面是亚当·斯密的工作，他是政治经济学俱乐部（Political Economy Club）的成员，并与格拉斯哥商人交往甚密。于1759年面世的《道德情操论》大量借鉴了其在格拉斯哥的讲座。尽管《国富论》刊行于1776年，但我们从现在依然存世的其学生的笔记（以《法学讲演录》为名发表）得知：在格拉斯哥大学任职期间，斯密对《国富论》中诸多重要的主题都进行过思考，他当时的讲稿涉及到了'那些有助于生存和财富积累，并在法律和政府方面产生相应变革的艺术'。斯密的得意门生米拉（John Millar）之后成为了民法教授，他的《阶层的起源》（*Origin of Ranks*，1771/1779）是整个启蒙运动时期探讨社会分层问题最详尽无遗的著作。像斯密一样，他是自然的（natural）、推测的（conjectural）历史学家，正是在他的著作中，社会发展的'四阶段论'理论才得以提出。"①

很显然，苏格兰启蒙运动的成员们大都是知识精英，"知识精英是一个环环相扣的网络。明显体现这一点的是俱乐部和论辩协会成员数量的激增，这就形成了学校、法律界、教会以及致力于改良的士绅（gentry）之间的交汇点"②。这些知识精英除了大学教授，还包括从事其他职业的成员，如律师、商人、牧师、军人、法官、行政人员以及极少数的医生和贵族。所涉及的领域则包括科学、哲学、艺术、建筑、工程、医学、历史道德、法学与经济学等。这些苏格兰的知识精英们所组成的各种各样的学术共同体和文化共同体，是苏格兰启蒙运动的一大特色。事实上，18世纪的苏格兰成立了很多协会和俱乐部，比如星期二俱乐部、火钳俱乐部（the Poker Club）、牡蛎俱乐部（亚当·斯密是其中的正式成员）、镜子俱乐部等。大多数俱乐部既进行严肃的学术交流，又兼营饮酒社交活动。③ 其中最著名的当属1754年创立于爱

---

① 李宏图：《理解苏格兰启蒙运动》，载《学海》2014年第1期。
② 同上。
③ 阿瑟·赫尔曼：《苏格兰：现代世界文明的起点》，启蒙编译所译，上海社会科学院出版社2016年版，第180页。

丁堡的"群贤会"(Select Society),1755 年被正式命名为"爱丁堡艺术、科学、制造业和农业促进会"(the Edinburgh Society for the Encouraging of Arts, Sciences, Manufactures and Agriculture),成员包括最负盛名的社会理论家,如亚当·斯密、大卫·休谟、凯姆斯、威廉·罗伯逊和亚当·弗格森。其他社会团体表面看来更哲学化,如 18 世纪早期的"肯兰俱乐部"(Rankenian Club),成员包括麦克劳林(McLaurin,牛顿学说支持者),以及后来阿伯丁的"智者俱乐部"(Wise Club),成员有里德(Reid)、坎贝尔(Campbell)和邓巴(Dunbar)等人。还有成立于 1783 年,至今仍享有盛誉的"爱丁堡皇家学会"(The Royal Society of Edinburgh),该学会由罗伯逊召集,参加首届会议的有库伦、布莱尔、弗格森和斯密,除此之外,其成员还包括"爱丁堡市政委员会"的领导和知名律师。① 来自不同学科、领域和行业的知识人在这些协会或俱乐部里进行思想碰撞、辩论和交流,彼此学习和相互启发。当然这种"社交"绝非偶然,而是拥有一个广泛共享的议程,即聚焦于为促进苏格兰的文明而进行的"改进"(improvement)。

因此我们不难发现,苏格兰启蒙思想家们大多研究领域宽广,通晓多个学科,如亚当·斯密的思想就涉及道德哲学、经济学、法学等。托马斯·里德的思想则涉及数学、修辞学、心智哲学和法学等。他们不仅仅是从事学术研究和传授知识的学者和知识分子,同时也全面参与国民生活,是公共事务的介入者和批评者,敢于对一切权威和陈旧的力量进行批判和声讨,从而引导公众革新观念与思维,破除阻力,通过自身行动推动苏格兰的文明与进步。与法国启蒙思想家大都是独立文人不同的是,苏格兰启蒙思想家大多数都拥有政治、社会、教育和宗教机构的成员身份,当然主要都是大学教授(亚当·斯密、亚当·弗格森、约翰·米勒、托马斯·里德、罗伯逊),他们更了解也更关注苏格兰的现实问题,这为他们发挥其影响力提供了便利条件。在

---

① 参见李宏图:《理解苏格兰启蒙运动》,载《学海》2014 年第 1 期。

苏格兰启蒙思想阵营中，哈奇森、托马斯·里德和杜格尔·斯图尔特（Dugald Stewart）发展出了苏格兰常识学派；大卫·休谟和亚当·弗格森分别在哲学和社会学上贡献卓越；亚当·斯密则成为古典经济学第一人；威廉·罗伯逊（爱丁堡大学校长）在历史学方面取得了重要成就；亚历山大·门罗·普里默斯（Alexander Monro Primus）父子创造了新的医学模式；约瑟夫·布莱克是热理论的创立者，他和詹姆斯·瓦特一起改良了蒸汽机。这些大学教授们是苏格兰启蒙运动的中坚力量，他们一起助推了苏格兰启蒙运动的兴起，塑造了苏格兰启蒙运动独特的精神气质与内涵，形成了18世纪人类历史上的"群星闪耀时"（茨威格语）①。

（四）苏格兰的法律与宗教

探索苏格兰启蒙思想的独特性不能忽视其内在的传统——法律和宗教。就法律而言，在12—13世纪，苏格兰和英格兰的法律几乎是同时起源的，但后来却发展出了不同的特征。英格兰习惯于沿用过去的判例裁决争端，"习惯法"因此而得名，并一直被英格兰普遍使用。苏格兰则不同，"苏格兰人学会了兼容并蓄的基本法律原则，倾向于古代罗马的民法，他们效仿中世纪的法律学者——那些致力于在欧洲大陆恢复和推广古罗马制度的伟大'民法家学'们。这意味着从约翰·诺克斯的时代开始，苏格兰的法律就更接近法国和意大利，而不是南方的近邻英格兰。实际上直到17世纪，苏格兰的很多律师仍然远赴法国完成他们的专业训练，而不是去英格兰，因为英格兰的法律准则与苏格兰的法律思想几乎完全无关"②。很显然，苏格兰的法律不同于英格兰的习惯法，它因为与欧洲法和罗马法之间的紧密关系而具有自身特点。

大陆法系最重要的特点是注重法理知识，这一点深深吸引着渴望成为律师的苏格兰年轻求学者。荷兰的莱顿大学、乌德勒支大学和法

---

① 这里借用茨威格《人类的群星闪耀时》这一书名，形容这个精彩纷呈的思想时代。
② 阿瑟·赫尔曼：《苏格兰：现代世界文明的起点》，上海社会科学院出版社2016年版，第80页。

第一章 回到苏格兰启蒙运动

国的大学是当时苏格兰求学者们的主要目的地,他们把学到的法律知识带回苏格兰,教授传承,影响了苏格兰的法律精神和法律组织。在苏格兰的民事和刑事审判中,法官的判决所依据的不是惯例而是理性——古罗马的法律精神,而实际上,自中世纪以来,苏格兰的法律就受到了古罗马法律精神的重大影响。后来成为著名法官的凯姆斯勋爵就指出:"我们的法律移植了古罗马的制度,罗马法律彰显了公平的原则,给人充分的余裕进行敏锐的理性思考。"① 这种影响塑造了苏格兰法律的一个重要精神和原则,即任何人都不能凌驾于法律之上。对于律师的培养和训练,苏格兰和英格兰也存在显著区别。苏格兰的律师在求学期间会接受系统的、正规的学院化教育和训练。实际上早在16世纪,苏格兰的律师就已经成立了自己的行业协会——律师公会,而要成为其中的一员,就必须在大学里完成至少两年的哲学和法律课程以代替7年以上的正式实践经验。② 而英格兰依然遵循旧制,律师没有受过正规的学院教育,职业训练主要通过见习实践(老人带新人)的方式来进行。苏格兰律师的学习和训练方式,"使得苏格兰的法庭具有一种英格兰法庭所没有的世界性氛围"③。

通过对欧洲法和罗马法的学习,苏格兰到了17世纪末已经有了比较详细的私法原则。同时,它的法律组织也逐渐系统化,推动这一进程的当属斯戴尔勋爵(Lord Stair),"一些学者认为斯戴尔勋爵的《苏格兰的法律制度》(*The Institution of the Laws of Scotland*, 1681)在启蒙运动中就占有一席之地"④。具有自身特点的苏格兰法律及其法律系统在相当长的时间里保持着稳定性。到了1707年的《联合法案》生效,英格兰和苏格兰正式合并之后,除了教会和大学,唯一没有变动的苏格兰机构就是法律系统。直到18世纪30年代,随着经济的发展、

---

① 阿瑟·赫尔曼:《苏格兰:现代世界文明的起点》,上海社会科学院出版社2016年版,第81页。
② 同上书,第83页。
③ 同上。
④ 克里斯托弗·贝瑞:《苏格兰启蒙运动的社会理论》,马庆译,浙江大学出版社2012年版,第11页。

生活方式的改变，亨利·霍姆等人开始希望将苏格兰的法律体制与英格兰的法律体制相融合。

就宗教而言，1707年的合并对苏格兰人的宗教生活也产生了很大影响。1690年，实行加尔文教义的长老会（Presbyterians）重新获得了对苏格兰社会的控制权。在这之前，苏格兰教会（Kirk）长期以来对异教徒实施宗教极端政策，各种宗教迫害司空见惯，合并之后这一做法受到了很大限制甚至抵制。阿瑟·赫尔曼在《苏格兰：现代文明世界的起点》一书中通过对托马斯·艾肯赫德（Thomas Aikenhead）案件的讲述，为我们展现了当时苏格兰宗教环境的微妙变化。

艾肯赫德案件基本情况是这样的：1696年8月的一天，年仅19岁的神学院学生艾肯赫德和民事法院职员约翰·尼尔森（John Neilson）、爱丁堡大学学生帕特里克·米德尔顿（Patrick Midletoyne）、13岁的大学生约翰·波特（John Potter）刚走出克莱里休的酒馆，因为天气湿冷打哆嗦，说了一句玩笑话："如果《以斯拉记》（Ezra）里面所说的地狱够暖和，我宁可马上去那儿。"之后被其中一个朋友告发到教会官员那里，并被翻出不少他嘲弄和不敬上帝的言行证据，他的朋友芒戈·克雷格（Munga Craig）也指控他，因他曾说耶稣是个骗子，这引起了苏格兰总检察长詹姆斯·斯图尔特（James Stewart）的愤怒，并断定他触犯了亵渎上帝罪，并于1696年11月10日下令逮捕艾肯赫德，决意判处他死刑。入狱后的艾肯赫德意识到问题的严重性，主动表示忏悔，请求法庭鉴于他年少无知并真心悔过，对他从轻发落。在检察总长的亲自主持下，经过没有被告辩护律师的秘密审判，12月23日判处艾肯赫德死刑，并于来年1月8日处决。围绕该案，法律界明显分化为两个阵营：以检察总长斯图尔特和圣安德鲁斯大学神学教授托马斯·哈利波顿（Thomas Hallyburton）为代表的独裁守旧派，以苏格兰的两位首席法学家安斯托瑟（Anstruther）和芳汀霍尔（Fountainhall）为代表的世俗温和派。两派因为对此案的关注，围绕"世俗与宗教之间的正确关系是什么"这一问题展开了论战。后者认为教会不应介入世俗案件，对艾肯赫德应该宽大处理。甚至约翰·洛克（John Locke）对此案

第一章　回到苏格兰启蒙运动

也极为关注,并提出"世俗法庭不该干预灵魂的事务"的观点。在反复的讨论和博弈过程中,艾肯赫德向苏格兰的首席大法官及其管辖的皇家枢密院递交请愿书请求赦免,枢密院对上诉投票表决,结果为平票,最后大法官波尔沃思(Polwarth)还是投下了死刑决定票。最后想借助于白金汉宫的皇室(威廉国王和玛丽女王是苏格兰名义上的统治者)来影响这一案件,或特赦或重审的努力也失败了,因为苏格兰先发制人,堵死了艾肯赫德的求生之路。[①] 1697年,艾肯赫德最终还是被苏格兰加尔文教派独裁者以亵渎上帝罪送上了绞刑架。他是最后一位因亵渎三一律而被绞死的人。这时的苏格兰正站在通往现代世界的门槛上。审判并处决艾肯赫德就代表了苏格兰的旧秩序,代表着苏格兰的"过去"。这是一条分水岭,也是新旧世界的分界线。旧秩序已日薄西山,新秩序即将展开。

1712年,宽容法案的出台明确限定了教会的权限,尤其是,"英格兰托利党人迫使苏格兰实现了对圣公会教和其他教派的宗教宽容,而圣职授予权也被收回到贵族和国王手中。从长远看,这固然使苏格兰教会变得易于驾驭,但同时,由于这些被任命的神职人员想法上更接近于授予他们神职的权贵而不是他们教区里的虔诚的信众,因此他们在宗教问题上也变得更加温和与开朗"[②]。18世纪30年代后,苏格兰人对加尔文教义的态度也逐渐多元化,长老会也渐渐放弃了严格的加尔文教义,放松了对社会生活的干涉与控制,从而使教会和社会之间的关系有所缓和。在18世纪中后期,教会则逐渐转变为推动启蒙运动的重要机构和力量。"到18世纪50年代中期,温和派掌权,圣公会在爱丁堡大学校长威廉·罗伯逊等人的管理下,成为推动文明进步的重要机构,主持了在高地地区的一系列调研,甚至于1779年对天主教也采

---

① 关于该事件的详细叙述,请参见阿瑟·赫尔曼:《苏格兰:现代世界文明的起点》,上海社会科学院出版社2016年版,第2—9页。
② 亚历山大·布罗迪编:《剑桥指南:苏格兰启蒙运动》,贾宁译,浙江大学出版社2010年版,第12页。

取了宽容的态度。"① 与此同时，教会的管理方式也随之发生了改变，长老会掌权时期，教会大权独揽，拒绝世俗人员参与教会管理，并且实行严格的等级制，后来逐渐变得更加开明温和，接纳社会人员参与教会管理，使得教会与社会更加和谐融洽。② 这种宗教改革也构成了苏格兰启蒙思想的重要背景。

五、休谟与苏格兰启蒙运动

休谟是苏格兰启蒙运动的殿军，他置身于苏格兰启蒙运动中，同时又塑造和影响了苏格兰启蒙运动的方方面面。关于休谟的研究著作可谓汗牛充栋，但是没有一本是专门且明确地讨论休谟与苏格兰启蒙运动的，我们只能从各种针对休谟思想的特定研究中，梳理他与苏格兰启蒙运动的关系。对苏格兰启蒙运动而言，休谟在多方面都是焦点人物，然而在某些方面又是非典型的。

休谟是非典型的，是因为：就职业而言，休谟既不是专业的学者（像大多数苏格兰启蒙运动思想家一样），也不是专业的律师。他是一个独立的"文人"，大多数时候是靠写字维生，《英国史》的出版为他赢得了世界性声誉，也让他获得了相对优渥的生活。虽然他曾获得过爱丁堡律师公会一份有"编制"的工作，但时间并不长。就理智而言，在宗教问题上，休谟是最公开的异端。他通常被说成是一位"异教徒"，因为他怀疑了许多公认的宗教教义，不仅有加尔文长老会的教义（虽然这里与苏格兰启蒙阵营大多数成员有共同的基础），而且还质疑了大多数苏格兰启蒙思想家的自然神论者（大体上是那些自然神论的发言人）。此外，他也不认同苏格兰启蒙思想的其他一些特征。休谟是焦点人物，是因为：除了凯姆斯勋爵（生于1696年，比休谟长寿）和弗朗西斯·哈奇森（生于1694年），休谟比大多数苏格兰启蒙运动思想

---

① 亚历山大·布罗迪编：《剑桥指南：苏格兰启蒙运动》，贾宁译，浙江大学出版社2010年版，第13页。
② 同上书，第16页。

第一章　回到苏格兰启蒙运动

家年长，他的许多重要著作都早于苏格兰启蒙运动其他成员的著作，如斯密的《道德情操论》（1759）和《国富论》（休谟1776年去世前才看到）、弗格森的《文明社会史论》（1767）、罗伯逊的《苏格兰史》（1759）、凯姆斯的《论道德和自然宗教的原则》（1751/1758）和《历史上的法》（1758），他对苏格兰启蒙运动的思想气质和关键原则起到了奠基作用。事实上，休谟与苏格兰启蒙运动之间关系的主要因素之一在于私交层面。苏格兰启蒙时代是一个"俱乐部"时代，休谟是有名的"俱乐部常客"（clubbable）。尽管会有分歧，但他与苏格兰启蒙运动的文人们保持着友好的关系。比如，虽然在宗教问题上存在分歧，但他与罗伯逊、布莱尔等神职人员以及教授们相处融洽。此外，休谟还是许多苏格兰启蒙运动成员的顾问和导师，简言之，他毋庸置疑地属于苏格兰启蒙运动阵营，但在许多方面都与众不同。

休谟对苏格兰启蒙运动的影响大致可以从以下三个层面来理解：

1. 哲学层面

休谟的《人性论》被视为西方哲学史上最伟大的著作之一。休谟本人在他简短的自传中声称它"一生出来就死了"，但他知道，事实并非如此，《人性论》是苏格兰启蒙思想的关键组成部分，它最具戏剧性的影响是催生了以托马斯·里德为代表的阿伯丁人的常识哲学。里德反对休谟哲学的前提，其理由是休谟哲学支持怀疑论。将休谟视为哲学上的怀疑论者的观点经久不衰，但里德和他的同事在某种程度上属于苏格兰启蒙运动的外围。从哲学史的内在逻辑看，休谟的"人性科学"概念产生了至关重要的影响。这种"科学"致力于经验主义（证据），并以牛顿式的做法拒斥形而上学"第一原理"，亦即它承诺人类及其社会行为中的规则性是充分的，足以支撑起我们今天所谓的"社会科学"。

具体而言，休谟哲学中的许多观点都对苏格兰启蒙运动产生了持久而深远的影响，甚至可以说塑造了苏格兰启蒙运动的关键性原则。第一、最引人注目的（也是争议较多的）是休谟将因果关系归结为3个因素的存在——（A与B的）连续性、优先性（A先于B）以及至关重要的恒常连接（在经验中，B经常跟随A）。在休谟那里，因果关系是

"心理上的习惯",即它不是"世界上"的某种东西——这一论点引发了里德和后来的康德的回应,后者被迫拒绝经验主义。但诚然,大多数苏格兰启蒙运动思想家并没有在很高的哲学层面上参与这场运动,因为他们坚定地致力于留心来自整个社会和个人经验证明的必然性,并寻求因果解释。第二、人类的行为是由激情(一种特殊的苦乐感)而不是理性支配的,因此,道德本质上属于情感问题。第三、人类是社会性存在,不过这一观点被所有苏格兰启蒙思想家所承认,休谟也不列外。第四、人类并不是自私的(selfish),但他们的行为是利己的(self-interested)——他们寻求自己(和他们亲属)的利益——在有限的资源条件下,这是混乱之源,也是人类建构和加强社会秩序的根本原因。第五、虽然人类确实拥有诸如同情、爱等自然美德,但这种独特的人性—人类社会互动是"人为的"(尽管在《道德原则研究》中休谟改变了他的术语),所以正义、义务、允诺是习俗性的,而非"自然的",即爱你的孩子是人性固有的,但公正地行动则不是。这是一种社会需要这些行动来凝聚和维持自己的习得反应。所有苏格兰启蒙运动思想家在否认政治规则源于契约这一点上都遵从休谟,并都承认,若无休谟所说的"坚定不移的正义规则",社会将瓦解。第六、休谟关于人性具有恒定性和一致性的论点被其他苏格兰启蒙运动思想家普遍采纳或分享,因此,"道德相对主义"(后来所谓的)是错误的观点也被普遍地采纳或分享;某种生活形式比其他的更好(文明社会是对野蛮社会的改进),也被广泛认同。第七、在《政治论文集》中,休谟通过对税收、贸易、货币等问题极具影响力的分析,捍卫了商业和奢侈品。虽然一些苏格兰启蒙运动思想家(如凯姆斯和弗格森)不那么积极,但他们都同意休谟对奢侈品反对者们(古罗马和基督教道德家)所持观点(他们认为奢侈与软弱、女子气之间存在牢固的关联)的反驳。最重要的是,休谟是"现代性"及其优越性公认的坚持者,这是以各种方式出现的苏格兰启蒙思想的一个共同标志。

2. 宗教层面

休谟的不同之处在于他更公开地对宗教持怀疑态度。具体而言,首先，在《宗教的自然史》一书中，休谟指出宗教的起源是恐惧，即人类的情感，因此宗教是次要原则（对社会生活环境的反应，而不是上帝植入人类的第一原则）。这就将大多数宗教视为了迷信。苏格兰启蒙运动思想家大体上同意对人类信仰的这种解释模式，尽管他们批评迷信，但他们把基督教排除在这种批评之外，因为它通常被认为是一种"理性"的宗教。其次，休谟用随笔批评奇迹、灵魂不朽并为自杀辩护——所有批判的对象竟都是正统基督教的核心信条。最后，最激进的是，休谟在他死后发表了《自然宗教对话录》。这是一部比较隐晦的作品，但它的确动摇了启蒙运动（包括苏格兰）版本的宗教信仰的主要支撑，即宇宙是如此有序，被精心设计了，这是上帝作为设计者的证据。在苏格兰启蒙阵营中，没有人能做到这一点，尽管亚当·斯密很接近，但众所周知，他态度暧昧。

3. 历史层面

休谟最早是以历史学家闻名的，这主要得益于他的《英国史》。虽然有些人对书中的某些观点提出了不同看法，但必须承认这部作品还是很有影响力的。亚当·斯密、约翰·米勒和威廉·罗伯逊同意休谟关于封建社会如何崩溃和现代商业社会如何出现的解释。现代商业社会的出现，显示了出乎意料的后果的作用（参考斯密"看不见的手"）和现代自由与法治的建立。虽然休谟不是唯一一个持此观点的人，但他的解释是苏格兰启蒙运动世界观的关键基础之一。不过，休谟的不同之处在于，他没有明确认同一种次阶理论（stadial theory），即在商业时代出现之前，社会经历了狩猎/采集、游牧和农业阶段。

第二章

休谟政治哲学的基础（Ⅰ）

——自然主义人性论

在《人性论》第三卷"道德学"中，休谟第一次系统地阐述了自己的政治哲学思想。作为"道德学"部分的政治哲学，是和他的"人性论"直接相关并且以"人性论"为基础的。在《人性论》第三卷第二章，休谟正是以对人性和人类生存的自然环境的实际状况的经验考察作为其政治哲学思考起点的。那么，休谟是如何理解人性的？他对人性的理解与他的政治哲学之间究竟存在怎样的关系？

一、《人性论》与"人性科学"

（一）《人性论》的主题与结构

《人性论》一书写于1732—1736年，全书分为三卷，1739年后分卷出版。在该书中，休谟试图将一种全新的方法——实验推理，推广应用于精神领域，建立一个关于人性的科学体系。虽然文中并未指名道姓，但牛顿无疑是其灵感的来源。牛顿在《光学》中宣称，如果自然哲学由于通过运用他的方法而能够变得非常完善，按照类似的方式，"道德哲学的领域也将随之而扩大"[①]。作为牛顿学说的信奉者，休谟相信追随莎夫茨伯利（Shaftesbury）、弗兰西斯·哈奇森（Francis Hutchson）、贝纳德·曼德维尔（Bernard de Mandeville）和约瑟夫·巴特勒（Joseph Butler）的步伐，将这种方法应用到"道德主题"上，就可以在道德领域取得与牛顿在自然科学领域相媲美的成就。因而，《人性论》一书的主题就是"人性科学"，这是一个全新的科学体系。在《人性论》的引言中，休谟写道："一切科学对于人性总是或多或少地有些关系，任何学科不论似乎与人性离得多远，它们总是会通过这样或那样的途径回到人性。"[②] 人性本身才是"科学的首都和心脏"[③]。如果掌握了人性，那么

[①] 牛顿：《光学》，周岳明等译，北京大学出版社2007年版，第259页。
[②] 休谟：《人性论》（上册），关文运译，商务印书馆1980年版，第2页。
[③] 同上书，第3页。

"我们在其他各方面就有希望轻而易举地取得胜利了"①。换言之,"人性科学"是一切科学的根本,一切科学都与人性相关,并以人性为基础。只要获得了关于人性的科学知识,一切科学问题将迎刃而解。

这种"人性科学"有三个重要特点:第一,它是经验性的,依赖于精确的观察;第二,休谟试图将观察实验追溯到普遍原则之上,即用最简单和最少的原因来解释一切结果,并将研究严格限制在经验范围内,不可越界;第三,休谟意识到,与自然对象相比,道德主体缺乏可测度性,因此对人类生活的细致观察需要"审慎地搜集和比较"②,唯有如此才能获得关于人性的确定性知识。

从结构上看,《人性论》一书共分为三卷:第一卷"论知性"(Of the Understanding)、第二卷"论情感"(Of the Passions)和第三卷"道德学"(Of morals)。第一卷"论知性"以认识论为主题,在这一卷中休谟主要探讨了知识的起源、分类、范围、人的认识能力的界限以及推理的性质和作用等认识论的内容。第一卷是《人性论》中最重要的部分,是其他部分的基础,包含了休谟对哲学的主要贡献。第二卷"论情感"是第一卷的继续,在这一卷中休谟主要探讨了情感的起源、性质及其活动,并为下一卷关于"道德学"的讨论奠定了基础,其中对意志和自由问题的讨论具有相对独立性。第三卷"道德学"是在前两卷"论知性"和"论情感"的基础上对"道德"问题的全面阐述。其中,第一章主要论述了道德的基本原理,属于伦理学的内容。第二章讨论"人为的德"。这既是伦理学的内容,也是政治学的内容。第三章讨论的是"自然的德"。在这一卷中,既包含了休谟的道德哲学,也包含了他的政治哲学。

从《人性论》一书的主题与结构可以看出,在休谟看来,"人性"是由两个部分构成的:"知性"(understanding)与"情感"(passions)。这一看法改变了西方哲学对人性"知-情-意"的传统划分模式,其中的

---

① 休谟:《人性论》(上册),关文运译,商务印书馆1980年版,第3页。
② 同上书,第6页。

"意志"部分被休谟视为由原始印象或祸福苦乐所直接产生的印象和结果，放在了"论情感"一卷加以讨论。因此，休谟的《人性论》中并没有将"意志"作为独立的一卷。既然"人性"是由"知性"和"情感"两个部分构成，并且《人性论》第一卷"论知性"和第二卷"论情感"分别对应这两个部分，那么，第三卷"道德学"在《人性论》一书中处于何种地位呢？我们如何来理解第三卷"道德学"和前两卷之间的关系呢？

在《人性论》第三卷"道德学"一开始，休谟就写道："道德比其他一切是更使我们关心的一个论题：我们认为，关于道德的每一个判断都与社会的安宁利害相关；并且显而易见，这种关切就必然使我们的思辨比起问题在很大程度上和我们漠不关心时，显得更为实在和切实。"① 也就是说，休谟认为"道德"关系着社会的安宁利害，与我们的生活息息相关，是我们非常关心的问题，因此我们必须对其加以研究。其次，休谟也写道："我们关于道德学的推理会证实前面关于知性和情感所作的论述。"② 意思是，"道德学"研究是对前两卷"知性"和"情感"这一人性分析的理论运用，反之，"道德学"研究为前两卷的一般人性论提供了新的证据和例证。③ 再次，休谟写道："哲学普通分为思辨的和实践的两部分；道德既然总是被归在实践项下，所以就被假设为影响我们的情感和行为，而超出知性的、平静的、懒散的判断以外。"④ 由此可见，第三卷"道德学"乃是休谟所理解的实践哲学，而前两卷对"知性"和"情感"的分析则是休谟所理解的思辨哲学。那么，《人性论》中之所以有"道德学"的部分，是因为"道德"是人的"知性"和"情感"共同发挥作用的实践领域，因而，"道德学"就是休谟一般人性分析在道德和政治实践领域中的运用和展开，它的讨论也必须以对人性中"知性"与"情感"的分析为前提和基

---

① 休谟：《人性论》（下册），关文运译，商务印书馆1980年版，第491页。
② 同上。
③ 巴里·斯特德：《休谟》，周晓亮、刘建荣译，山东人民出版社1992年版，第230—231页。
④ 休谟：《人性论》（下册），关文运译，商务印书馆1980年版，第493页。

第二章 休谟政治哲学的基础（Ⅰ）——自然主义人性论

础。① 因此，第三卷"道德学"并不具有其自身的独立性，而是与前两卷之间存在着理论上的连续性。

休谟对于知性和情感的分析是其"道德学"研究的基础。休谟对"诸道德"（morals）的研究与伦理学（诸如德和恶）及社会生活的一般概况的研究（以对政治价值、信念和惯例的分析为实质部分）是紧密相联的。除了他在方法论上的个人利己主义，休谟很重视社会影响在个人信仰、感觉和性格养成中所扮演的角色，例如教育和同情心的培养。这些基本要素构成了休谟广义上的"道德学"，尽管这些要素基本上从属于休谟的心灵或心理哲学（philosophy of mind）领域。很明显可以看出，休谟的"道德学"具有实践的维度（practical implications），休谟坚持了《人性论》第三卷与前两卷在理论学说上的连续性。休谟政治哲学的动力和兴趣，很大程度上起源于其科学的人性学说，并且以温和的怀疑主义（mitigated skepticism）与作为认识论研究结果的自然主义的结合为基础。休谟对于政治原则的分析经常参考以下诸问题的分析：信仰、习俗和感觉，而这些正是对其心灵或心理哲学结论的吸纳。而且，休谟关于政治信仰和行为的分析，特别是在《人性论》当中，大部分是以道德心理学的术语来呈现的：对政治领域问题的合理解决依赖于我们自然天性中的正义感，人们通常拥护政治权威和服从法律的原因则依赖于他的心理状态所提供的某种稳定基质。换言之，休谟的政治哲学作为"道德"这一实践领域的问题，正是以对知性和情感的分析和研究为基础的。

因此，休谟的政治理论就是作为一般的道德理论的构成部分被呈现的。在休谟的语境中，"道德"属于人类社会生活实践的领域，它既包含了人类的道德生活，也包含了人类的政治生活和其他社会生活。"道德"这一术语，在词源上来自拉丁文"风俗、习惯"或"社会风俗"，在18世纪的语境中，"道德"研究实际上就是指"社会问题"研

---

① 宋宽锋：《休谟政治哲学再诠释——兼评高全喜先生〈休谟的政治哲学〉》，载《山东大学学报（哲学社会科学版）》2006年第4期。

究,"道德哲学"就是指研究道德的学问,即研究"社会问题"的学问。所以在休谟语境中,"道德"经常指的是社会生活的一般现象,如道德现象、政治现象、经济现象等。与"道德"相关的"道德学"就是以道德、政治、经济现象及其活动为研究对象的领域。因而,道德哲学和政治哲学都属于休谟"道德学"的研究范围。休谟《人性论》的第三卷,大部分都用来说明更严格意义上的道德哲学,即某些类型的信仰和人们在他们的社会生活中做出的价值判断,特别是那些关于什么是"好"或"正义"、什么是"有道德的"、什么义务应该去履行、什么不应该做的评价。政治哲学作为道德理论的一个分支,自然被认为是主要关于政治价值和义务的分析和判断,事实上,那些明显关乎政治的美德的分析,是休谟整个道德理论的重要组成部分。因此,《人性论》第三卷不仅是关于现实政治学说的作品,也是广义上的道德理论的作品。

很清楚,休谟"道德学"研究的动力和兴趣,很大程度上起源于他的科学的人性学说。"道德学"是休谟人性科学大厦中必不可少的构成部分,其研究以基本的、科学的人性原理为基础,是一般人性原理在实践领域的运用和扩展。休谟的道德哲学和政治哲学牢固地融贯在他对人性的哲学理解中,并以一般人性学说为基础。休谟通过对人性的总体了解,以及对人的基本需求、能力、精神特质的考察,试图探寻并建立道德生活和政治生活的根本性原则。

(二)"人性科学"的构建:目的与意义

对人的认识是一切哲学的关键,任何哲学都必须首先要面对和回答关于人的问题。在《纯粹理性批判》一书中,康德提出了三个问题:我能认识什么?我应该做什么?我可以希望什么?而这三个问题最终要回答"人是什么"这个问题。休谟的"人性科学"同样是在回答人的问题。所以他以牛顿的物理学为榜样,把实验推理的方法推广应用于精神领域中,试图建立一种"人性科学"。在休谟看来,"人性科学是纲领性的,是唯一稳固的基础"[1],是一切科学的根本。一切科学都

---

[1] Christopher J. Berry, *David Hume*, London: Bloomsbury Academic, 2009, p.73.

与人性相关，人类要在科学领域取得胜利，必须首先回到"人性"，获得关于"人性"的知识和建立"人性"的科学体系。唯有如此，才能为其他一切知识提供确定性的基础，这是休谟人性科学构建的主要目的，同时也是一种构建理想世界的策略性手段。

具体而言，休谟人性科学的构建具有两个层面的意义。从消极意义上而言，可以为人类摆脱对上帝的依赖和服从提供一个"科学根据"。近代自然科学所确立的新的宇宙观和自然观，大大改变了人们对自身以及自身在宇宙中地位的认识，也促进了人类自我意识的觉醒。启蒙思想家们开始以一种经验的视角去重新认识人、关注人。人性科学的构建恰恰为人们清除陈旧的神学教条，实现信仰自由和思想自由，确立人的主体性和自主性，恢复人的价值与尊严提供了科学依据。从积极意义上而言，则为人类的道德理论和政治理论奠定了"科学基础"。

从《人性论》一书的主旨和结构可以看出，休谟的道德理论和政治理论并非平行的或分裂的，而是内在统一于整个人性科学研究的主题之中，是人性科学研究的核心构成部分。前文对《人性论》主题和结构的分析已经表明，对于"知性"和"情感"的一般分析就是休谟所理解的思辨哲学，而"道德"则是实践哲学，是一般人性分析在实践领域中的运用和展开，是人类"知性"和"情感"共同作用的实践领域。[1] 道德哲学和政治哲学作为实践哲学就是休谟"道德"研究的主要内容，也是其"人性科学"研究的核心构成。因而道德理论和政治理论的"科学性"最终取决于休谟的人性理论。换言之，人性的原理研究是其道德建构和政治建构的基础，它负责为道德理论和政治理论提供科学基础。通过对人性系统而精致的考察，休谟试图在科学的人性原理基础上建立人类生活的规范性原则。

可见，休谟"人性科学"构建与研究的最终目的，并不仅仅在于

---

[1] 休谟对理性与情感之关系的理解显然不同于法国启蒙哲人如狄德罗和卢梭，在后两者的理论中，理性和情感是各司其职、互不影响的。

通过知识论问题的探讨指出人类理性的局限并为之划出界限,而是具有更为深远的道德意义。也就是说,道德问题是休谟"人性科学"研究的最终目标。简言之,通过知识论的研究来指出理性的局限性,从而将"道德哲学"研究的基础奠定在人的自然倾向之上,而非传统的抽象理性之上,并将研究方法从不切实际的形而上学推论转移到经验观察之上。

(三)"人性科学"的方法:牛顿主义

如前文所述,休谟的"人性科学"研究,其灵感无疑来自于牛顿。"牛顿主义对18世纪苏格兰启蒙运动时期的'人的科学'的影响还是要比一般人认为的大得多。"① 牛顿的新科学根据少数几条一般原理对复杂的物理世界现象给予了完整而普遍的解释,所带来的成就大大出乎人们的预料,这使得任何有关科学有其局限性的提示都会受到怀疑。实验的推理方法作为获得确定性知识的工具,更是获得了前所未有的信任,甚至成为一种信仰。基于对新科学及其实验推理方法有着无限力量的信仰,试图将这一方法运用到人类精神领域中,采用一些现成的技术或是模仿科学过程,然后按图索骥地发现关于人类本性及其规律的新知识和新原理,成为苏格兰学者从事研究时一种普遍而大胆的尝试。休谟的"人性科学"研究事实上就是这一观念和信仰的现实尝试。从《人性论》的副标题——在精神科学中采用实验推理方法的一个尝试,可以看出,休谟显然受到牛顿"实验推理方法"的启发,试图在哲学研究中引入近代实验科学的方法和成果,在人类精神的研究中构建一门普遍而完整的"人的科学",从而让自己成为"道德哲学中的牛顿"(the Newton of the moral sciences),凭借"人性科学"推动一场足以媲美牛顿的哲学革命。

事实上,在"人性科学"的研究中,休谟确实采用并严格遵循了牛顿新科学的基本原则和方法。首先,从纷繁复杂的现象中发现并提

---

① Alexander Broadie (ed.), *The Cambridge Companion to Philosophy: The Scottish Enlightenment*, Cambridge: Cambridge University, 2003, p.107.

炼出最简单的原理，以最简单和最少的缘由来解释一切结果；其次，在经验观察的基础上运用实验推理方法来检视这些原理。也就是说，休谟不仅坚持经验和情感是人类"道德"活动的根源与基础，而且主张必须依靠"实验推理方法"来对各种复杂的经验和情感现象进行观察分析，从而建立起人性的基本原则。在休谟看来，由于道德主体相比于自然对象欠缺实验上的可测度性，谨慎且细致的观察是极为必要的，实验推理方法的运用不仅可以防止理性的误用，而且可以使我们时刻保持谨慎的"观察意识"，一旦遵循此种方法，就能获得确信无疑的结论，科学也会成为最有用的东西。因此，"观察意识"作为近代自然科学获得确定性知识所需要的最重要的方法，是"道德哲学"研究步入科学大门的契机所在。"人性研究"或者"道德研究"要成为一门科学，就必须采用"观察意识"和"实验推理方法"。因此，在《人性论》的引论中，休谟宣称："关于人的科学是其他科学的唯一牢固的基础，而我们对这个科学本身所能给予的唯一牢固的基础，又必须建立在经验和观察之上。"[1]

具体而言，休谟在人性研究中所采用的"联结原则"，就类似于牛顿在自然科学研究中所提出的万有引力原理，只不过前者用于解释观念之间的关系，后者用于解释自然事物之间的关系。休谟指出："这些原则就是我们简单观念之间的联结或结合原则，并在想象中代替了那种在我们记忆中结合这些观念的不可分离的联系。这是一种'吸引作用'（attraction），这种作用在精神界中正像在自然界中一样，起着同样的奇特作用，并表现于同样多的、同样地富于变化的形式中。"[2] 可以很清楚地看出，观念之间的"吸引作用"正是休谟对牛顿"万有引力"原理的模仿，只不过它是作用于人类心灵活动中的"万有引力"原理而已。这一人类心灵活动中的原理机制，恰恰是建立在大量的经验观察和实验推理基础之上得到的。对于这一"吸引作用"或者"联

---

[1] 休谟：《人性论》（上册），关文运译，商务印书馆1980年版，第4页。
[2] 同上书，第20页。

结原则"的确定性问题，休谟坚持：第一，与牛顿对物理世界所做的机械论解释一样，由于习惯的恒常机制的作用，人类观念之间呈现出一些必然性的关系。因此，休谟说："必然性只有一种，正如原因只有一种一样，而且关于精神的和物理的必然性通常所作的那个区别，在自然中并无任何根据。"① 第二，"人性研究"或"道德研究"，不仅可以而且必须采用与自然科学相同的程序和方法，即基于经验观察的实验推理方法。这一方法可以可靠地运用于研究人类活动的各个领域。

二、从人性到制度

一切政治理论和政治学说，都建立在某种人性论基础上。对人性的理解和判断的不同，决定了由以建构的政治社会及其制度框架的不同。任何政治哲学的合理性论证的展开或政治社会及制度框架的建构，都不可避免地要先行面对和回答这样的问题：政治哲学论证的基础和依据是什么？从西方政治哲学史中我们可以看到，对这一问题的回答就是：人性的事实和人类生存环境的实际状况。可以理解的是，人类生活和行为的内在根源和依据就是人性，而其外在的限制和约束条件只能是人的生存环境，人性是善还是恶、人类生存环境是好还是坏等，决定和限制着人的行为和生活方式，从而也规定了人与人之间的关系状况，以及人们所建构的政治社会及其制度框架的形式与类型。因而，对人性和人类生存环境状况的实际确认，是政治哲学家们观念建构和理论论证的基础和依据。在这一节中，我们暂且不讨论"自然环境的实际状况"这一基础和依据，而是先来探讨一下人性与制度建构之间基本的逻辑关系。为了更清晰地展现人性理解与制度建构之间的逻辑关系，我们也仅从性善论和性恶论两种人性观展开讨论，以展现这两种不同的人性观或者说是对人性的两种不同理解在制度建构上的结果

---

① 休谟：《人性论》（上册），关文运译，商务印书馆1980年版，第192页。

第二章　休谟政治哲学的基础（Ⅰ）——自然主义人性论

差异，从而对比和展示出休谟政治哲学中人性论基础与政治社会及其制度框架建构之间的关系。

（一）性善论的制度逻辑

前文已提到，对人性的判断的不同，由以建构的政治社会及其制度框架也存在很大的不同，而人性与制度之间的关系，也是政治哲学所关注和探讨的核心问题之一。

性善论与制度建构之间是一种什么样的关系呢？或者说性善论会在事实与逻辑上导致一种什么样的制度结果呢？对于这个问题，我们或许可以从儒家政治哲学中得到启发。众所周知，儒家思想基本上都持人性本善的观点。孟子的表述最为明确："人之性善也，犹水之就下也，人无有不善，水无有不下。"① 孟子将善更具体地定义为"仁义礼智"四端，而"仁义礼智，非由外铄我也，我固有之也"②。后来，儒家学说虽历经两汉经学、宋代理学、明代心学的变迁，然而在"人性本善"的基本倾向上则是始终保持一致的。尽管宋代理学家朱熹增加了天命之性与气质之性的二分说法，但天命之性是"理"，"理则无有不善"③。就是说，天命之性才是根本，人根本上是善的。王阳明也认为："然至善者心之本体也，心之本体哪有不善？"④ 可见，历代儒家对人性的判断基本上都持"性善论"主张。

从性善论出发，儒家认为，人有善端，只要诚心修身，便可"成圣成仁"，而一旦"内圣"完成，则无往而不胜，由"内圣"可致"外王"。只要为君者修身成德，便可以齐家治国平天下。天下不太平，不因其他，只是"内圣"未果，修德不到家。也就是说，在性善论的基础上，儒家认为天下大治取决于统治者自身的德性修为，而不在于外在的制度建构和规范。只要统治者甚至人人都能修身成圣，那么推己及外就可以天下太平了。因此，性善论在逻辑上导致了"贤人政治"

---

① 杨伯峻译注：《孟子译注》，中华书局2010年版，第235页。
② 同上书，第239页。
③ ［宋］黎靖德编：《朱子语类》卷八十七，中华书局1986年版，第2263页。
④ 陈荣捷：《王阳明传习录详注集评》，华东师范大学出版社2009年版，第220页。

的理想诉求和"王权至上"与"人治模式"的政治结构与秩序,而忽略和弱化了对人之作恶可能的制度性防范和警惕。所以,以性善论为基础的儒家学说,为两千多年的皇权专制和人治模式提供了理论基础和辩护工具,它既为政治上"王权至上"的权力绝对化提供了正当性的理论支持,同时也为政治问题伦理化、道德化的政治文化奠定了基础。从儒家政治哲学中的性善论与制度结果之间逻辑关系来看,性善论对人性的高估和盲目乐观,导致了对人之作恶可能的制度性防范的缺失以及对法治的忽视,从而催生了绝对权力和人治模式。

性善论的问题在于,它既可以是一种事实判断,也可以是一种价值判断。在政治哲学上,也就是在人性认定和制度结果之间的关系上,性善论不论是事实判断,还是价值判断,都会存在问题。就事实判断而言,如果认为人性事实上是善的,当我们发现在社会生活中所展现出来的人的行为并没有断言的那么善时,那么性善论就暴露出其高估人性、盲目乐观的局限性了。即使事实表明,人性并非断言的那样善,但从价值判断上性善论要求人们应该行善的主张总不会有什么错吧?问题在于,人应该行善和要求人行善本身没有错,但并非每一种要求人们行善的手段和方式都是善的或合乎道德的。人类政治实践的历史表明,许多政治灾难都不可避免地假以善之名义采取了非道德的手段,目的为手段正名的逻辑会导致种种现实恶果是必然的。

以动机而言,强调性善是可取的;但以结果而言,强调实然的性善必然会导致放松对人之作恶可能的制度性防范和警惕;而强调应然的善则可能导致在提升和改造人性中使用强制手段,这种"人应该向善、必须向善"的逻辑,很容易为统治者假善之名来改造人性提供理论上的正当性和合法性。因为,既然信奉人性善,那么就应当采取措施使人向善,道德教化、知识灌输都是可以的,甚至为了达此目的,可能在现实中采取一种强迫性手段改造人性。

在此要注意的是性善与制度之间的逻辑关系。既然人性善,那么人作恶的可能性会被大大低估,为预防和制约人作恶可能的规则和制度则势必流于粗疏。规则、制度和法律的建立恰恰是为了弥补人性的局限，防范和制约人作恶的可能，以及对人的恶行进行惩罚。如果没有正义的规则和程序，谁能保证一个人不会去侵占他人的财物；如果没有法律，谁又能保证一个人不会去伤害另一个人呢？也就是说，人性是善的，那么人类所建构起来的一切社会规范、道德原则、正义规则及权力制衡机制似乎就没有必要了，人类完全可以依靠其善良的本性和道德自觉和睦相处，生活在一种理想王国，从而超越一切正义的规则和防范性的制度。

(二) 性恶论的制度逻辑

在中外思想史上，主张性恶论者也有不少。在西方，古希腊的先哲们虽未明确断言人性是善是恶，但已经表现出了对人性的警惕。柏拉图意识到哲学王的统治难免会演化为独裁，亚里士多德声称对人性的过高要求"实在是一种奢求"[1]，意味着他对人之作恶能力的深刻认识。古希腊先哲对人性的这种警惕，也渗透到了古罗马的政治哲学与实践中。基督教的"原罪说"更是认为，人人生而有罪。奥古斯丁对人性描述道："自私统治着这个国度，各种自私自利的目的相互冲突，使它终将沦为罪恶的渊薮。"[2] 洛克在《政府论》中写道："谁认为绝对的权力能纯洁人们的气质和纠正人性的劣根性，只要读一下当代或其他任何时代的历史，就会相信适得其反。"[3] 近现代的西方政治哲学中，无论是典型的宗教形而上学家还是经验主义或实用主义哲学家，都以对人性的怀疑（或对人性缺陷的警惕）作为自己理论建构的基础，只是每一种理论在对人性恶的认定程度上存在差异而已。在持性恶论观点的哲学家中，霍布斯颇具代表性。霍布斯认为人是自利的，一切都以自己的利益为中心，人与人之间是"狼与狼的关系"，时刻处于一种战争状态。他的性恶论观点显然是从事实判断意义讲的，即从对现实生活的经验观察中得来的。虽然他持性恶论的观点，但他对人性恶的认定也是有限的，这一有限性在于：霍布斯所讲的"人对人是狼"的关

---

[1] 亚里士多德：《政治学》，颜一、秦典华译，中国人民大学出版社2003年版，第108页。
[2] G. F. 穆尔：《基督教简史》，郭舜平等译，商务印书馆1981年版，第162页。
[3] 约翰·洛克：《政府论》（下），叶启芳、瞿菊农译，商务印书馆1964年版，第56页。

系，只是指陌生人之间的关系，陌生人之间通常没有什么情感联系，人人为己，争斗不休，但他从来没有把这个关系推到熟人、亲人及骨肉之间。那么，性恶论和制度结果之间究竟存在怎样的逻辑关系呢？

首先，性恶论的主张承认人性存在着缺陷，否定"完人"存在的可能性，这既否定了"圣贤"和"哲学王"等好人救世的价值基础，也为制度建构和法治的完善提供了逻辑基础。从性恶论出发，一切所谓的"哲学王"和"明君"政治都是靠不住的，"王权至上"和"人治模式"所隐含的对人性的高估和自负，在人类政治实践中往往带来的是权力绝对化、规则制度的畸形化以及法治的缺失。性恶论的主张从根本上否定人治模式的合法性，为反对权力集中化确立了逻辑基础。西方基督教的原罪学说，认定人有根深蒂固的堕落性，否认人具有实现完美和至善的可能性。

其次，既然人性恶，那人人都有作恶的可能，这就为政治社会建立防范人之作恶可能的制度规范、法治原则提供了理论支持，尤其是证明了建构权力制衡机制的必要性。权力的结构及其分配始终是任何政治社会关注的焦点。历史上解决权力问题的途径，一种是将权力高度集中，希望掌握权者以高尚的道德和完美的人格运用并净化权力，另一种则是通过制度建构有效防范人对权力的运用。前者的人性依据是性善论，而后者的人性依据是性恶论。就后者而言，人性的缺陷就决定了权力的运用很可能会带来危害，因而，对权力的运作必须从制度上加以防范，使权力得到有效的约束和控制。

从人性事实与制度建构之关系的层面来看，性恶论的积极意义在于提高了对人之作恶可能的必要警惕和制度性防范，也为政治社会在制度规范的建构和法治完善上提供了逻辑基础和理论依据。制度规范的建构就基于对人性缺陷的考虑和防范，制度的意义也在于通过良好的规则设计来引导人、规范人，从而建构一个稳定和平的政治社会。基于人性的不完善，我们所能努力的方向，只能是通过一种好的"制度"来弥补人性的局限，防范人作恶的可能。事实证明，良好的制度设计的确能够有效防范和制止恶行，即便这种制度并不能使人性达至

第二章　休谟政治哲学的基础（Ⅰ）——自然主义人性论

完善，更不可能改变人性。制度的价值在于对人性之缺陷的弥补，而非引导人性实现全善。因为人性不可能至善，人类社会也不可能达到至善。因此"人类不会在全福状态中获救，而只能在审慎与平衡中获救；解放意味着在有限的、充满冲突与危机的世界中，通过节制与平衡而保持一种体面、人道的生活"[①]。

需要注意的是，极端的性恶论也可能导致绝对权力或专制的制度建构，它的负面意义也是显而易见的。尤其从实践的层面来说，它切断了使人向善的可能，还彻底断绝了人性中善必胜恶之理想诉求的可能性。

三、休谟视域中的"人性"

通过上一节的讨论我们发现，对人性的理解、判断和预设与政治社会及其制度框架的建构之间存在着紧密的关系，对人性的理解、判断和预设的不同，所导致的政治社会及其制度框架的建构也存在极大的差异。在西方政治哲学史上，休谟的政治哲学思考和理论建构同样基于对人性的理解和判断。具体而言，基于他对人性以及人类生存环境实际状况的考察与判断。也就是说，对人性及人类生存环境实际状况的考察和判断，是休谟政治哲学思考的逻辑起点，也是他论证和建构政治社会及其制度框架的基石。因而，必须进一步加以说明的是，休谟政治哲学的基础是其人性论而非认识论，认识论与其政治哲学之间没有必然的联系。那么，休谟是怎样理解"人性"的呢？

（一）对"人性"的一般看法

在探讨休谟对人性的具体理解之前，我们先来考察一下休谟对"人性"的一般看法，即看他是如何回答这两个问题的：人是否有恒长的人性？人性是否能够改变？

我们知道，"人性"是《人性论》一书研究的主题与核心。休谟认

---

① 伊格纳季耶夫：《伯林传》，罗妍莉译，译林出版社2001年版，第4页。

为，人性是其哲学体系的基石，也是关于人的唯一科学，是一切哲学与科学的基础与核心。休谟在《人性论》中指出，一切科学都与人性或多或少地存在关系，如：逻辑的目的在于说明人类推理能力的原理与作用；道德学和批评学研究人类的鉴别力和情绪；政治学研究结合在社会里并且相互依存的人类。那么对于是否有恒长的人性，休谟在《人类理解研究》中写道："人类在一切时间和地方都是十分相似的，所以历史在这个特殊的地方并不能告诉我们什么新奇的事情。历史的主要功用只在于给我们发现出人性中恒常的普遍原则来，它指示出人类在各种环境和情节下是什么样的，并且给我们以材料，使我们从事观察，并且使我们熟悉人类动作和行为的有规则的动机。"① 从中可以看出，休谟并不否认人具有恒常的人性，但这是否意味着他和理性主义者一样，把恒常的人性视为一种实在性概念，或解释为一种实体性的永恒本质、宇宙精神或绝对的普遍意志呢？显然不是。这就涉及休谟对人性与历史之关系的讨论。

休谟作为一位卓越的历史学家，认为历史和人性之间存在着密切的关联。在《人类理解研究》中，休谟阐明人性具有普遍原则，同时也主张人性具有一致性。他说："人们普遍承认，在各国各代人类的行动都有很大的一律性，而且人性的原则和作用乃是没有变化的。"② 由于人性具有一致性，那么只要通过经验和习俗就能够把握和理解人性，而就人类所有经验的呈现方式而言，历史最有效地记录和保存了人类的经验与习俗。所以，通过历史，我们可以发现人性的一致性。从休谟著作的写作顺序可以发现，他的历史、道德以及政治论著都完成于《人性论》之后，或许休谟想借由历史、道德以及政治来印证并阐述其所谓的人性一致性观念。休谟还认为，不同的习俗、习惯和价值观，也会影响人类的外在表现。所以，研究历史必须对每个时代的习俗、习惯和价值观深入了解，只有这样，才能掌握人类所有经验的全貌。

---

① 休谟：《人类理解研究》，关文运译，商务印书馆1957年版，第85页。
② 同上。

第二章 休谟政治哲学的基础（Ⅰ）——自然主义人性论

在《论学习历史》中，休谟说："学习历史大概有三个益处，即愉悦想象、增长知识和加强美德。"① 历史不仅能够增长知识，而且能够增进我们的智慧，同时"又丝毫不会减少我们对美德的最细腻的情感"②。由此可见，在休谟这里，历史与人性密不可分，人性始终是历史中的人性，人性在历史中构成，只有通过历史，我们才可能真正地认识人性、理解人性，揭开人性的真实面貌。

通过对人性与历史之关系的讨论可以看出，休谟并不否认普遍的人性原则，他确实认为人性具有普遍性、一致性与恒常性。在《人类理解研究》中，他说道："人们普遍承认，在各国各代人类的行动都有很大的一律性，而且人性的原则和作用乃是没有变化的。同样的动机产生同样的行为来；同样的事情常跟着同一的原因而来。野心、贪心、自爱、虚荣、友谊、慷慨、为公的精神，这些情感从世界开辟以来，就是，而且现在仍是，我们所见到的人类一切行为和企图的源泉；这些情感混合的程度虽有不同，却都是遍布于社会中的。"③ 然而这种普遍性、一致性与恒常性却蕴含在丰富的、变化的历史之中，与具体的历史情景、风俗习惯、个性特征结合在一起，并通过它们展现出来。也就是说，不变的人性存在于历史与生活的过程之中，又通过历史与生活得以展现。恒常的人性不是一种实体性的存在，而是人们对于观念联系的一种信念而已。所以，休谟承认了人性的普遍原则或人性的不可改变，但却否定了对不变人性的理性主义理解和解释，他将普遍的、不变的人性视为主观想象力的产物、历史经验的产物以及社会传统的产物。

此外，休谟对人性普遍原则的信念，与其自然主义的人性思想是相一致的。在休谟看来，人性是自然的，人性与自然原则的一律性相一致，那么人性的原则也应该为人类所普遍共有。"不论我们根据性别、年龄、政府、生活状况、或教育方法的差异来考究人类，我们总

---

① 休谟：《休谟散文集》，肖聿译，中国社会科学出版社2006年版，第236页。
② 同上书，第237页。
③ 休谟：《人类理解研究》，关文运译，商务印书馆1957年版，第85页。

可以看出自然原则的同样的一致性和它的有规则的活动。"① 在这里，休谟对人性普遍原则的信念，似乎与他对必然性的怀疑态度不相一致。对此，托马斯·里德（Thomas Reid）认为，休谟对建立科学的人性理论的努力是有讽刺意义的，因为在他看来，休谟通篇的怀疑主义论调表明"既没有普遍人性，更无所谓科学的人性"②。实际上，这种看似相悖的态度恰恰表明，休谟对怀疑论的运用是温和的而非彻底的，休谟自己也意识到，彻底的怀疑会毁掉我们对生活的信心。当哲学的怀疑最终可能导致这样的结果时，他会毫不犹豫地转而诉诸生活的常识。"当我们离开了小房间、置身于日常生活事务中时，我们推理所得的结论似乎就烟消云散，正如夜间的幽灵在曙光到来时消失去一样。"③ 进一步说，休谟想强调的是，虽然建立在经验基础之上的必然联系并不是绝对的，但我们日常生活所依赖的就是这种性质的科学；虽然观察到的人性要受到经验限度的约束，但现实中的人性本就如此。④

在《人性论》第一卷第四章第六节"论人格同一性"中，休谟以"先解构后重构"的方式讨论了"人格同一性"问题，彻底否定了自我或人格的同一性，认为这是想象力的虚构，即因为相似性和因果性的关系，人对知觉印象做出想象的统一而产生了人格同一性概念。而"虚构"是一种经验性的活动，它源于经验与历史，并随历史和社会生活的变化而变化。从他对同一性以及多样性概念的定义可以看出，他并没有否定同一性和单纯性的概念，而是看到了同一性背后的多样性以及单纯性背后的复杂性，而这种印象和观念的多样性与复杂性，正是来自我们所置身其中的历史的、经验的生活世界，休谟在此展现了

---

① 休谟：《人性论》（下册），关文运译，商务印书馆1980年版，第435页。
② Frederick G. Whelan, *Order and Artifice in Hume's Political Philosophy*, Princeton: Princeton University Press, 1985, p. 82.
③ 休谟：《人性论》（下册），关文运译，商务印书馆1980年版，第491页。
④ 罗兰·斯特龙伯格（Roland N. Stromberg）指出："休谟并没有从怀疑主义得出阴暗消沉的结论。相反，他竭力强调，我们健全的人类本能终归能够制服这些理性的诡辩，而且也确实做到了。我们有道德观念，我们信仰上帝，也相信科学法则——这不是出于理性，而是出于本能，或者说出于生存意愿。这是非常自然的，值得尊重。"（参见罗兰·斯特龙伯格：《西方现代思想史》，刘北成、赵国新译，中央编译出版社2005年版，第171页。）

第二章 休谟政治哲学的基础（Ⅰ）——自然主义人性论

历史与经验的丰富多变以及对我们观念构成的意义与作用。因此，休谟虽否定了人格具有同一性，但依然承认人格或自我保持着一定的规则性和一致性。

扼要地讲，休谟对人性的一般看法是：一方面认为人性是具体的、丰富的，随着历史和生活环境的变化而变化，表现方式也多种多样；另一方面人性具有普遍的原则，保持着一定的恒常性、稳定性和规则性，可以疏导，但却无法改变。

（二）人性的两面：自私与同情

人性究竟是怎样的呢？对"人性实际上是怎样的"这一事实的确认，才是休谟政治哲学之人性基础的决定因素，或者说是他论证和建构政治社会的人性基础。外部环境的实际状态为休谟论证和建构政治社会提供了必要条件，但并非充分条件。对"人性实际上是怎样的"这一事实的判断和确认的不同，直接关系到所由以建构的政治社会的秩序、结构和形态之间的差异。以霍布斯为例，他从人性本恶出发，认为人与人之间是一种狼与狼的战争关系，以此为基础论证和建构了一个以保护生命为第一要旨的集权政治社会，即使这种制度剥夺了人们反抗的权利，但比起无法保障人的生命的混乱状态还是要好很多。人性实际上是怎样的呢？休谟认为，人性是自私和有限的慷慨的结合。这一人性论的判断和确认是他政治哲学的基础，为他论证和建构政治社会提供了内在依据。

首先，休谟认为，人性本质上是自私的。在《人性论》中，他写道："在自然性情方面，我们应当认为自私是最重大的。"① 每个人首先只关心个人利益，追求和实现个人目标，人的一切行为都被利益所支配。在休谟看来，这种单纯的只追求个人利益的倾向，是人性"所固有的"②，并且这一倾向"总是伴随着一切人的，不论他们的身份和地位是怎样"③。尤其在《人性论》中，这一"人性自私论"观念尤为明

---

① 休谟：《人性论》（下册），关文运译，商务印书馆1980年版，第523页。
② 同上书，第588页。
③ 同上。

显，与同时代的著名伦理学家哈奇森的思想相对立。"仁爱"是哈奇森道德哲学中的核心概念，即使这一概念并不总是时时处于核心地位，但在哈奇森看来，仁爱是所有德性的基础。在古典理论和基督教传统中，节制、勇敢、谨慎和正义等基本道德是最重要的品质，构成了德性的全部内涵，但对哈奇森而言，所有的德性或道德品质都是以仁爱为基础的。而在休谟看来，哈奇森的"仁爱"实际上就是一种"普遍的人类之爱"，但这一"人类之爱"并不存在，因此，休谟对哈奇森的观点提出了批评并证明自己关于"人性本质上是自私的"的观点。休谟写道，"我们可以概括地说，如果不考虑到个人的品质、服务或对自己的关系，人类心灵中没有像人类之爱那样的纯粹情感"[1]，以及"任何一个人或感情动物的幸福或苦难，当其与我们接近并以生动的色彩呈现出来时，没有不在相当程度上影响我们的；不过这只是发生于同情，并不证明我们有对人类的那样一种普遍的爱情……"[2]。

虽然，休谟认为自私是人的本性，但他并不认为这一自私的本性要予以否定或根除，而是认为自私是人的基本追求，是人的社会性的表现。在道德哲学中，休谟认为道德感就是一种"特殊的苦乐感"，趋乐避苦是人之本性，这一本性是在社会中形成的。因而，这种人的自私本性并非只会带来坏处，也可以为我们组成政治社会提供依据，而政治社会的建立在某种程度上就是为了保护个人合法、有序、公开的自私自利，进而追求和满足个人利益。

其次，休谟否定了将人的自私自利极端化和绝对化。他说："一般地说，自私这个性质被渲染得太过火了，而且有些哲学家所乐于尽情描写的人类的自私，就像我们在童话和小说中所遇到的任何有关妖怪的记载一样荒诞不经，与自然离得太远了。"[3] 就是说，人的自私是有限的、相对的，即使在前期《人性论》和后期《道德原则研究》中对人性问题的看法存在明显转变的情况下，休谟也并不认为人性是纯然

---

[1] 休谟：《人性论》（下册），关文运译，商务印书馆1980年版，第517页。
[2] 同上。
[3] 同上书，第523页。

自私的，只是在《人性论》中他着重强调了人性自私的一面，而在《道德原则研究》中，因为意识到伦理学具有较强的社会意义，则着重强调了人之慷慨或仁爱的一面。因而，在人性自私问题上，休谟没有走向极端和独断。

"人本质上是自私的"这一事实的确认，为休谟论证"人们如何组成社会"提供了有利且确定性的人性依据。休谟也意识到，自私的人之本性很可能带来混乱甚至个体间的相互伤害，但在另一个维度上，也为组成社会提供了一个可以利用人性的机会。也就是说，人之自利的本性，从根本上说不是反社会的，恰恰是可以塑造社会的，不但没有使人脱离社会，反而建构和强化了社会。因此，也不必以逃避社会的"出世"方式获得自我保全，完全可以以另一种方式，即组成社会的方式来达到保障自我利益的目的。这种从人性出发，依据人性建构合乎人性的政治社会和制度规则的思想，在休谟之前，已经由霍布斯发现并以此作为其政治哲学的理论依据。霍布斯认为人的本性是自私（自我保存），在组建社会之前，每个人都不可避免地为了生存和他人发生战争，最后导致两败俱伤。理性使人们意识到，与其无休止地争斗下去，还不如组成一个社会，让渡自己的权利给统治者，通过公共权力来保护每一个人的私利。在霍布斯这里，每个人最大的私利就是生命。本来具有破坏可能的人性自私或人性恶，被霍布斯转化为一种制度建构的有利条件，并反之用于保护人的私利，这确实是霍布斯的深刻之处，这一思想对休谟无可置疑地产生了重要的启发。

"人本质上是自私的"，在休谟这里，更准确地讲，应该是"人实际上是相对自私的"，但这并非休谟对人性的最终看法，因为，休谟并不认为自私是人唯一的本性。人性中还有除自私外的另一面：有限的慷慨。"慷慨"是人性中的一个基本美德，是对他人或他人利益的理解和关照。但在休谟这里，慷慨是一种"有限的慷慨"，它不是绝对的和无限的。为什么是有限的慷慨呢？这就涉及休谟对人性中"自私"与"慷慨"之地位和关系的理解和辨析。前文已经提到，与《人性论》着重强调人性之自私所不同的是，在《道德原则研究》中，休谟着重强调和讨论了人性之慷慨或仁爱,但这并不代表人性之自私与慷慨或仁爱在地位上发生了根本变化,也不代表休谟肯定完全的利他主义。慷慨或仁爱,既然是对他人或他人利益的一种理解和关照的情感,那么,出于自私或自爱,这种情感也是由近及远,先己后人的。可见,慷慨或仁爱并不是完全利他的、无限的,它是一种基于自私之上的情感,是一种附属于自私的本性。

人性中为何会有"有限的慷慨"的一面呢?原因在于"同情"。同情会使人产生对他人或他人利益的感同身受的共通感,这种同情不同于利他主义或博爱精神,它是有限的。同情使得共同利益感得以可能,在共同利益感的引导下,有限的慷慨不仅确保和肯定了他人的利益,更重要的是确保和肯定了自我的利益。也就是说,慷慨始终是在确保自我利益的基础上的一种情感和行为,它是以自我利益为前提的。因此,在人之本性的两个方面——自私与有限的慷慨的地位问题上,自私处于基础地位,慷慨则依附于自私;在两者关系上,自私和慷慨在有限度的范围内是互通的。正因为"有限的慷慨",休谟的"自私"在本质上不同于霍布斯的"自私",它不是狭隘的自私。人性中的慷慨或仁爱避免了人性陷入绝对自我中心,成为绝对利己主义;而自私也避免人性陷入完全的利他主义。因为,不论是绝对利己的人性还是完全利他的人性,都不利于建立一个有效的政治社会,"关于人性,我们如果假设人类的心灵都充满友谊、慷慨、仁爱和温情,换句话说,如果人人都是天使,那么正义就会被理想的生存状态所超越;反之,如果人类个个都是强盗或者恶魔,那么,正义只能被瓦解而让位于赤裸裸的实力或武力的较量"[1]。

综上所述,对于人性而言,休谟认为,人既不是天使,也不是恶魔,人性是自私和有限的慷慨的混合体,人性处于两种极端的假设和臆想之间。人性既不是全善,也不是全恶,人性是一个善恶混合体。从性善性恶意义上来讲,休谟既不是性善论者,也不是性恶论者,他

---

[1] 宋宽锋:《论证与解释》,复旦大学出版社2010年版,第53页。

对人性的理解和判断,来自于审慎的经验观察和自然主义视角。对于人性,休谟既看到了人性中自私自利的一面,也看到了其慷慨仁爱的一面;既看到"恶"的一面,也看到了"善"的一面。对于自然环境的供给,既不是极端贫乏,也不是非常富足,而是处于两种极端之间。休谟指出,如果大自然给予人类足够丰富的资源享受幸福,那么正义要么只是一种虚设的礼仪,要么根本就不会被人类梦想到;反之,如果大自然的赐予如此贫瘠,以至于人类只能处于一种极度贫困的状态,正义要么只能被中止,要么只能是形同虚设。可见,休谟通过对各种关于人类生存环境的虚拟想象的批判分析,从经验观察出发走向了对其实际状况的确认,这完全不同于近代契约论政治哲学家们对"自然状态"的虚拟和臆想。

通过本节的分析和讨论,可以确定的是,休谟政治哲学的人性基础在于两方面:人性(自私与有限的慷慨)和自然环境(资源的相对匮乏)。一个是内部约束,一个是外部限制,两者共同构成了休谟政治哲学的论证基础和依据。正是由于人性与自然环境的实际状况,才使得政治社会及其制度规则的建构成为必要。

四、人性论:"经验主义"还是"自然主义"

在考察了休谟对"人性"的一般看法和"人性实际上是怎样的"两个问题之后,我们有必要讨论一下这个问题:休谟对人性的理解和看法究竟是经验主义的还是自然主义的?对这一问题,在西方学界存在着不同看法,有人认为休谟的人性论是经验主义的,也有人认为是自然主义的,并因此产生了一些争论。为了更清晰展现休谟的人性思想,我们有必要在此对"休谟的人性论究竟是经验主义的还是自然主义的"这个问题作一番深入讨论。

高全喜在《休谟的政治哲学》一书中也讨论了这一问题。在该书中,他罗列了诺曼·康蒲·斯密(Norman Kemp Smith)和瑙瑟(H. O. Mounce)的观点,并借用瑙瑟对自然主义和经验主义的区别表达和论证了这一观点：人性论而非认识论是休谟政治哲学的出发点，并且这一人性论是自然主义的。他说："什么是休谟政治哲学的前提预设呢？显然不是感知印象，也不是因果观念，而是一种自然主义的人性依据。说它是自然主义的而非经验主义的，这一点是有区别的，瑙瑟指出它们两者之间的区别，在于后者主张人性事实的主观依据，像贝克莱那样最终只能导致彻底的怀疑主义；而前者则认为人性的本性具有较为客观的现实性，并不完全是主观心灵的产物，而是主观心灵与对象世界共生的产物，因此具有自然确定性。当然，自然主义的最终根源是不可知的，这种怀疑主义属于休谟所赞成的和缓的怀疑主义，它为自然主义的实在性划定了一个有限度的界限。"[①] 在笔者看来，这一观点是成立的，但论证理由可以进一步细化。事实上，我们可以从《人性论》中找到更确切有力的证据。

首先，在《人性论》的第一卷"论知性"中，休谟阐述了他的认识论思想。在认识或知识起源上，休谟明确指出，人类的一切认识都来自感觉经验，经验是我们获得知识的最终来源。很明显，休谟的认识论是经验主义的。在《人性论》第三卷"道德学"中，休谟第一次系统阐述了他的政治哲学，而政治哲学属于"道德"研究，即休谟所谓的实践哲学研究。显然，与认识论关涉事实问题不同的是，政治哲学关涉的是与人类的道德实践相关的价值问题。所以，休谟的政治哲学并不直接关涉他的认识论。在《人性论》第三卷第二章一开始，休谟便展开了对人性和人类生存环境的细致考察，对人性和人类生存环境的实际状况的考察和判断才是他政治哲学思考的起点。

其次，在休谟看来，人性是一切科学的心脏，一切科学都与人性相关。因此，休谟试图在精神领域中引进牛顿的科学方法，以便发现在人的思想、情感、欲望、信念中起决定作用的基本倾向和普遍原则，进而解释各种复杂的人生现象和精神现象。休谟也自信可以以一种实验主义的方法研究精神现象，从而得出可信赖的结论。很清楚，对于

[①] 高全喜：《休谟的政治哲学》，北京大学出版社2004年版，第44页。

第二章 休谟政治哲学的基础（Ⅰ）——自然主义人性论

人性的理解，休谟是从对生存于自然环境中的人的行为、习惯、情感和欲望的观察入手的。他把人视为自然环境的产物，也将人看作自然环境中的构成部分，通过观察人在自然环境中的各种行为习惯、情感表现及种种欲望来判断人性实际上是怎样的。很明显，他反对对人性的一切形而上学理解，试图从人的"自然"表现中把握人性的本质，展现本来意义上的人性样态。在休谟看来，为了理解和把握人性，我们必须放弃一切对人性的形而上学解释，剥除人性中任何形式的先天内涵和形而上学假定，还原人性的真正本质。因此，生存于自然环境中的人所表现出来的本能、习惯、情感和欲望等才是原始人性的真实表达，也是人性本质的自然表现。从休谟在《人性论》中对"自然"一词的界定，我们能够很清晰地看到他对人性的自然主义理解。他说："在'自然'一词与神迹对立的第一个意义下，恶和德是同样自然的；而在它与不常见的事物对立的第二个意义下，那么德或许会被发现是最不自然的。至少我们必须承认，勇德和最野蛮的暴行一样，因为是不常见的，所以同样是不自然的。至于自然的第三个意义，那么恶与德确实同样是人为的，同样是不自然的。因为人们不论怎样争辩、某些行为的功与过的概念是自然的还是人为的，那些行为自身显然是人为的，是根据某种意图和意向而作出的；否则那些行为便不可能归在这些名称中的任何一个之下。因此，'自然的'和'不自然的'这些性质不论在任何意义下都不能标志出恶和德的界限。"① 在此，休谟提出了"自然"（natural）的三层含义：第一层是指与神迹（miracles）相对的自然；第二是指与非同寻常的事情（the unusual）相对的自然；第三是指与人为（artifice）相对的自然。但是，休谟认为，"自然"的真实含义在于第三种，"自然"一词，是和"人为的"在相对意义上使用的。"自然"就是指人在自然环境中所表现出来的本能、习惯、情感和欲望的自然流露和真实展现，是完全不经人为设计和引导的"自然而然"之物。

---

① 休谟：《人性论》（下册），关文运译，商务印书馆1980年版，第511页。

休谟对"自然"的这种理解（即与"人为的"相对意义上的理解），摆脱了传统哲学中"自然"概念所含有的形而上学和先天理性的特征。因而，对人性的"自然主义"理解，事实上否定了把人定义为与自然相分离的理性主体和精神本体的传统观点。休谟用"印象""想象""习惯""本能""情感"等非理性的因素来解释和分析人的本性及其精神现象，试图以此来代替西方传统哲学中将人定义为"理性的动物"的观点。他的这种解释和分析，从根本上揭示了一种更为深刻的含义，即人与自然相统一、人的本性与自然性相统一，人并不具有超自然和脱离自然的规定性。在休谟看来，科学知识的确定性基础只能在人性中去寻找，而要把握人性，必须把握真实的人性，知道人性实际上是怎样的。为了理解和把握人性，我们必须放弃一切对人性的形而上学解释，剥除人性中任何形式的形而上学和先天理性内涵，还原人性的真正本质，让人性"自然"地展现出来。而生存于自然环境中的人的原始的本能、习惯、情感和欲望，以及生理结构和心理结构正是"自然的"人性，一切经验的、逻辑的、理性的东西从根本上从属于人类自然本性的活动。归根结底，这一解释与休谟对理性和情感在人性中的功能、地位及其相互关系的重新解释是一致的①，对此，巴里·斯特德（Barry Stroud）认为，休谟自然主义的基本论点是"本性，或想象，或情感高于理性"②。

可以看出，休谟是从"自然的"角度，也即非人为、非神意的角

---

① 笔者将在第三章第二节着重分析并指出：休谟重新定义了"知性"与"情感"在人性构成中的功能、地位及其相互关系。在《人性论》第三卷"道德学"第一节中，休谟对道德理性论者的主张进行了批判，指出了理性的关涉领域和作用方式。他认为理性不适用于道德领域，不能用来解决道德的起源、善恶和评价问题。对休谟而言，理性关涉"抽象的关系"和"观念的世界"，理性的作用在于发现知识的真假、澄清事实，弄清因果关系和观念。但是，休谟并未否定理性在道德中的作用，相反，理性在道德判断中可以为情感确认正确的对象，提供正当的方向，理性可以辅助情感，充当情感的工具。在"道德学"的第二节中，休谟从正面明确地强调了道德区分的情感基础。换言之，休谟认为，道德区别基于情感而非理性，理性不能单独作为道德区分的根据。在道德判断中，理性和情感都参与其中，但是，理性只是辅助情感，道德区分主要基于情感。这实际上是明确地指出，情感在人性构成中处于基础性地位，而理性则处于辅助性地位。
② 巴里·斯特德：《休谟》，周晓亮、刘建荣译，山东人民出版社1992年版，第321页。

度来理解和研究人性的,他的人性论思想就是"自然主义"的。巴里·斯特德评价休谟的人性论"是一个大胆而简明的理论,与其说它是一个人在智尽才穷时所采取的巧妙的否定主义,不如说是启蒙的乐观主义的毫无拘束的表达"[①]。既然人性是自然的,那么它就与自然原则的一律性相一致,人性的原则也应该为人类所普遍共有。在此基础上,休谟相信存在普遍的人性原则。从休谟对"自然"一词的理解和解释,我们可以看出,休谟的自然主义首先是将人性视作一个整体,从一个更广义的角度将人性描绘成自然的一部分,在这个自然中,所有普通的生物存活于一个基本和谐的共存系统中。与明确否认关于人性的哲学思想中理性与非理性之间存在根本区别这一观点一样,休谟还批判了任何认为人性和其他生物之间没有联系的观点。正基于此,休谟利用这些方法和逻辑来研究人类精神和道德生活。休谟通过对人性的本能倾向、习惯、情感和欲望的"自然主义"理解,希望能够揭示出真实人性的本来面目,获得人性中最确定的根基。这种努力不仅能够为科学知识提供确定性的基础,也能为建构人类道德生活和政治生活的规范性原则提供人性依据。

[①] 巴里·斯特德:《休谟》,周晓亮、刘建荣译,山东人民出版社1992年版,第2页。

第三章

休谟政治哲学的基础（Ⅱ）

——情感主义德性论

《人性论》第三卷"道德学"是休谟第一次系统论述其政治哲学的部分。《人性论》第一卷"论知性"是休谟讨论认识论的部分，是休谟道德哲学和政治哲学的哲学依据，但不是其理论基础，只有人性论才是休谟道德哲学和政治哲学的基础，道德和正义的规则都奠基于人性的根本原则。除人性基础之外，休谟政治哲学还有一个重要的基础，那就是情感主义的德性基础。在休谟的实践哲学中，道德哲学和政治哲学密切关联，政治理论不仅涉及正义的规则问题，也涉及如何体现德性的问题，而德性论为他的政治哲学提供了一个道德基础和依据。但是，需要指出的是，休谟的德性论并非是对西方古典传统德性论的简单延续和继承，作为西方近代思想的产物，它确实继承了古典传统，但又有别于古典传统。休谟从情感论的立场出发，通过对理性与情感之地位与关系的重新解释，颠覆了西方传统人性"知-情-意"结构而代之以"知-情"结构，建构了一个情感主义的德性论。这一不同于传统理性主义德性论的情感主义德性论，在休谟的道德哲学和政治哲学中扮演着极为重要的角色。

那么，休谟的德性论为什么是一种情感主义的德性论？他的情感主义德性论何以成为其政治哲学的基础？这是本章试图回答的问题。

一、道德理论的渊源：莎夫茨伯利、哈奇森和巴特勒

从亚里士多德开始，西方传统延续着理性主义的德性论，直到近代，在休谟以及同时代的思想家那里，才逐渐出现了情感主义的道德哲学。当然，休谟的情感主义德性论或者道德哲学也并非凭空产生，同样遵循着哲学思想的内在发展逻辑。休谟不仅继承和发展了培根、洛克的英国经验论传统及其哲学方法，而且批判性地吸收和改造了近代英国的情感主义德性论或道德哲学。在道德哲学和德性论的情感主义转向上，以莎夫茨伯利、曼德维尔、哈奇森和巴特勒为代表的英国哲学家们，为休谟道德哲学的形成提供了丰富的思想资源，并产生了

第三章 休谟政治哲学的基础（Ⅱ）——情感主义德性论

直接影响。因此，为了更清楚地理解和把握休谟的道德理论，我们有必要先行厘清其道德思想的渊源。

在道德哲学研究的方法论问题上，休谟继承和发展了培根与洛克的经验主义，并将这一经验主义方法运用于道德哲学的研究，把"人的科学置于一个新的立足点上"①。在哲学方法论上，培根提出了经验主义归纳法，他认为人的一切知识都来自客观世界的感觉，知识的形成是一个理智对感觉进行归纳整理的过程，感觉为知识提供了丰富的材料，但必须和理智相结合才能获得理论化的知识。培根的经验主义归纳法作为一种科学和哲学方法论，是与近代科学的发展和哲学的转向相适应的，为近代哲学的发展提供了重要的方法论。尤其在道德哲学上，培根认为道德哲学是研究人类行为的科学，情感是道德哲学的主要对象，人们应该从人与人、人与社会的经验关系中来揭示道德的来源、寻找道德评判的方法与准则。培根从经验主义出发，将观察和归纳的方法引入道德生活或实践哲学领域，从经验生活的具体事实中引申出普遍的道德原则，进而研究道德问题、解释道德起源和进行道德评判。作为近代经验论的集大成者，休谟继承了经验主义的原则并将其推向彻底化，他的理论，不论是思辨哲学还是实践哲学，或者说不论是知识论还是道德哲学与政治哲学，都贯彻了这一哲学方法论：以经验观察和实验推理作为哲学研究和科学研究的唯一可靠方法。所以休谟说："关于人的科学是其他科学唯一牢固的基础，而我们对这个科学本身所能给予的唯一牢固的基础，又必须建立在经验和观察之上。"② 休谟在人性研究中采用的方法，就是培根建立在经验观察基础上的实验主义方法。在道德问题上，休谟继承了培根的实验主义方法，以此进入道德哲学，作为研究道德问题的哲学方法。在研究方法上，洛克对休谟的影响也是不容忽视的。在道德哲学中，洛克从经验主义立场来考察人的道德观念，反对先天道德观和理性主义道德观，他认

---

① 休谟：《人性论》（上册），关文运译，商务印书馆1980年版，第4页。
② 同上。

为道德哲学的原则并不是上帝赋予我们的先天存在,而是来自人的生活经验,是通过习俗、经验传承、权威影响和教育等方式实现的。区分和判断好坏善恶的准则在于我们的感觉经验,也即苦乐感受。能引起快乐的行为就是善,带来痛苦和不快的行为就是恶。但并不是所有的善恶都是道德的善恶,洛克说,"所谓道德上的善恶,就是指我们的自愿行动是否契合于某种能致苦乐的法律而言"①,而这一法律的最终根据在洛克这里最后只能诉诸上帝。也就是说,在道德哲学中,洛克将道德原则置于经验基础之上,批判了先天道德观,但并没有将这一经验主义贯彻到底,这一批判并不彻底,他不仅没有否定上帝的存在,而且把道德的最终根据诉诸上帝。与洛克不同的是,休谟将经验主义原则彻底化,从根本上否定了一切道德原则的形而上学根据和基础,从纯粹经验中寻找道德原则的根据和基础。但在方法论上,休谟和洛克都坚持了经验主义原则。

在道德哲学史上,休谟情感主义道德理论的产生和形成,与近代诸种重要的道德理论存在紧密的关联。这些理论包括:以拉尔夫·卡德沃斯(Ralph Cudworth)和萨缪尔·克拉克(Samuel Clarke)为代表的理性主义理论;霍布斯(Thomas Hobbes)自我中心的快乐主义;两个天启式的唯意志论学派,以萨缪尔·普芬道夫(Samuel Pufendorf)为代表的自利版本和以弗兰西斯·哈奇森(Francis Hutchson)为代表的利他版本。休谟也发现他和其他重要道德学家如雨果·格老秀斯(Hugo Grotius)、莎夫茨伯利(Shaftesbury)、贝纳德·曼德维尔(Bernard de Mandeville)、约瑟夫·巴特勒(Joseph Butler)之间在道德理论上的部分分歧,但休谟并未断然拒绝表现在这些各式被他称为"道德体系"里的一切。相反,尽管当他周密思考和建构他的道德理论时有着激烈的批评,休谟还是从他们身上汲取了诸多东西,正是在对先辈先贤们的批判、反驳和继承中,休谟发展出了独具自己特色的道德哲学。在以上诸多版本的道德理论中,以莎夫茨伯利、巴特勒和哈

---

① 洛克:《人类理解论》(上册),关文运译,商务印书馆1959年版,第328页。

第三章 休谟政治哲学的基础（Ⅱ）——情感主义德性论

奇森为代表的道德情感主义对休谟的道德哲学产生了直接影响。

莎夫茨伯利最早把情感作为道德的基础，从而开创了道德情感主义，打破了理性主义一直以来解释道德的话语权垄断，哈奇森对"道德感"的完善和巴特勒对人性的深层次解读，都对休谟的道德哲学产生了重要启发。"道德感"一词，最早由莎夫茨伯利提出。与霍布斯"人从根本上是自私的和反社会的"观点不同的是，莎夫茨伯利认为从家庭亲情到人性怜悯，上帝已赐予人类许多丰富的情感形式，这些情感使人类成为天生的群居动物。他把人类的情感分为三个部分："天然情感""自我情感""非天然情感"。"天然情感"相当于仁爱；"自我情感"对自己有利，相当于自爱；"非天然情感"对公众对个人都没有有利的倾向。关于自然情感和道德之间的关系问题是莎夫茨伯利道德理论的特色所在。莎夫茨伯利认为，人天生具有趋善避恶的能力。① 人具有一种能感悟道德善恶的内在感官——道德感，这种内在道德感如同人的眼睛和耳朵等外部感官对美丑的直接分辨一样，能够直接感觉出行为善恶的性质。因此，人们对道德善恶的感知不是凭借理性的推理，也不是经验归纳的结果，而是人的内在感官的直接感悟。但是，莎夫茨伯利没有详细地论证道德感究竟是如何来分辨善恶的，情感与理性的作用也常常交织在一起，缺乏清晰的界定。哈奇森完善和发展了莎夫茨伯利的观点，承认人们对道德善恶的知觉来源于道德感，但他认为道德感与外部感官不同，外部感官的职能是感知外物对自己有利或有害，而内在的道德感知觉到的是道德上的善与恶，道德感的本性是见德则爱之，见恶则恨之。

在哈奇森的道德哲学中，"仁爱"是其最核心的概念，他认为"仁爱"是一切德性的基础，是一种"本能"，"先于理性而始于利益"②，但又弱于利己。仁爱普遍存在于激励人们的各种情感或激情中，驱使

---

① Anthony Ashley Cooper, "An Inquiry Concerning Virtue or Merit", *Characteristics of Men, Manners, Opinions, Times Times Etc*, Edited by John M. Robertson, Indianapolis: Bobbs-Merrill, 1964, p. 280.
② 转引自亚历山大·布罗迪编：《剑桥指南：苏格兰启蒙运动》，贾宁译，浙江大学出版社2010年版，第130页。

我们发现自然之善，并为他人谋取幸福。哈奇森道德哲学的基本观点是：仁爱是所有德性的基础。古典理论和基督教传统认为，节制、勇气、谨慎和正义等基本道德品质，构成了德性的全部内涵，但在哈奇森看来，只有当这些品质被用来推动公共福祉时，它们才获得道德感的认可。① 哈奇森还特别强调了道德赞许的非偏倚性质，尤其是，道德赞许并不会因为个人得失而发生改变。也就是说，人们对道德善恶的感觉不是依利益而定，因为知觉快乐的感官永远不能在人们心中激起对社会善的祈求，只会引导人们对个人利益的祈盼。如果单从个人利益出发，不足以使我们去赞美于人类有益的行为和敬仰那些行为高尚者。凡是出于爱、人道、恩惠和同情的行为，无论发生在何时何地，都会使我们感到愉悦；反之，任何出于怨恨、妒忌、仇视的行为，都会引起我们的反感和不快。总之，"所谓道德感，只不过是我们心灵在观察行为时，在我们判断该行为对我们自己为得为失之前，先具有的一种对行为采取可爱与不可爱意见的作用"②。既然，道德善恶的判定不是依赖于利益考量，那么，如何才能权衡德行并进行道德判定呢？哈奇森认为是"仁慈"。也就是说，在道德评判上，只有完全排除利益考量而出于仁慈动机的行为才是德行。如果行为背后的动机中掺杂了自利的因素，那么就不能说是一种德行了。这是哈奇森道德感理论的一个重要特点，即"仁慈"在道德评判中具有决定性意义，自利的动机及行为在道德评判中被加以否定，"仁慈"的动机和行为才是价值判断的唯一准则。一切有道德价值的行为都应当是出于仁爱的情感，"凡一切被认为出于这样的感情，对某些人为仁爱，同时又不危害他人，这种行为，在道德上便是善的"③。因此，在哈奇森的道德哲学中，仁爱是道德感的对象，它不是利己的附属品，"倘若某种行为可以揭示施动者的善意或仁爱，即为他人谋幸福之愿望，则当这种行为在我们的

---

① 转引自亚历山大·布罗迪编：《剑桥指南：苏格兰启蒙运动》，贾宁译，浙江大学出版社2010年版，第130页。
② 周辅成：《西方伦理学名著选辑》（上卷），商务印书馆1964年版，第790页。
③ 同上书，第801页。

头脑中形成观念时,与这些观念相连的快乐之感便能呈现德行的观念"①。此外,以仁爱作为道德感的对象,权衡行为善恶,必然排除了理性在感知善恶或判定某种行为是否是一种德行时具有决定权的可能,但哈奇森并不排除理性可以修正我们的道德感和外部感觉,只是强调,理性在道德评判中的作用是有限的,理性不能让我们感知到善恶。

哈奇森道德理论的第二个明显特点表现在,道德感的来源和道德辨认能力的最终依据。虽然莎夫茨伯利和哈奇森同属道德情感主义学派的领军人物,但他们之间存在一个相当大的区别。哈奇森和普芬道夫一样,是一个唯意志主义者,他设想宇宙和构成宇宙的实体形式在神性方面而言是自由创造行动的结果。根据哈奇森的观点,造物主是首先的且最重要的、慈善的存在,赋予了人们道德辨认的能力。道德感确实能分辨出道德上的善恶,但是神性在理论上,能够使人们给出对现在假设为善或恶的东西道德上的辨认。唯凭上帝的仁慈之事实,才保证了人们的反应在这方面并非是模棱两可的。

休谟赞同并接受了哈奇森关于"道德感普遍存在于人心中"的观点,认为道德感是一种情感,是行为者的行为或品格在人们心中引起的快乐与不快的情感,道德评判的依据就在于行为者的行为或品格所带来的快与不快的情感感受。但是,在确定了道德判断的基础是情感之后,休谟便与哈奇森分道扬镳了。他尖锐地批评了哈奇森的道德理论,并对其予以修正和完善,两者之间的区别是显而易见的。首先,休谟认同哈奇森"出于仁慈动机的行为属于德行",但在休谟看来,哈奇森的问题正在于此:仅仅把出于仁慈动机的行为视为德行,而将出于自利动机的行为排除出道德价值判定的范围。休谟对哈奇森理论进行了修正,他肯定了出于自利动机的行为依然具有道德价值,并对其德行认定的可行性进行阐释。休谟认为,不仅仅出于仁慈动机的行为具有道德价值,出于自利动机的行为依然具有道德价值,只要行为者的

---

① 亚历山大·布罗迪编:《剑桥指南:苏格兰启蒙运动》,贾宁译,浙江大学出版社 2010 年版,第 130 页。

行为或品格能在人们心中引起快与不快的情感感受，那么不论是出于仁慈还是自利，其行为和品格都具有道德价值。在关于"正义作为一种人为德性"的分析中，正义规则的建立以及对正义规则的遵守，都基于公共利益的维护和保障，而公共利益是同情原则联系起来的个体自利的共识。利己是遵守正义规则这一自然义务的基础，"而对公益的同情是那种德所引起的道德赞许的来源"①。损害公共利益，实际上是损害了自我利益；维护公共利益，实际上是维护了自我利益。遵守正义的行为被视为一种德行，破坏正义规则的行为被视为一种恶行。因而，自利动机引发的行为当然具有道德价值。其次，哈奇森认为是上帝赋予了人道德辨认的能力，这是道德感的来源和最终依据，而休谟断然否定了这一观点。休谟认为道德感基于人性自身，源于经验知觉，是一种苦乐情感。情感作为反省印象或次生印象，源于人心灵中接受到的经验知觉，并没有什么神秘的东西赋予人们情感感受的能力和道德辨认的能力。在休谟的经验论哲学视域中，"宗教"以一种不同以往的方式被重新解释，上帝作为天启与信仰的最高神秘存在，不论是在知识领域还是在道德领域，都被统统清除，代之以与人相关且由人建构的经验存在。休谟对哈奇森关于"道德感源自上帝"的观点的否定，是他与哈奇森的一大区别。

可见，休谟对道德感的理解与莎夫茨伯利和哈奇森存在着明显的不同。休谟摒弃了莎夫茨伯利和哈奇森对道德感的过度理想化解释，他认为，道德感只是同情或情感共鸣的产物，不是如莎夫茨伯利和哈奇森所说的人先天具有的识别善恶的"内在感官"，其来源也并非如哈奇森所说的上帝。道德感是通过同情的作用在人们内心引起的快乐或者不快、称赞或者谴责的情感。休谟认为，行为的善恶是因为它本身具有一种有益或有害的客观趋势，而同情使人们具有一种对人类幸福的好感和对痛苦的反感的倾向性，以至于人们通过感受、体验不同品行所带来的苦乐而感知品行的善恶性质。

---

① 休谟：《人性论》（下册），关文运译，商务印书馆1980年版，第536页。

第三章 休谟政治哲学的基础（Ⅱ）——情感主义德性论

在道德理论形态上，与休谟有颇多相似但也存在根本区别的另一位道德理论家当属巴特勒。巴特勒道德哲学的核心观点是：道德的根源在于人性。顺应和遵从人性的行为是一种德行，违逆和摧残人性的行为是一种恶行。人性是怎样的呢？在巴特勒看来，人性由四个部分构成：一是各种特殊的激情，渴望各种特殊的对象和与之相应的感觉；二是仁爱，希望他人幸福的欲望；三是自爱；四是良心。巴特勒认为，人类本性在实践方面不仅是由各种冲动组成的一个系统，而且在该系统中，行为的某些动机自然地具有统制性和约束性，从而使该系统处于平衡和良好的状态。而"良心"在这样的制约动机中占有至上的地位。巴特勒认为，人之所以能对某种行为和现象产生好恶感，并对其进行称赞和谴责，以及做出善恶评判，正是因为人性中的反省原则——良心的作用。在良心的统治下，自爱统辖其他部分。在激情与自爱之间，自爱高于激情；在自爱与仁爱之间，巴特勒认为"上帝"既赋予了人追求自我保存和自我利益的本性，同时也赋予了人们为促进公共利益和公共福祉而努力的本性，两者不但不矛盾，反而相辅相成。但是，自爱相对仁爱更根本，因为自爱中已经包含了利他的可能和倾向。自爱一方面为公共利益的扩大提供了可能，另一方面也为公共规则的建立提供了可能途径。对于仁爱，人们之所以会关心他人、理解他人，是因为人之本性的相似，"人类凭本性是如此密切地联合在一起，一个人之内感觉与另一个人之内感觉有如是的相应，以至于人们对于耻辱一若肉体痛苦一样，避之唯恐不及；而对成为尊重及爱慕之对象，则又如对任何外在的利益那样，乃人人所企羡者"[①]。需要注意的是，巴特勒对自爱与仁爱之间关系的论述，与休谟对"自私"与"有限的慷慨"之间关系的讨论有着颇多相似，从中可以看出，休谟对这一思想的继承和发展。

巴特勒对经验的重视、对理性万能的否定以及把人性作为道德之根源的思想，无疑被休谟的道德哲学所吸收和发展。所不同的是，巴

---

① 周辅成：《西方伦理学名著选辑》（上卷），商务印书馆1964年版，第814页。

特勒把人性中的"统治者"——良心的根源诉诸上帝，认为良心是上帝赋予人的，上帝保证了良心的存在和在人性中的作用。西季威克（Sidgnick）认为巴特勒的良心原则是一种普遍的理性原则，良心原则的引入强调了道德感所具有的理性内涵。而休谟的经验主义原则意味着他不可能接受巴特勒的这一观点，同时也意味着他必然否定理性作为良心之根源的主张。不论是神秘的上帝，还是作为近代自然法之基础的"理性"，其"先验性"都是为休谟的经验主义所排斥的，休谟的经验哲学否定人类生活中存在的任何先验法则。休谟的努力在于，把道德哲学和政治哲学建立在经验基础之上，从经验世界中为"道德"寻找一个可靠的、坚实的人性基础。

对休谟道德理论产生影响的，除了以莎夫茨伯利、哈奇森和巴特勒为代表的道德情感主义者之外，不能忽视的还有以霍布斯和曼德维尔为代表的人性自私论者以及一些理性主义者，如萨谬尔·克拉克和威廉·沃拉斯顿（William Wollaston）等。休谟道德理论的形成和建构，从他们身上都吸取了有用的思想资源。休谟既不同意人性自私论者所声称的"人性从根本上是自私的"论断，也不同意仁爱论者如哈奇森所声称的"仁爱是所有德性的基础"的论断，更不同意如哈奇森和巴特勒那样将道德感的根源归于先验的上帝或理性的论断。在休谟的道德理论中，"自私"与"有限的慷慨"共同存在于人性中，正是人性的这一事实与外部世界的性质相结合，使得人类社会的道德规则和道德评判成为必要的和可能的。不论是道德情感主义者还是人性自私论者和理性主义者，他们的思想都能在休谟的道德理论中找到痕迹。更重要的是，休谟的道德理论明显地表现出对以上诸种相似和相对理论的沟通、折中和发展。也正是在对以上诸位思想家诸种理论的继承、反驳和批判中，休谟建构了自己的道德哲学体系。

二、休谟的道德理论：从理性到情感

在政治哲学中，休谟将正义视为一种"人为德性"，认为正义和政治社会的建构不仅涉及的是规则与制度问题，而且也涉及如何体现德性的问题。也就是说，将政治纳入德性框架，为政治活动和政治行为进行道德评判提供依据。德性论为休谟的政治哲学提供了道德基础和依据，他的道德哲学和政治哲学是相互联系和贯通的。那么如何理解休谟的道德理论呢？他是如何完成理性主义德性观的情感主义转向的呢？

（一）道德区分并非源于理性

前文已经说过，休谟把人性划分为两个构成部分：知性（理性）和情感（激情）。《人性论》的第一卷"论知性"和第二卷"论情感"的讨论分别对应这两个部分，这两卷共同构成休谟的思辨哲学。而第三卷"道德学"是休谟思辨哲学在实践领域中的运用，也就是说，道德是一个实践领域，是知性和情感共同发挥作用的领域。对休谟而言，要追问道德的起源和道德善恶的区别等问题就要回到内在人性中去，只有在内在人性中才可能发现一切道德现象的根源。那么，我们究竟是依据什么来进行道德区分呢？或者说是依据于理性还是依据于情感来进行道德区分？换言之，对与错、好与坏的区分，是基于理性推理的结果还是诉诸感觉的结果呢？这个问题实际上是17、18世纪道德哲学争论的核心。关于道德区分的本质问题构成了元伦理学，其研究领域包括所有的道德实践。休谟首先要讨论的就是元伦理学问题，然后讨论道德实践的问题，后者以前者为基础。

在道德区分的本质问题上，首先，休谟认为道德的区别不是从理性推导而来的。萨缪尔·克拉克是一位影响较大的理性主义哲学家，他曾指出："德只是对于理性的符合；事物有永恒的适合性与不适合性，这对于能够思考它们的每一个有理性的存在者是完全同一的；永恒不变的是非标准不但给人类、并且也给'神'自身，加上了一种义务：所有这些体系都有一个共同的意见，即道德和真理一样，只是借着一些观念的并列和比较被认识的。"[①] 克拉克认为，宇宙具有一种理性

---

① 休谟：《人性论》（下册），关文运译，商务印书馆1980年版，第492页。

结构，这种结构是合理的，理性能够发现它，从道德上看，凡是符合这种理性的就是善，不符合的就是恶。但休谟反对这种理性主义的道德主张，即认为道德的区分是由理性思辨和推论而来。休谟的论证如下：首先，他认为理性不适用于道德领域，不能用来解决道德的起源、善恶和评价问题。对休谟而言，理性关涉"抽象的关系"和"观念的世界"，理性的作用在于发现知识的真假、澄清事实、弄清因果关系。他说："理性的作用在于发现真或伪。真或伪在于对观念的实在关系或对实际存在和事实的符合或不符合。"① 所以，理性只对真假、关系和观念进行辨别、区分和判断。换言之，理性其实就是心灵的一种功能，这种功能可以发现真理或谬误，使人们产生能够获得信息和知识的心灵状态，即产生关于世界的信念。其次，休谟认为哲学分为思辨和实践两部分，道德被归于实践领域，它与人的行为和情感相关，可以驱动人们的行为，刺激人们的情感。而理性的思辨是冷静的、超越情感的，不适用于道德领域。经验告诉我们，道德原则可以被实践，可以影响和改变人们的行为，而冷静的、思辨的理性并不具有这一特性，因而，"道德准则刺激情感，产生或制止行为。理性自身在这一点上是完全无力的，因此道德规则并不是我们理性的结论"②。所以，道德的区别不可能从理性推导而来。为了进一步捍卫自己的论点，说明道德并非仅仅出自于理性，休谟考察了理性的两种功能，即证明（演绎）和因果推理，并论证了"道德是不可证明的"和"道德不来自因果推理"两个支持性论点。

  第一个论点，以克拉克为代表的道德理性主义者认为道德与证明有关，要理解道德，不需要任何经验，只需了解关于事物的概念是如何联结起来的。照此观点，道德是由关系来界定的，有些关系好，有些关系不好，那么道德的善恶就完全取决于关系的好坏。休谟认为这会导致荒谬的结论。如果道德仅仅存在于关系之中，那么只要人们在

---

① 休谟：《人性论》（下册），关文运译，商务印书馆1980年版，第494页。
② 同上书，第493页。

生活中发现了不好的关系,就可以对之加以道德判断。比如,如果孩子杀死父母是不道德,即结果(后代)毁灭了它的原因(父母)是不道德,那么只要存在这种关系,那就必须认为是不道德的。如果一棵小树苗长大后高过自己的父母,遮住父母的光线,导致父母死亡,这样的行为就可以视为不道德。很显然,这种评价实属荒谬。所以休谟的结论是,道德不是来自解决观念之间关系的演绎推理。

第二个论点,道德是否来自因果推理呢?因果推理只能为人们提供事实性的信念或者帮助人们发现一些事实,那么道德是否存在于事实中呢?休谟问得更直白:道德存在于什么样的事实中呢?以故意杀人为例。无论我们如何观察,都只能发现一些事实,如行凶者的行为出于恶意、行凶时间是晚上12点左右、行凶者使用了刀具、受害者痛苦地死去、地面血迹斑斑等,但是根本发现不了罪恶。休谟的意思是,这些事实并不能为我们提供道德判断。道德判断是对这些事实的回应,只有通过某种机制的作用对这些事实作出反应时,道德判断才会发生,而这种机制就是情感或情绪。也就是说,当我们看到谋杀的事实时,我们会产生一种痛苦或憎恶的情感;当我们看到助人为乐的事实时,我们会产生一种快乐或赞美的情感。如果仅仅面对一些事实而没有在情感上作出任何反应,我们就无法作出道德判断。休谟的意思实际上就是,情感是道德区分的基础。所以在休谟看来,从事实推论出道德命题实际上犯了一个低级的逻辑错误。从(1)行凶者的行为出于恶意和(2)受害人痛苦地死去这两个事实无法推出(3)杀人是一种罪恶这样的道德判断。在这个推论中,休谟认为要获得(3)这样的道德判断,还需依赖于一个如何判断德与恶的主张:蓄意造成痛苦是一种恶。这样一来,论证就变成:(1)行凶者的行为出于恶意;(2)受害人痛苦地死去;(3)蓄意造成痛苦是一种恶;(4)因此,杀人是一种罪恶。如此论证,结论是成立的。所加上去的命题(3)是从何而来呢?休谟认为,来自蓄意造成的痛苦在我们情感上的反应。我们实际上是以这种情感上的痛苦为依据来对这种蓄意杀人的行为作出道德判断的。只有在我们心中找到杀害无辜者的谴责情感时,才能对这种行为做出恶的道德判断。

所以休谟提出了一个著名的论断，即任何"应该"都不会从"是"推理出来。①（这就是后来常常被人们所着重强调的"休谟问题"或"休谟定律"，《人性论》中的"是-应当"段落也常常被人们只字不改地加以引用。）意思是，任何事实陈述本身都不能证明一种价值论断或者证明一种人们应该做什么的论断。如果想得出"应该"的结论，论证前提就必须包含一个价值陈述，但是这个价值陈述必须建立在终极之物上，这个终极之物就是人们的情感，来自人们对某些行为和行为者的情感反应。

很清楚，休谟认为善恶的性质不在事实之中，而在于人们对事实的知觉和感受，只有从人们的知觉中才能找到善恶的性质。所以，只有在人的情感层面和情感结构中，才能发现道德善恶的区别和标准。既然理性有自己的性质和作用领域，道德善恶的区别也不是理性的产物，从理性中人们不能发现任何道德标准以及进行任何道德判断，那么是否意味着理性在道德中毫无作用？休谟认为："理性是，并且也应当是激情的奴隶，除了服务和服从激情之外，再不能有任何其他的职务。"② 在此，休谟并未否定理性在道德中的作用，反而，他认为理性

---

① 需要着重强调的是：在休谟的文本中，"是-应当"问题并非后人所强调的那样重要，也就是说，"休谟问题"的确是一个问题，但是在休谟那里其实并非一个重要问题。在"道德学"一卷的第一章第一节最后一段，也即"是-应当"的段落里，休谟评论说，在他碰到的一切"道德体系"中，作者都是从各种各样的"是"和"不是"陈述开始，然后"突然"形成一些其系词是"应当"或"不应当"的陈述。他说，"这个应当或不应当表达着某种新的关系或断言"，它需要得到解释，但是，以往的道德理论家们（形成"思辨的道德体系"的理性主义者）对此并没有作出解释和说明。即，休谟只是认为，以往的道德理论家们并没有对从"是"与"不是"的陈述直接地、突然地形成和过渡到"应当"与"不应当"的陈述作出解释和说明，或者说他认为以往的道德理论家们并没有对从"是"与"不是"的关系推论出"应当"与"不应当"的新关系作出说明。而关于这一问题，休谟在《道德原则研究》和其他文本中再也没有讨论过。事实上，在文本中，休谟的原意是，"是"的领域是理性发挥作用的领域，理性只能发现真伪、澄清事实。在理性发挥作用的领域，我们无论如何也找不到德与恶的性质。"应当"是情感发挥作用的价值领域，德和恶是属于价值领域的问题。理性与情感的功能和运用领域是不能混淆的，从理性之所司的事实领域不能直接过渡到情感之所司的价值领域。换言之，在休谟文本的原意中，"是-应当"段落仅仅是休谟为了反驳理性主义者的论点而加上去的一段附论。因此"是-应当"问题并非后来人所强调的那么重要，所谓的"休谟问题"或"休谟定律"是被后人解释出来的问题。
② 休谟：《人性论》（下册），关文运译，商务印书馆 1980 年版，第 449 页。

第三章 休谟政治哲学的基础（Ⅱ）——情感主义德性论

在两种方式下影响人们的行为。"一个方式是：它把成为某种情感的确当的对象的某种东西的存在告诉我们，因而刺激起那种情感来；另一个方式是：它发现出因果的联系，因而给我们提供了发挥某种情感的手段。"① 也就是说，理性在道德判断中可以为情感确认正确的对象，提供正当的方向；理性可以辅助情感，充当情感的工具。理性在道德中的角色和作用表明理性和情感之间并非相互对立。同时，理性虽然不能产生和制止行为，但是也不意味着它对行为毫无意义，只是说理性不能单独成为行为的动机而已。

综上所述，休谟已经表明，理性用于发现事实关系和知识的真假，道德与人的情感和行为相关，因而他反对以理性作为道德区分的基础。在休谟看来，理性涉及的是事实问题，而道德涉及的是应不应当的价值问题，他认为由事实命题并不能推导出价值命题。所以，作用于事实领域的理性推理，并不能得出道德结论。当然，休谟所批评和反对的并非理性在道德中的一无是处，而是反对道德理性论者将理性<u>单独</u>作为道德区分的<u>唯一</u>准则的主张，相反，他强调和证明了道德善恶的区分来自情感，情感才是道德区分的<u>主要</u>根据。

（二）道德的基础：特殊的道德感

理性不能单独作为道德区分的根据，在道德判断中，理性和情感都参与其中，但是理性的作用只是辅助情感，道德区分主要基于情感。在"道德学"的第二节中，休谟从正面明确地强调了道德区分的情感基础："恶与德既然不是单纯被理性所发现的，或是由观念的比较所发现的，那么我们一定是借它们所引起的某种印象或情绪，才能注意到它们之间的差别。"② 就是说，善与恶的区分在于我们的印象，"由德发生的印象是令人愉快的，而由恶发生的印象是令人不快的"③，而这些区别道德善恶的印象，"只是一些<u>特殊的</u>痛苦或快乐"④，即特殊的苦乐

---

① 休谟：《人性论》（下册），关文运译，商务印书馆1980年版，第495页。
② 同上书，第506页。
③ 同上。
④ 同上书，第507页。

感。所以，区分道德善恶的机制在于人类的情感，休谟将这一区分道德善恶的情感机制称为"道德感"。首先，休谟强调道德感是一种感觉，德与恶的判断和评价正是基于"感觉"，"发生德的感觉只是由于思维一个品格感觉一种特殊的快乐。正是这种感觉构成了我们的赞美或敬羡"①。其次，休谟强调了感觉与道德判断和评价之间的关系特征。"我们并非因为一个品格令人愉快，才推断那个品格是善良的，而是在感觉到它在某种特殊方式下令人愉快时，我们实际上就感到它是善良的。这个情形就像我们关于一切种类的美、爱好和感觉作出判断一样。我们的赞许就涵摄在它们所传来的直接快乐中。"② 可见，从"感觉"到道德评价，并非理性推论的结果，感觉发生的同时已经包含了我们的道德评价，道德评价已经涵摄于感觉之中了。

在这里，我们需要注意的问题是，道德的基础在于快乐与痛苦的情感，那么是否意味着凡是能产生快乐或痛苦的一切事物和事情都可以称之为善或恶呢？休谟认为不是，并不是所有的感觉印象都要对道德情感的产生负责。"我们借以认识道德的善恶的那些有区别作用的印象，既然只是一些特殊的痛苦与快乐……"③ 在这句话中，休谟以加着重号的方式强调了道德之根源的道德感的特殊性。之所以如此强调其特殊性，是因为在休谟看来，能给人快乐或痛苦的印象（或知觉）未必都是区分道德善恶的道德感；能产生快乐或痛苦的对象，也未必都能称为道德的善或恶。"一个无生物，或任何人的品格或情绪虽然都可以给人快感；但是由于快感不同，这就使我们对它们而发生的情绪不至于混淆，并使我们以德归之于一类，而不归之于另一类。就是由品格和行为发生的每一种苦乐情绪也并不是都属于使我们称赞或责备的那种特殊的苦乐情绪之列。"④ 从这句话可以看出，在休谟看来，"快乐"这个名词包括了许多很不相同的感觉，美丽的风景、优美的音乐

---

① 休谟：《人性论》（下册），关文运译，商务印书馆1980年版，第507页。
② 同上。
③ 同上。
④ 同上书，第508页。

和一个人良好的品格,都能产生快乐,但是它们给人的情感毕竟是可以区别开来的。无生物、风景或音乐也会产生快乐,但这种快乐是一般的快乐,与道德无直接关系。有些品格和行为也不一定产生道德判断的特殊苦乐感。因此,在休谟这里,事物与道德并无直接关系,与道德情感相关的是行为与品格等。所以,只有特殊的苦乐感才对道德情感负责,才能作为道德判断和道德评价的根据;只有产生特殊苦乐感的行为与品格才能成为道德判断的对象。

在《人性论》中,休谟反复强调了道德感的这一特殊性,但是这一特殊性究竟何指,他并未给予清晰的讨论,学界也对此少有分析。笔者通过分析发现,道德感的特殊性在于三点。第一点已由前文讨论得出,即特殊的苦乐感是我们观察某种行为和品格时产生的,它不同于一般的苦乐感。休谟否定所有的感觉印象对道德情感负责,认为只有特殊的苦乐感才能区分道德善恶并作为道德的根源和道德评价的标准。而这种特殊的苦乐感并不产生于事物,如大海、音乐等,而是产生自人的行为和品格。

至于第二点,也是容易被忽略或误解的地方。我们已经知道,道德感是一种特殊的苦乐感,我们判断一种行为、性格和品格是道德上的德或恶,依赖于这种行为、性格和品格是否让我们产生特殊的快乐与痛苦,如果是,我们就给予德的判断,反之则给予恶的判断。休谟说:"我们只是在一般地考虑一种品格,而不参照我们的特殊利益时,那个品格才引起一种感觉或情绪,而使我们称那个品格为道德上善的或恶的。"① 在这里,需要注意休谟的意思,他的意思是,我们观察一种行为或品格时,并不是以此行为和品格给自己带来的快乐或痛苦为根据做出道德判断,而是以他人的快乐或痛苦为根据做出道德判断。就是说,不能依赖某种行为或品格给我带来的快乐或痛苦做出道德判断,而是依赖于这种行为或品格给他人带来的快乐或痛苦而做出道德判断。道德感的感受对象不是自我,它不以自我的苦乐作为道德判断

---

① 休谟:《人性论》(下册),关文运译,商务印书馆1980年版,第508页。

的根据，而以他人的苦乐作为道德判断的根据。

休谟认为，我们的道德感在感知善恶的时候，所感知的是他人的快乐或痛苦。如果他人快乐或痛苦，那种快乐或痛苦会传递、感染到我们，在我们心中造成快乐或痛苦的印象，那么这种快乐或痛苦的印象（或知觉）就成为我们道德判断的根据。这里的他人包括行为者和被行为者影响的人。从行为者来看，行为者的行为造成他自己的快乐，这对于行为者而言，是自利的，但对于休谟来说，因为其快乐传递、感染了旁观者，从而使旁观者也感到了快乐，所以旁观者也会判定行为者的行为是善的。从被行为影响的人来看，行为者的行为造成被影响者的快乐时，被影响者的快乐也传递感染到旁观者，在旁观者的快乐感受中，行为者的行为被看作一种德行。所以，特殊的苦乐感之特殊，在于它们是排除了自我的利益由一般的观察和考虑产生的，是排除自我特殊利益后的他人的苦乐感。因此，道德感之特殊性的第二点便在于我们的观察对象和我们所处的立场。就观察对象而言，不论是行为者自己还是被行为者影响的人，我们从他们的快乐或痛苦中所感受到的快乐或痛苦，才是特殊的快乐或痛苦；就所处立场而言，特殊的快乐或痛苦是旁观者的快乐或痛苦，道德感是旁观者的道德感，在旁观者道德感的作用下，一种行为才被视为德或恶。不论怎样，特殊的道德感是由一般的观察和考虑产生的，并不参照我们的特殊利益。

除了以上两点，特殊的道德感之特殊的第三点也容易被忽略。在《人性论》的第二卷"论情感"中，休谟用了两章分别讨论了"论骄傲和谦卑"和"论爱与恨"。在"论骄傲和谦卑"一章中，休谟指出引起人的骄傲和谦卑情感的原因由两部分构成：一个是产生情感的性质，一个是这些性质所在的主体。从性质上看，凡是激起骄傲情感的性质，都会产生快乐的感觉；凡是激起谦卑情感的性质，都会产生不快的感觉。从主体方面看，凡是激起骄傲和谦卑的性质所在的主体，必须是和自我有关的，否则无论如何也不能激起我们骄傲或谦卑的情感来。在"论爱与恨"一章中，休谟分析了爱与恨的情感的原因，指出它们同样不能脱离与自我的关系，只不过爱与恨的情感和骄傲与谦卑的情感在两方面有所不同而已。第一，对象不同。爱与恨的对象是"他人"，而骄傲与谦卑的对象是"自我"。第二，性质所在主体与自我关系不同。性质所在主体与"自我"相关，就会引起骄傲或谦卑；性质所在主体与"他人"相关，就会引起爱或恨。总之，不论是骄傲与谦卑的情感还是爱与恨的情感都是由与我们相关的性质所引起。因而，特殊的苦乐感和与我们无关的无生物所发生的苦乐感是不同的，特殊的苦乐感必然具备能够产生骄傲或谦卑、爱或恨的能力。人的德行或恶行必然会激起这四种情感之一，引起骄傲与爱的性质和行为都是有德的，引起谦卑与恨的性质和行为都是无德的。因此，特殊的道德感之特殊的第三点便在于，它必然能引起人的骄傲与谦卑、爱与恨的情感。

讨论至此，休谟"特殊的道德感"的含义基本上得以廓清，但我们仍然有必要继续追问这样一个问题，也是休谟本人提出的重要问题。即：区分道德善恶的苦乐感是由什么机制或原则产生于人类心灵的呢？这一问题也是道德学的基础性问题。休谟认为，道德感产生于人类心灵的原始结构，但是道德感并非单独由心灵产生，"要想象在每一个特殊的例子中，这些情绪都是由一种原始的性质和最初的结构所产生的，那是荒谬的。因为我们的义务既然可以说是无数的，所以我们的原始的本能就不可能扩及于每一种义务，不可能从我们最初的婴儿期起在心灵上印入最完善的伦理学系统中所包含的那一大堆的教条"[①]。因此，在休谟看来，道德感的产生在于主观和客观两方面的相互作用，心灵的原则为道德感的产生提供了内部原因，而客观的性质及其行为则为道德感的产生提供了外部原因。

（三）同情原则与"明智的旁观者"

既然道德感决定了道德善恶的判定，那么道德感产生的内在心灵原则是什么呢？休谟说："如果说任何行为是善良的或恶劣的，那只是因为它是某种性格或性质的标志。它必然是依靠于心灵的持久的原则，

---

① 休谟：《人性论》（下册），关文运译，商务印书馆1980年版，第509页。

这些原则扩及于全部行为，并深入于个人的性格之中。"① 休谟认为，这个原则就是同情（sympathy）。同情心是人性的基本原则，更是休谟道德哲学中一个非常重要的运作机制，它是道德感和协议发挥作用的基础原则。如果没有同情原则，便无法产生这一机制运作的内容，也无法在道德善恶的判定中形成道德情感的共识，以及为道德感提供辨别的"情感材料"。

那么，同情原则是如何产生和运作的呢？休谟认为，人性中有同情他人的能力和倾向。他说："人性中任何性质在它的本身和它的结果两方面都最为引人注目的，就是我们所有的同情别人的那种倾向，这种倾向使我们经过传达而接受他们的心理倾向和情绪，不论这些心理倾向和情绪与我们是怎样的不同，或者甚至相反。"② 并且人类在心灵的感受以及作用上都是类似的，"自然在一切人之间保持了一种很大的类似关系；我们在别人方面所观察到的情感或原则，我们也都可以在某种程度上在自身发现与之平行的情感或原则。在心灵的结构方面是这种情况，在身体的结构方面也是这种情况。各个部分的形状或大小虽然有很大差异，而其结构和组织一般都是相同的。各个部分虽然千差万别，而其间仍然保存着一种很显著的类似关系；这种类似关系，对于我们体会别人的情绪而欣然立即加以接受，一定大有帮助。因此，我们发现，如果在我们各人天性的一般类似关系以外，我们在举动、性格、国籍、语言方面还有任何特殊的类似，这种类似便促进了同情。我们与任何对象的关系越是强固，想象就越容易由此及彼进行推移，而将我们形成自我观念时经常带有的那种想象的活泼性传达到相关的观念上去"③。因为人与人之间的类似性，使得同情成为可能，"我们不但凭因果关系相信我们所同情的那种情感的实在性，除此之外，我们还必须有类似关系和接近关系的协助，才能充分完满地感觉到同情"④。

---

① 休谟：《人性论》（下册），关文运译，商务印书馆1980年版，第613页。
② 同上书，第348页。
③ 同上书，第350页。
④ 同上书，第352页。

第三章 休谟政治哲学的基础（Ⅱ）——情感主义德性论

因为人与人在心灵与情感上的相似，才能产生对他人的理解与同情。就是说，由某种行为或品格所引起的一个人的情感反应，必定也能在某种程度内让他人感受到，如同一根琴弦的响动，能引起其他琴弦的共振一样，"正像若干条弦线均匀地拉紧在一处以后，一条弦线的运动就传达到其余条弦线上去；同样，一切感情也都由一个人迅速地传到另一个人，而在每个人心中产生相应的活动。当我在任何人的声音和姿态中看出情感的效果时，我的心灵就立刻由这些效果转到它们的原因上，并且对那个情感形成那样一个生动的观念，以致很快就把它转变为那个情感自身。同样，当我们看到任何情绪的原因时，我的心灵也立刻被传递到其结果上，并且被同样的情绪所激动"①。

根据休谟的动机理论，行为代表动机，行为是不可见之动机的外在表现。行为的表现背后隐含着行为者的想法和情感，如果我们要了解他人，必须依赖于隐含着动机、想法和情感的行为，换言之，必须以间接方式来进行，所以同情原则发挥作用就必须建立在对行为效果的观察之上。当心灵知觉到行为就会产生印象，在印象和观念的双重认知结构下，将他人的情绪或情感转化为自己的，就好像自己亲身遭遇事件，进而引起相同的感受。这就是休谟对同情作用的分析。同情原则就是一种对他人情感和处境的感同身受的感知与理解，由于同情是一种感知机制，它不仅能感受到他人快乐的情感，也能感受到他人痛苦的情感。

休谟主张，我们的心灵就像镜子，同情作用就如镜子的反射能力。他说："人们的心灵是互相反映的镜子，这不但是因为心灵互相反映它们的情绪，而且因为情感、心情和意见的那些光线，可以互相反射。"② 只要是情感的种类都可以被同情作用所感受和感知，一切情感的活动都是同情的材料与内容。休谟认为同情原则在人性中扮演着极为重要的角色：第一，同情是原始的人性结构，它是"人性中一个很强

---

① 休谟：《人性论》（下册），关文运译，商务印书馆1980年版，第614页。
② 同上书，第398页。

有力的原则"①；第二，在审美中，"它对我们的美的鉴别力有一种巨大的作用"②；第三，在道德领域，"它产生了我们对一切人为的德的道德感"③。休谟认为，人本质上是一个社会性的物种，交流沟通是不可避免的，完全孤立封闭的状态是对人最大的惩罚。尤其是，人与人之间的情感互通是社会结合与维持的必需，否则，人类必然走向灭亡。因而，正是同情机制的存在，才使得人与人之间的情感沟通得以可能，也使得人类走出自我封闭得以可能。他说："我们对社会所以发生那样广泛的关切，只是由于同情；因而正是那个同情原则才使我们脱出了自我的圈子，使我们对他人的性格感到一种快乐或不快，正如那性格倾向于我们的利益或损害一样。"④ 同情是我们把握他人情感的必然途径，正因为如此，才会有人与人之间的情感沟通和共识，人类社会才能维持。由于同情的作用，人类自然结合为社会，同情是构成社会的重要原则。由于同情是一种情感感知的能力和机制，因此它以"间接的方式"⑤影响我们，而不是直接使我们产生各种情感。休谟认为，同情原则不仅是人为之德（正义）受人尊敬的来源，而且也是自然情感对他人关怀的必要条件。因此，同情是道德区别最主要的源泉。通过同情的作用，才能为道德感提供"情感材料"进行辨认，也就是说，道德感必须建立在同情作用的实际效果上。

在《道德原则研究》中，休谟提出了四种道德评价的标准：对自己有用、对他人有用、令自己愉快、令他人愉快。概括起来，一种是快乐或痛苦的情感，一种是带来利益和有用性的倾向，而"有用性是令人愉快的，博得我们的赞许"⑥。因而，不论是对自己或他人有用还是给自己或他人带来快乐，都可以引起我们情感上的快乐，并以此对人

---

① 休谟：《人性论》（下册），关文运译，商务印书馆1980年版，第616页。
② 同上。
③ 同上。
④ 同上书，第617页。
⑤ "间接的方式"的意思是，因为同情是一种能力和机制，而非实在的对象，所以这种能力间接地影响人的行为和情感。
⑥ 休谟：《道德原则研究》，曾晓平译，商务印书馆2001年版，第69页。

的行为和品格做出道德判断。但在现实层面上，可能存在这样一个事实，即人与人在同情上的差异、个人情感的变化以及每个人的快乐和利益都有所不同。休谟也承认这一事实。那我们如何解释道德评价的一致性和客观性问题呢？休谟提出了"旁观者理论"。"道德内容——哪些特征是善，哪些特征是恶——是由认可了某种普遍观点的旁观者的反应决定的"①。就是说，在休谟看来，站在普遍观点的立场上来看待问题，可以纠正情感的偏差，而普遍观点就是旁观者的观点。一个道德评价必须由旁观者的道德感所决定，这个主张被称为"旁观者理论"。休谟就是通过旁观者理论来解释道德评价的一致性和客观性的。

休谟指出，如果我们每个人只是基于个人利益考量和评判他人的行为或品质，那么我们就无法达成任何一致性的评价。为了获得对道德行为的一致性评价，我们不得不建立某种普遍的、一般的观点，以此消除每个人以各自立场所作出的不一致的评价。那么，究竟什么才是普遍的、一般的观点？普遍的、一般的观点的标准何在？休谟说："我们责备和赞美一个人，乃是根据他的性格和性质对于和他交往的人们发生的一种影响。我们不考虑受到那些性质影响的人是我们的相识、还是陌生人，是本国人、还是外国人。"② 在他看来，普遍的、一般的观念就是以被影响者是否获益为标准的。以被影响者是否获益来衡量，不仅排除了评价者自我利益的考量，也排除了评价者和被影响者之间可能的利益关系。换言之，普遍的、一般的观点就是以旁观者是否获益为标准的。休谟强调，即使从普遍的、一般的观点出发，如果没有同情机制，我们也无法作出一致性的道德评价。因为"唯一让我们在道德评价上获得一致的心理驱动力就是同情"③。正是基于同情原则，人们建立了情感上的共通机制，从而形成对某种行为一致性的道德评价。罗尔斯指出，同情机制让我们具有"关于另一个人的感情的观念，

---

① 伊丽莎白·S. 拉德克利夫：《休谟》，胡自信译，中华书局2002年版，第102页。
② 休谟：《人性论》（下册），关文运译，商务印书馆1980年版，第621页。
③ John Rawls, *Lectures on the History of Moral Philosophy*, Boston: Harvard University Press, 2000, p. 90.

那个观念活跃到足以成为在我们的内心的相同的感情"①。在休谟那里，同情是一种"共鸣的情感"，是人们"共通的情感"或情感上的通则（general rules），它使得旁观者在评价一种行为和品质时具有了情感上的"共通感"，进而形成普遍观点并作出一致性的道德评价。通过同情原则，休谟认为既可以达到道德评价的一致性与客观性，也使得旁观者具有了"明智性"与"公正性"。由旁观者理论可以看出道德评价的三个特征："对评价者的无利害性；道德评价的客观性；由客观性延伸而出的道德评价的普遍性。"② 休谟主张，行为者的行为或品质如果带给他自己和他人效用，或者使他自己和他人快乐，旁观者通过同情感受到他们的情感后，就能作出道德评价。把判断的立场置于他人利益考虑之上时，评价者就是明智的旁观者，这个立场摆脱了评价者自己的利害关系。因而，通过明智的旁观者或稳固的、一般的观点，给出的评价是客观的。可见，休谟道德判断的客观性是基于立场的客观性，客观的立场保证了客观的评价，那么也确保了道德评价的普遍性。在明智的旁观者或旁观者稳固的、一般的观点上，解决了道德评价的差异性和道德冲突，确保了道德评价的一致性、客观性和普遍性。

总之，在休谟看来，当发生道德评价的差异和道德冲突时，应该由旁观者对行为者的行为或品质进行评价，由旁观者的道德感决定道德评价。旁观者的评价撇开了我们与行为者的个人关系来考察该行为或品质的效果，从而避免了相互矛盾的道德评价引发现实问题，使得道德评价达成共识。然而，休谟关于旁观者的观点或普遍观点的解释可能还会面临这样的疑问：如果我真的接受了一种普遍观点，而且知道我应该产生什么样的情感，可我就是产生不了这样的情感，就是不能把陌生人和亲人一视同仁，这该怎么办？或者我接受了普遍的观点，尽可能地同情那些直接受行为者影响的人，但因为距离太远还是不能改变自己的情感，这可怎么办？休谟承认，这也是自然的，但是仍然

---

① 约翰·罗尔斯：《道德哲学史讲义》，张国清译，上海三联书店 2003 年版，第 117 页。
② 周晓亮：《休谟哲学研究》，人民出版社 1999 年版，第 276—277 页。

不影响普遍观点的可靠性。因为"经验很快就把改正我们情绪的这个方法教给我们,或者至少是在情绪比较顽固和不变的时候把改正我们语言的方法教给我们"①。也就是说,在现实生活中,经验将修正我们情绪和评价的差异,从自私或偏狭的角度调整为比较普遍和一般的角度,并帮助我们建立起一套关于道德赞扬与谴责的一般准则和稳定的共同语言,进而保证我们作出普遍一致的评价。

(四)"旁观者理论"的几点批评

休谟以同情原则和旁观者理论来维护道德判断的一致性与客观性,遭到了不少批评。首先,休谟认为,道德感的对象是人的行为或品质,而道德感是旁观者的道德感,因此在评价某行为或品质时,评价者或旁观者会去关注此行为或品质的相关事实以及相关关系,从而避免偏见和自利的干扰,保证判断和评价的客观性。但是,学者泰勒指出:"评价者在评价行为者或品质拥有者带给被影响者的效果时,要考量的范围很难界定。如果他遗漏或忽略了任何可能的相关事实,便会影响到他对效果的衡量,从而导致判断和评价出错。"② 这样看来,道德评价并不在于是否采用同一立场和观点,而在于是否对相关事实有清楚的认识,如果以明智的旁观者来保证道德评价的一致性与客观性,那么这个明智的旁观者就应该是无所不知的,但这可能吗?其次,批评涉及旁观者角色的重叠问题。在道德判评价中,评价行为或品质是否有德,须依据其行为或品质是否对自己或是他人带来有用或愉快的效果。在道德评价中,评价者、行为者和被行为影响者是三个不同的主体,角色也不同,评价者是以行为者和被行为影响者的利益为考量的,排除了自身利益。那么可能会产生这样一个问题:一种行为或品质给他人带来了愉快感时,那旁观者(评价者)也就成了被影响者,这两个角色发生了重叠,这种情况下,所作的道德评价是否具有客观普遍的效用呢?最后,关于道德评价的四个标准:对自己有用、对他人有用、

---

① 休谟:《人性论》(下册),关文运译,商务印书馆 1980 年版,第 620 页。
② G. Taylor, "Hume's View of Moral Judgments", *David Hume: Critical Assessments*, vol. 6, edited by Stanley Tweyman, London: Routledge Press, 1995, p. 110.

直接令自己愉快、直接令他人愉快，休谟认为，行为或品质如能满足其中一个，旁观者就能通过同情来评价其行为或品质是否有德。既然只要满足一个就可以作出道德评价，那么如果一个人总是做出对自己有用或直接令自己愉快的行为，按照旁观者理论，依然被视为道德上的善，但这样的人不正是一个自私的人吗？这个结论恐怕休谟也不能接受，更是违反了一般的经验和常识。因此，这些质疑和批评，仍然值得我们继续探究和思考。

三、愉悦性与效用性

在休谟的道德哲学中，我们已经知道，道德的基础不在于理性，而在于情感，情感决定道德判断，这一情感就是所谓的"道德感"，即一种特殊的苦乐感。凡是能够给我们带来快乐感觉的行为或品质，我们给予德的赞许；凡是给我们带来不快感觉的行为或品质，我们给予恶的评价。那么，德性的评判标准就被归结为"愉悦性"，除了"愉悦性"，还有一条德性评判的标准，就是"效用性"。关于以愉悦性和效用性来衡量德性的标准，休谟已经在《人性论》中提及，但具体展开详细讨论则是在《道德原则研究》一书中。在该书中，休谟阐述了四种品质：对社会有用的品质、对我们自己有用的品质、直接令他人愉悦的品质、直接令自己愉悦的品质。可以看出，德性的标准在于"愉悦性"和"效用性"。

愉悦性是指某种品质无需产生任何利益，就能给旁观者带来快乐的情感，从而获得德性的价值。休谟在《人性论》和《道德原则研究》的第七章、第八章中，提到了许多令人愉悦的品质，这些品质虽然没有带来利益的性质，但由于能带给我们自己或者他人直接的愉悦感，因此获得了德性价值。不论是直接令我们自己愉悦的品质，如骄傲、自尊和勇敢，还是直接令他人愉悦的品质，如机智、谦逊和真诚，通过同情传递给旁观者，使旁观者感受到一种愉悦的情感并给予道德赞许。

第三章 休谟政治哲学的基础（Ⅱ）——情感主义德性论

效用性是指某种品质对社会和公众有用，能够带来利益。效用性的德性包括有利于社会的人为德性和有利于自己的自然德性。效用性的品质之所以被给予德性的价值，是因为它能够给我们带来愉悦的情感。效用性的人为德性，如正义、忠诚、守诺等是为应对人类环境和保证生存而人为设计的产物，它们都对社会有用，能够维持稳定和平的秩序，增进人类幸福。对于"效用性"的重要性，休谟说："公共的效用是正义的唯一起源，对这一德性的有益后果是其价值的唯一基础。"① 除了对社会有利的品质之外，那些仅能给自己带来利益，仅对自己有用的品质，同样会令我们愉悦并给予德的评价。这些只对自己有用的品质，之所以能得到赞许，是因为我们通过同情也感受到了品质拥有者获得利益后的愉悦感，从而在我们心中也引起了愉悦感；人们赞许对社会有用的品质，因为它促进了公共利益，通过同情，我们感受了因对公共利益的关切而带来的愉悦感。因而，不论是有利于社会的人为德性，还是有利于自己的自然德性，都是因为其"效用性"而得到赞许并成为一种德性。在这里，需要进一步辨析的是，不论是对社会有用的品质还是对自己有用的品质，都会因给我们带来愉悦的情感而成为一种德性。但是，效用性并不是德性的直接来源。也就是说，我们并不是将品质的"效用性"作为道德评判的直接依据，而是将品质的"效用性"所引起的愉悦情感作为道德评判的直接依据。因为同情，我们会关切"效用性"给社会带来的公共利益；因为同情，我们也会关切"效用性"给他人带来的个人利益；不论是公共利益还是个人利益，都会引起我们情感上的愉悦，这种愉悦的情感是道德评判的直接依据。不论是有用的还是愉悦的行为或品质，都是通过愉悦的情感而得到道德赞许的。当效用性的或愉悦性的行为或品质发生，人们心中就会产生赞许的情感，这样，引起人们赞许情感的行为或品质就被称为德。此外，不能忽视的是，休谟也指出了愉悦性和效用性的另外两种可能，即效用性的品质并不必然在任何情境都令人愉悦，

---

① 休谟：《道德原则研究》，曾晓平译，商务印书馆 2001 年版，第 35 页。

令人愉悦的品质也有可能超越于有用性之上且并不一定带来利益结果。但无论如何，愉悦性和效用性都能带来旁观者的赞许情感，愉悦性和效用性的品质都属于德性。愉悦性的德性直接带给旁观者赞许情感，而不涉及现实利益；效用性的德性以"利益"为中介，引起愉悦感从而带给旁观者赞许情感。在休谟看来，愉悦性和效用性是德性评判的可靠标准。

在这里，需要注意的是，效用和赞许情感之间并不是直接相关的，而是通过愉悦性发生关联的，并不是效用直接带来赞许的情感，而是效用带给了我们愉悦性，愉悦性引起了我们赞许的情感。休谟对效用性和愉悦性与道德评价之间关系的理解，不仅引发了后来的学者[①]对其道德哲学性质问题的相关争论，也对功利主义的兴起产生了重大影响。

四、自然德性与人为德性

"道德从总体上来说究竟是自然存在于人性之中，还是人为设计以控制个人情感、协调社会生活的工具"这一问题，是苏格兰道德理论在自然法学角度所探讨和争论的核心主题。其实，这个问题在古希腊就被思想家们提出并讨论过，比如伊壁鸠鲁学派（Epicureans）。后来在宗教改革时期，有一种神学理论提出一个观点，认为人类已经到了不得不设计和发明必要的正义规则和法律制度来维持和保障正常社会生活的地步了，因为人类已经堕落到了无法领悟和遵从上帝意志的程度了。这一观点直接刺激了人们对道德之本质问题的追问：道德究竟是自然的还是人为的？17世纪，以霍布斯和萨缪尔·普芬道夫[②]为代表的

[①] 从效用性的行为和品质直接或最终产生快乐这个角度而言，学者 C. D. 布劳德（C. D. Broad）说，"如果把'快乐主义'定义为这样一种理论，即善与快乐之间存在着普遍的相互联系，那么，休谟就是一位快乐主义者"。但休谟已经表明，效用性并不必然在任何情境中带来愉悦，愉悦性也可能绕过了功利性的结果，也就是说，休谟并没有认为，判定为善的东西和令人愉悦的东西总是一致的，更何况，在道德学中，休谟也觉得没有必要证明愉悦和功利是相连的。

[②] 普芬道夫是古典自然法学派在德国的主要代表，他的主要理论贡献在于对自然法的坚定捍卫，在自然法学说方面，他的思想联结着格老秀斯和霍布斯。

第三章　休谟政治哲学的基础（Ⅱ）——情感主义德性论

自然法学家们将这一问题发展为关于道德、社会与政治的激进规约主义（conventionalist）观点。17世纪末18世纪初，法国的新伊壁鸠鲁派学者否认道德具有任何自然属性，从而引发了一场关于道德本质问题的复杂而深入的讨论。这场讨论参与者众多，观点也异常丰富。在这个问题的讨论中，哈奇森的观点尤其具有代表性。哈奇森认为，人类本性中的道德感与生俱来，仁慈是道德的基础和核心，仁慈是人性中最重要和最根本的德性，它激发和推动其他所有德性运作，从而引导人的行为，为人类谋取利益和幸福。个人和社会整体的道德完善是完全可以的，也是统一的。在哈奇森的理论中，所有德性，不论是休谟所说的"自然德性"还是"人为德性"，在这里都是人类与生俱来的天然潜能，也就是说，所有的德性都是自然的，包括正义也是一种自然德性。而这一观点正是休谟所激烈反对的。休谟不同意哈奇森关于"道德的本质是自然的"的论断。休谟认为，对人类而言，道德一部分是"自然的"，另一部分却是"人为的"。对"自然德性"与"人为德性"的区分，是休谟政治哲学的前提，也是他的政治哲学与道德哲学之间既内在联系又存在区别的重要依据。

什么是"自然德性"？什么是"人为德性"？两者之间有什么区别？虽然，休谟在《人性论》和《道德原则研究》里没有做详细系统的论述，但是对"自然的"和"人为的"的含义做出了基本的界定。对于"自然的"，休谟说道："在'自然'一词与神迹对立的第一个意义下，恶和德是同样自然的；而在它与不常见的事物对立的第二个意义下，那么德或许会被发现是最不自然的。至少我们必须承认，勇德和最野蛮的暴行一样，因为是不常见的，所以同样是不自然的。至于自然的第三个意义，那么恶与德确实同样是人为的，同样是不自然的。因为人们不论怎样争辩、某些行为的功与过的概念是自然的还是人为的，那些行为自身显然是人为的，是根据某种意图和意向而作出的；否则那些行为便不可能归在这些名称中的任何一个之下。因此，'自然的'和'不自然的'这些性质不论在任何意义下都不能标志出恶和德的界限。"① 从这段论述可以看出，休谟提出了"自然"(natural)的三层含义：第一是指与"神迹"(miracles)相对的自然；第二是指与"非同寻常的事情"(the unusual)相对的自然；第三是指与"人为"(artifice)相对的自然。但是，休谟认为，"自然"的真实含义不在于前两种，而在于第三种。"自然"意味着并非神灵所创制，也不经过人为规定和有意的设计与引导，它意指人性原始情感的天然表露，这种表露是真正的"自然而然"之物。换言之，"自然"就是指非神意的、非人为的、自然而然的本能、倾向、习惯、情感和欲望等。"自然的"与"人为的"两者是在相对意义上使用的。自然德性是人类自身本来就存在的德性，如仁慈作为一种情感，当我们面对某种打动人的行为或品质时便会油然而生。说仁慈是一种自然的德性，是因为他人也会在面对相同的行为或品格时产生相同的情感并给予德的评价；而人为德性是出于人类有意的设计与规划，是以人为建构起来的规则和制度为前提的。遵守正义规则的行为或品质是一种美德，违反正义规则的行为或品质就是不道德的。在这里，也可以看出，自然德性的对象是自然人及自然行为，而人为德性的对象却是人们创造出来的东西，是人类有意设计的产物。对于这两种德性的区分，詹姆斯·费舍(James Fieser)的解释似乎也颇具说服力。他认为，自然德性与人为德性是从动机角度加以区分的。自然德性既不是观念也不是印象，而是一种原始的或次生的本能反应，而人为德性是出于一种事先的设计与考虑。换言之，自然德性能即时产生情感，驱动人们的行动；而人为德性则通过苦乐前景的诱导，人为地激发人们的情感，从而驱动人们有意识的行动。②

通过以上分析可以发现，自然德性和人为德性存在几个方面的区别。第一，自然德性是人性中的天然情感和品质，它是与生俱来、未经设计的，自然而然地带给我们愉悦感。而人为的德性如正义是人类有意设计的产物，有人为意愿的参与。"正义"是为应对人性和人类生

---

① 休谟：《人性论》（下册），关文运译，商务印书馆1980年版，第511页。
② James Fieser, "Hume's Motivational Distinction between Natural and Artificial Virtue", *British Journal of the History of Philosophy*, Vol. 5, 1997, pp. 373–388.

存环境的实际状态的不平衡所采取的"补救措施",它是一种人为的设计。在正义规则基础之上,才有正义德性。凡是遵守正义规则的行为或品质,能带给我们愉悦感,因此判定为德;凡是违反正义规则的行为或品质,会带给我们不快,因此判定为恶。那么,遵守正义规则就成为一种"人为的德性"。第二,"自然德性具有其局限性的一面,它是那些规模较小并且关系密切的社会团体尤其是家庭的基础,但它却无法长久维持陌生人之间形成的社会这一庞大团体"①。就是说,自然德性局限于个人的或小范围的行为或品格,而人为德性是基于人类社会整体建构而有意设计的产物。自然德性是由某个人单个的行为或品质带来的,它是自然情感的对象,它以直接流露和表达的方式展现出来,引起我们情感上的快与不快。而人为德性就不同,以正义为例,正义是用来约束和衡量全体社会成员行为的一致性规则,它超越了自然德性的局限,可以长久维持社会整体的运作。因此,只有全体社会成员共同遵守才能带来利益,单个的正义行为可能是有害的,只有在一个总的行为体系和制度中,人们才可能保证对彼此利益的期待并达成利益共识,通过遵守共同的规则并彼此协作才能使正义成为有利的。第三,自然德性的价值更大程度上来自愉悦性,也有部分来自效用性;而人为德性的价值仅来自效用性。人为德性之所以具有德性价值,是因为它对社会产生的效用,即维持了和平的社会秩序,增进了社会的整体利益。所以,休谟说:"公共的效用是正义的唯一起源,对这一德性的有益后果的反思,是其价值的唯一基础。"② 第四,自然德性在生活中有明显的程度差异,而人为德性没有程度差异。对自然德性而言,当我们面对某种行为或品质时,会有明显的超出义务范围的情感反应,如很仁慈、太善良等,程度依人而不同;但对人为德性而言,则没有所谓程度之差别了,遵守了规则就是正义,违反了规则就是非正义,也就是说,只有正义和非正义之分。第五,人为德性基于人为设计的

---

① 亚历山大·布罗迪编:《剑桥指南:苏格兰启蒙运动》,贾宁译,浙江大学出版社2010年版,第198页。
② 休谟:《道德原则研究》,曾晓平译,商务印书馆2001年版,第35页。

规则，遵守规则是每个人的社会义务，因而较之于自然德性具有一定的外在制约性或强制性。人为德性是为了应对人类环境而人为发明的补救措施，普遍规则的建立必然带来对自然情感和行为的约束，规则一旦建立，遵守规则就是每一个成员必须履行的义务，义务对每一个人都具有强制性。

从以上区别可见，"自然德性"和"人为德性"还是从来源上讲的。"有意图的设计"的人为性和"顺乎天性"的自然性是两者之间的根本区别。休谟对自然德性和人为德性的区分，最重要的意义在于强调了人为德性的"人为性"，从而为他的政治哲学和道德哲学建构起紧密的内在关联。正义与德性、政治哲学与道德哲学、政治美德与伦理美德之间架设了一条贯通的理论桥梁。另外，休谟对两种德性的区分与他对人性的理解依据也是内在一致的，人性的"自私"使人为德性成为必要，人性中"有限的慷慨"使自然德性成为可能。

通过本章的论述和分析，我们知道，休谟的情感主义德性理论的形成和建构与西方传统德性思想和近代错综复杂的诸种道德理论有着重要的联系，正是在对前辈先贤的思想及同时代的各种理论如理性主义、人性自私论和苏格兰德性论的批判、反思、继承和发展中，休谟完成了对理性主义道德哲学的清算，建构起一种基于情感主义的道德哲学。更重要的是，休谟的道德哲学具有超越以往的创造性，这一创造性在于，休谟的道德哲学已经不是狭义上的道德心理学或单纯意义上的道德理论，而是扩展为一个包含政治社会的正义规则和制度框架在内的广义的道德哲学。也就是说，正义规则和制度框架也被纳入道德哲学考察与评判的框架中，从而建立起一套与道德哲学有着共同理论基础且内在紧密关联、相互融合的社会与政治哲学理论。换言之，在德性与正义之间建立起一种新的关系，即"正义是一种人为的德"，是休谟道德哲学的开创性观点。这样，德性问题就不仅仅只是个人情感、心理与良知的问题，而是涉及人类社会共同体的政治问题，"即一个如何使个人行为在社会群体中获得承认并共同形成社会的规则与秩序的问题"①。休谟的政治哲学就是以人性与道德情感为基础建构起来的,对人类政治社会中的规则与秩序的道德评价也是以其道德哲学为基础的。

---

① 高全喜:《休谟的政治哲学》,北京大学出版社 2004 年版,第 83 页。

第四章

正义与正义感

自然主义人性论为休谟政治哲学提供了人性基础，而情感主义德性论则为他的政治哲学提供了道德基础，或者说为政治评判提供了一套道德机制和框架，在德性与正义之间建立起本质性的关联。因而，休谟的政治哲学是作为"道德学"的部分被讨论的，道德哲学和政治哲学两者之间保持着内在的紧密关联。正义与德性的本质关联或者说正义的道德机制，对于理解政治社会的活动和行为、政治社会的规则、政体形态及其政治德性都具有极为重要的意义。在自然主义人性论和情感主义德性论的基础上，休谟在自己所开辟的独具特色的思考框架下，展开了其政治哲学核心问题的探讨。

正义理论是休谟政治哲学思考的核心内容，也是休谟所谓实践哲学的核心所在。通过前文我们已经知道，休谟所讲的"道德"是一个包含狭义上的道德和政治两个领域在内的概念。"道德学"或"道德研究"同时包含了其道德哲学和政治哲学。《人性论》第三卷"道德学"乃是休谟所理解的实践哲学。"道德学"一章不仅在开头就谈及了"思辨哲学"和"实践哲学"的划分，而且在此划分基础上清楚地定位了其"道德"研究或者说实践哲学研究。在"道德学"的第二章，休谟展开了对正义理论的探讨，正义问题在其"道德学"或实践哲学中处于核心地位，它事关休谟整个社会政治理论的建构，是休谟人性理论的制度性表达。也就是说，正义理论是休谟人性学说在社会政治领域或者说实践哲学领域的支撑和扩展。休谟的正义理论与其人性学说之间保持着内在的连贯性和一致性。

正义问题是西方政治哲学史中的重大问题。从柏拉图创立真正意义上的政治哲学以来，正义问题始终是每一个时代的哲学家们不可回避的问题，也是哲学家们长久以来争论最多的问题。因为，正义不仅涉及个人社会行为的道德评判，而且在某种程度上，它奠定了"政治体"存在的合法性基础，是社会政治秩序和制度框架建构的基础，也是社会公共利益分配与调整的规则规范。所以哲学家们对正义问题都给予了特别关注。作为英国哲学家的休谟，其正义思想不但深刻，而

第四章 正义与正义感

且另辟蹊径地开创出了一条完全不同于同时代哲学家的独特的政治哲学思考路径，为之后 19 世纪英国功利主义政治哲学的兴起与形成提供了直接性的理论框架。在休谟的政治哲学中，正义问题被分为了两个层次：作为规则的正义和作为德性的正义。在《人性论》"正义与财产权的起源"一章中，休谟一开始就提出了正义论的两个核心问题，"一个问题是：关于正义规则在什么方式下被人为措施所确立的问题，另一个问题是：什么理由决定我们把遵守这些规则认为是道德的美，把忽视这些规则认为是道德的丑"①，并认为这两个问题是彼此有别的。前一个问题涉及正义的规则和制度是如何产生和形成的，以及具体内容是什么，它指向正义的规则和制度，是规则和制度层面的问题。后一个问题涉及的是，我们赋予政治社会成员遵守或忽视正义规则和制度的行为以道德属性的理由是什么。也就是说，为什么我们要把遵守正义规则和制度的行为视为道德的善，把忽视正义规则和制度的行为视为道德的恶呢？实际上，后一个问题所要探究的实质是：正义和德性之间究竟是一种什么样的关系？正义为何可以作为一种德性？在休谟看来，正义之所以可以作为一种德性，其理由在于，正义不仅仅是一种规则和制度，也是一种正义感，是政治社会成员基于公共利益的同情所形成的正义感。正义感之所以能成为赋予遵守或忽视正义规则和制度的行为以道德属性的理由，是由于政治社会的成员感觉到，整体而言，遵守正义规则和制度的行为有利于维护和增进公共利益，而忽视或违反正义规则和制度的行为会有损公共利益。由此看来，关于正义论的第二个问题，实际上涉及的是正义感形成的基础和方式的问题。

什么是作为规则的正义以及作为规则的正义是如何产生的？什么是作为德性的正义以及休谟为何要把正义和德性联系起来并把正义称为一种人为的德性？这是休谟正义学说的实质内容，也是他政治哲学的核心。

---

① 休谟：《人性论》（下册），关文运译，商务印书馆 1980 年版，第 521 页。

一、正义是一种规则

在休谟正义论的两个核心问题中，第一个问题涉及的是正义的规则和制度。那么，作为规则和制度的正义是如何产生和形成的？正义是自然的还是人为的？为了说明这一问题，我们还是有必要从休谟政治哲学的思考路径开始探究。

（一）正义的起源：利益与需要

休谟的政治哲学之所以不同于近代契约论政治哲学，就在于其独具特色的思考理路。与霍布斯和洛克等契约论者将"自然状态"这一预设作为其政治哲学的逻辑基础不同的是，休谟政治哲学的思考是从对人性和人类生存环境的经验考察开始的。也就是说，经验地观察和确认人性和人类生存环境的实际状况，是他政治哲学思考的逻辑起点。关于休谟对人性的看法，我们已经在第二章第四节讨论过了。在休谟看来，人性可以疏导，却不可以改变。他说："不论道德学家们或政治学家们如何为了公益而干预我们，或是企图改变我们的行为的经常的途径，那也是徒劳无益的。如果他们的计划的成功依靠于他们在改正人类的自私和忘恩负义方面的成功，那么除非有全能的上帝加以协助，他们将不能前进一步。"[①] 将对人性和人类生存环境实际状况的经验考察，作为政治哲学思考的逻辑起点，使得休谟走上了一条与古典政治哲学根本不同的思想理路。

既然，对人性和人类生存环境的实际状况的经验考察构成了休谟政治哲学思考的逻辑起点，也为他的正义规则、政治社会以及制度框架的建构和论证提供了"事实"依据，那么，人性和人类的生存环境究竟是怎样的呢？关于休谟对人性的理解和看法，我们已经在前文分析和讨论过了，因此我们再来看看，休谟是如何理解人类生存环境的实际状况的。

---

① 休谟：《人性论》（下册），关文运译，商务印书馆1980年版，第557页。

第四章　正义与正义感

在栖息于地球上的一切动物之中,初看起来,最被自然所虐待的似乎是无过于人类,自然赋予人类以无数的欲望和需要,而对于缓和这些需要,却给了他以薄弱的手段。在其他动物方面,这两个方面一般是互相补偿的。我们如果单纯地考虑狮子是贪食的食肉兽,我们将容易发现它的生活是很困难的;可是我们如果着眼于狮子的身体结构、性情、敏捷、勇武、雄壮的肢体、猛力等等,那么我们就将发现,狮子的这些有利条件和它的欲望恰好是成正比例的。羊和牛缺乏这些有利条件,不过牛羊的食欲不是太大,而它们的食物也容易取得。只有在人一方面,软弱和需要的这种不自然的结合显得达到了最高的程度。不但人类所需要的维持生活的食物不易为人类所寻觅和接近,或者至少是要他花了劳动才能生产出来,而且人类还必须备有衣服和房屋,以免为风雨所侵袭;虽然单就他本身而论,他既然没有雄壮的肢体,也没有猛力,也没有其他自然的才能,可以在任何程度上适应那么多的需要。①

从上面这段话来看,休谟认为,人的欲望和需求是无限的,这是自然的禀赋,但是大自然对于满足人的欲望和需求所提供的资源却是有限的、匮乏的。休谟论证说,假设大自然对人类的赐予是如此慷慨和丰足,以至于人类无需任何劳作就可以衣食无忧和幸福愉悦,那么正义要么根本就不会被人们梦想到,要么只是一种虚设的礼仪;反过来,假设大自然的赐予是如此的吝啬,以至于人类只能处于一种极度贫困的状态,那么正义要么只能被中止,要么只能是形同虚设。② 在休谟看来,人类的生存资源既不是富足到能无限满足人类的需求,也不

---
① 休谟:《人性论》(下册),关文运译,商务印书馆 1980 年版,第 521 页。
② 详细论证请参见休谟:《道德原则研究》,曾晓平译,商务印书馆 2001 年版,第 35—36 页。

是贫乏到使人处于极度贫困中,而是处于一种相对稀缺的状态(即"外在对象"始终是稀缺的)。如果大自然能提供给人类充足的食物以及生活资料,那么人类就可以各得其所,和平共处,不会为生存资料发生争斗,也就没有必要为了保护和平、自由与公正而组成政治社会,建立正义规则;如果大自然的馈赠极度缺乏,那么可能出现人与人之间无休止的争斗而根本无法建立起政治社会和正义的规则。所以在休谟这里,对于人的生存、无止境的欲望和需要而言,自然环境的实际状态是:始终处于一种相对的匮乏和有限的供给状态中。在这里,需要辨析的一点是,休谟对人类生存的自然环境或者说"自然状态"的理解,明显不同于以霍布斯、洛克和卢梭为代表的近代契约论政治哲学家对"自然状态"的理解。在近代契约论政治哲学思考框架下,霍布斯、洛克和卢梭都是通过对人类生存环境的虚拟想象而提出一种"自然状态"的理论预设,以此作为他们理论的出发点。而休谟从经验主义的立场出发,否定了对人类生存环境的虚拟想象,通过经验观察走向了对其实际状态和性质的描述和确认。这是一种对自然环境和现实世界实际的、经验的描述,展现了人类生存环境的实际样态。休谟对自然环境的描述和确认并没有理性主义的独断色彩。当然,对自然环境实际状态的描述和确认只是休谟政治哲学之人性基础中的外部因素,"其意义只在于为政治社会的形成及其制度设施的建立提供一个外部的自然主义前提"①。

通过分析,我们可以看出,对于人性而言,如果假设人类的心灵都充满友谊、慷慨、温情和仁爱,换句话说,如果人人都是天使,那么正义就会被理想的生存状态所超越;反之,如果人类个个都是强盗或者恶魔,那么正义只能被瓦解而让位于赤裸裸的实力或武力的较量。对于自然环境而言,如果大自然对人类的赠予是如此慷慨、如此丰足,以至于人类无需任何劳作就可以衣食无忧和幸福快乐,那么正义要么只是一种虚设的礼仪,要么根本就不会被人们梦想到;反过来,如果

---

① 高全喜:《休谟的政治哲学》,北京大学出版社2004年版,第47页。

第四章 正义与正义感

大自然的赐予是如此吝啬,以至于人类只能处于一种极度贫困的状态,那么正义要么只能被中止,要么只能是形同虚设。但事实上,人性和人类的生存环境并非如此。人既不是天使,也不是恶魔;人类生存的自然环境既不是天堂,也不是地狱。实际的情况处在两对极端的假设和臆想之间。自然环境的供给是相对稀缺的,人的自私的情感虽然较为强烈,但也具有一种"有限的"慷慨或"狭隘的"慷慨。而"正义只是起源于人的自私和有限的慷慨,以及自然为满足人类需要所准备的稀少的供应"①。换言之,正义只是基于人性和自然环境的实际状况而采取的一种必要的设计和"补救"。人性的两面(自私与狭隘的慷慨)和自然环境的实际状况,使得人类生活处于一种不稳定状态,解决这一问题的唯一方案就是一种由人为方式引发的稳定性,这就使得正义成为必要的和必需的。自然并没有为我们提供现成的解决办法,为了使社会生活成为可能,人们不得不给出他们自己的办法。他们必须"发明"或"设计"一个解决方案,这就是正义。正义既不是自然之物,也不是天赋之物,而是一种人为之物,"乃是由于应付人类的环境和需要所采用的人为措施或设计"②。正义就是一种人为补偿的发明性建构。休谟的解释是,一旦人类发展超越家庭的社群,他们就意识到通过合作来弥补自然缺陷的必要性,这种自然劣势被休谟称为"不便"(inconveniencies)。"社会"实际上就是一种补偿,它可以提供"额外的力量、能力和安全感",从而弥补和解决自然劣势所带来的不便。为此,人类不得不发明正义。

虽然人性和自然环境的实际状况使得正义成为必要的和必需的,但是,无论是人的自私性还是有限慷慨的情感的自然抒发,都不可能合乎正义和形成正义。正因为如此,休谟才认为正义不是自然的,而是人为的。同时,基于对人之理性和情感的地位、功能及其相互关系的理解,休谟得出了这样的看法:"因此,补救的方法不是由自然得

---

① 休谟:《人性论》(下册),关文运译,商务印书馆1980年版,第532页。
② 同上书,第513页。

来，而是由人为措施得来的；或者，更恰当地说，自然拿判断和知性作为一种补救来抵消感情中的不规则的和不利的条件"①。人的知性或理性使人类认识到，在人性的自私和有限慷慨与自然环境的有限供给这一事实下，为了使得人类能够共存并生活下去，建立起一套正义的规则和制度是必要的和必需的。知性或理性也使人类认识到，建构什么样的正义规则和制度，是有助于协调人们之间相互关系的，是能够更好地维护和增进每个人的自身利益和社会的公共利益，并且使得人类社会处于稳定、和平、有序状态的。因而，"正义起源于人类协议"②，是人类有意识地建构起来的规则和制度，与人类是不可分离的。

通过分析，我们知道人性和自然环境的实际状况这一"事实"，使得正义的建立成为必要的和必需的，这一"事实"为人类认识和达成协议提供了可能性的条件。与自赫拉克利特以来的许多前辈思想家们的观点一样③，休谟认为正义之所以必要，是因为个人或群体之间有着现实的或潜在的利益冲突，社会中的利益冲突和自爱（或自我保存），迫使人类建立起正义的法则，以便维持相互帮助和保护的优势。然而，休谟的深刻性就在于，他更深入、更清晰地分析了利益冲突背后的原因，并首次明确地区分和阐释了正义起源的客观条件和主观条件，即人类生存的自然环境和人性的两面。在休谟看来，个人或群体之间之所以会有利益冲突，又是因为两样东西的适度匮乏：一是作为客观条件的物质资源，二是作为主观条件的人性现实。在这里，"人的自私和有限的慷慨"就是正义起源的主观条件或心理动机，而"自然为满足人类的需要所准备的稀少的供应"则构成了正义起源的客观条件或物质基础。休谟确信，正是这些条件的存在，使得正义不仅是必要的，而

---

① 休谟：《人性论》（下册），关文运译，商务印书馆1980年版，第525页。
② 同上书，第530页。
③ 古希腊哲学家赫拉克利特提出："正义就是斗争，一切都是通过斗争和必然性而产的。"（周辅成：《西方伦理学名著选辑》（上卷），商务印书馆1987年版，第12页。）这一思想显示了他对正义根源的天才的猜测，同时也为后世思想家从人类社会本身而不是从神那里去寻找正义的根源指明了方向。之后，许多思想家，如苏格拉底、柏拉图、亚里士多德、阿奎那、霍布斯、洛克等，无不秉承赫拉克利特的基本观点，认为利益冲突是正义的唯一真实的源泉。

且也是可能的。

休谟与他以前的许多思想家诸如柏拉图、亚里士多德、托马斯·阿奎那一样，认为人是社会的动物，我们每一个人都不能单靠自己而达到自足，"自然赋予人类以无数的欲望和需要，而对于缓和这些需要，却给了他以薄弱的手段"①。人的生理结构特征与其他动物相比，远不能在任何程度上满足人的无穷的欲望和需要。因此，人只有依赖社会，才能弥补自身的缺陷，才能和其他动物势均力敌，甚至对其他动物取得优势。社会的结合对于人类的生存和生活而言，是必要的和必需的。但是，休谟认为，人性中的某些方面和人类生存环境的某些特点，对于社会的结合却是很不利的，甚至是有害的。在自然性情方面，"自私"（selfishness）是其中最重大的特点。但这一特点也只有与人类外界条件中的一个特点结合起来，才能发挥作用。否则，因自私而在人们之间产生的各种情感或行为的对立，对社会所造成的危害是非常有限的。而外界条件方面的一个重要特点，就是因自然供应稀少而引起的人类社会财富——"我们凭勤劳和幸运而获得的所有物"② 的不稳定和稀少。具体而言，就是这些所有物既可以被他人的暴力所劫取，又可以经过转移而不至于遭到任何损失或变化；同时这种财富又没有足够的数量可以满足每个人的欲望和需要。因此，休谟指出，社会财富占有的不稳定和稀少是社会的主要障碍之所在，是造成社会冲突和混乱的主要原因。

休谟认为，为了消除由于人类自然性情和外界条件中的上述特点给人类社会所带来的不便和危害，人类就必须寻求一种补救方法，以"尽可能地把那些外物置于和身心所有的那些固定的、恒常的优点相等的地位"③。为了达到这个目的，在休谟看来，我们既不能在未受教化的自然状态中，也不能在人类心灵的自然原则中，去寻找可行的方法。因为人类自然的、未受教化的道德观念，不但不能补救人们的自私情

---

① 休谟：《人性论》（下册），关文运译，商务印书馆1980年版，第521页。
② 同上书，第524页。
③ 同上书，第525—526页。

感，反而会投合于自私，煽起或加强人们的自私情感。休谟断言，补救的办法必定是通过人为的措施和设计、通过社会全体成员所缔结的协议来实现的，即通过协议制定一套稳定财产（权）的正义规则来控制和约束人们的贪欲和偏私，使人们互不侵犯，使那些外物的占有得到确定，使每个人安享他们凭幸运和勤劳所获得的财物，使每个人各得其所。通过缔结协议，每个人就知道什么是自己可以安全占有的；而且情感在其偏私的、矛盾的活动方面也就受到了约束。休谟断言："在人们缔结了戒取他人所有物的协议，并且每个人都获得了所有物的稳定以后，这时立刻发生了正义和非义的观念，也发生了财产权、权利和义务的观念。"① 可见，在休谟这里，正义与财产权不仅相互依存，而且有着共同的根源，即它们都是起源于人类的"协议"（convention）。

那么，什么是"协议"？其实质是什么？在休谟看来，就其实质而论，协议并不是一种"许诺"（promise），而是一种"共同利益感"（a sense of common interest）。所谓"共同利益感"，在休谟看来，并不是一种对社会公共利益的共有的观念，而是一种社会全体成员互相表示出来的共同的利益观念。简言之，就是一种相互的利益感。这种共同利益感对于一切人的心灵作用都是类似的，因而可以通过同情共感的作用互相传递。一切感情都可以由一个人传递给另一个人并为各方所了解，于是就使人们产生了设计和维护协议的"决心和行为"，并使人们对约束行为的规则发生了一种信心。而节制和约束人们行为的协议或规则就在这种信心的基础上建立起来了。在此，需要辨析和说明的是，休谟的所谓"协议"概念，并非他所首创，而是有其历史渊源的，但休谟这一概念又与哲学史上的其他思想家们所使用的"协议"或"契约"概念存在着本质上的差异。在古希腊，柏拉图在《理想国》中，就曾借智者格老孔之口，指出做不正义的事虽然对自己有利，但遭受不正义却使自己受害。当人们在彼此交往中既尝到了不正义的甜头，又尝到了遭受不正义的苦头，且在权衡之下发现遭受不正义所得

---

① 休谟：《人性论》（下册），关文运译，商务印书馆1980年版，第527页。

到的害处总要超过不正义所得到的利益时，人们便觉得大家最好建立契约，以使人们既不要得到不正义之惠，也不要吃不正义之亏。"打这时候起，他们中间才开始订法律立契约。他们把守法践约叫合法的、正义的。这就是正义的本质与起源。"① 伊壁鸠鲁则更直接地指出，社会正义或公正是相对于契约而言的，如果没有契约，也就没有公正可言，而"公正，乃是引导人们避免彼此伤害和受害的互利的约定……在任何地点，任何时间，只要有一个防范彼此伤害的相互约定，公正就成立了"②。在近代政治哲学中，"协议"在霍布斯和洛克那里同样是一个非常重要的概念。但是，休谟的作为共同利益感的"协议"，与以霍布斯和洛克为代表的契约论者的"协议"（agreement）或"契约"（contract）概念存在本质性的差别。在契约论政治哲学框架中，"协议"是自由的理性意志的产物，因为每一个人都是有理性的存在物，且具有自由意志。而休谟的"协议"是作为相互利益感的"协议"，它是情感而非理性的产物，是共同的利益感促使人们达成了协议，建立起正义的规则。更何况，在理性和情感的作用及其相互关系问题上，休谟已明确强调了情感相对于理性的优先性和基础性地位，理性的功能在于发现事实，而情感则是价值和目的生成的基础和依据。因此，"协议"不可能是理性意志的产物。

总而言之，休谟认为，协议在本质上是"以社会的需要和利益为基础的人类的发明"③，是由人们的相互利益感所促成的。正义与非义的观念则借协议和相互利益感而形成。在相互利益感的支配下，人们在展开一个正义行为时，都期待他人照样行事。他人如不照样行事，就是违反协议或正义规则。正义产生于协议，协议产生于利益，正义以利益为前提和基础，这便是休谟关于正义起源的思想理路。正是在此意义上，休谟明确提出，正义就是"使每个人各得其应有物的一种

---

① 柏拉图：《理想国》，郭斌和、张竹明译，商务印书馆2009年版，第46页。
② 北京大学哲学系编译：《古希腊罗马哲学》，商务印书馆1961年版，第347页。
③ 休谟：《人性论》（下册），关文运译，商务印书馆1980年版，第555页。

恒常和永久的意志"①。通过这个定义，充分说明了正义是以利益为根基并以利益为目的的，正义的实质就是利益感。

休谟关于正义的内容就是财产权以及正义基于利益的思想，清晰地展现出其政治哲学思考的深刻性和独特性，走出了一条完全不同于近代契约论政治哲学的独特的思想理路。在休谟那里，正义和财产权的产生是一致的，正义的内容即是财产权。他说："在正义完整的地方，财产权也是完整的；在正义不完整的地方，财产权也必然是不完整的，"②还有"我们的财产只是被社会法律，也就是被正义的法则所确认为可以恒常占有的那些财物"③。在休谟看来，如果不先充分地了解正义的本性，不先指出正义的起源在于人为的措施和设计，而就去想象人们能有任何财产观念，那就很荒谬了。因此，"正义的起源说明了财产的起源"④。

（二）正义的内容：财产权

休谟认为，确立和稳定财产（权）是建立正义规则的核心所在。通过协议确立和稳定财产（权）的正义规则，消除了人类自然性情之"自私"和外界环境供应之稀少的结合所带来的不便。一方面，控制和约束了人的贪欲和偏私的情感；另一方面，也保证了每个人能够安全地占有自己通过劳动所得的财物，从而避免人人相互侵犯，进而使人人各得其所，保证了人类社会的和平、自由和稳定。财产权的确立对于政治社会秩序的稳定和维持具有极为重要的意义。

休谟在文中反复强调，财产权的确立或财产权规则的建立对于保持政治社会的稳定秩序和有效运行至关重要。他写道："没有人能够怀疑，划定财产、稳定财产占有的协议，是确立人类社会的一切条件中最必要的条件，而且在确定和遵守这个规则的合同成立之后，对于建

---

① 休谟：《人性论》（下册），关文运译，商务印书馆1980年版，第563页。
② 同上书，第566页。
③ 同上书，第527页。
④ 同上。

立一种完善的和谐与协作来说,便没有多少事情要做的了。"[1] 休谟之所以如此地强调财产权对于政治社会的重大意义,与"政治社会"在近代所具有的新内涵是分不开的。这一新内涵就在于,随着近代民族国家的兴起和市民社会的产生,古代奴隶制的经济关系已经被打破,被掩盖的个人财产权问题得以作为一种新的经济关系和经济秩序成为政治社会的核心问题。而近代市民社会的兴起和形成则势必要求近代政治社会将财产权规则视为其首要诉求。因而,近代政治哲学家们都以不同的理论方式论证了财产权在近代政治社会中的核心意义。与哈灵顿、洛克一样,休谟意识到,任何政治社会的制度框架和政府体系的稳定性,都取决于它是否有效保障了社会中的财产权规则。通过一系列的制度设计对财产权规则提供有效的保护,是政治社会稳定性和持久性的最好保证。

在休谟看来,我们并不是在"政治社会"中建立正义规则,恰恰相反,是正义规则使得"政治社会"得以可能。既然正义规则是出于人类的需要人为建立的,那么"政治社会"也就是通过人为的方式而建立的,是人为建立的正义规则确立了"政治社会"。在这个意义上,财产权作为正义的核心,事实上就是"政治社会"得以可能的基础,它直接关系到"政治社会"的起源和本性,决定了"政治社会"是否能够存在和维持。也就是说,政治社会的基础首先在于确立起人们的财产权,只有确立了个人财产占有的权利,才能形成一套以人们的财产权为核心的社会交往和行为规则体系以及政治社会的制度框架。如此看来,财产权是一个政治社会得以建立和存在的根本,是政治社会的核心问题。财产权规则的确立,对于政治社会的秩序稳定和有效运作是决定性的。政治社会及其制度框架或政府、国家就是在财产权规则之上建立起来,并以维护和执行这一规则(或正义规则)为目的的。

休谟认为,正义和财产权的产生是一致的。正义的起源说明了财产权的起源,正义和财产权都起源于基于"共同利益感"的人类协议。

---

[1] 休谟:《人性论》(下册),关文运译,商务印书馆1980年版,第528页。

而协议在本质上是"以社会的需要和利益为基础的人类的发明"①，是由人们的相互利益感所促成的。可以看出，休谟的财产权理论不是一种以自然权利为基础的天赋人权理论，而是一种正义规则理论。财产权的产生必须以正义规则的存在为前提，只有制定了正义规则，人们的财产权才能得到保障。权利观念是在正义规则确定之后产生的，权利是正义的外在表现；不是自然权利演绎了正义，而是正义规则确定了权利。因此，权利问题首先是财产权问题。这样，休谟就完全否定了以洛克为代表的自然权利论意义上的财产权理论，也否定了近代主流的社会契约论。他的正义理论既不同于洛克等人的自然权利论，也不同于哈奇森等人的道德主义，而是一种规则论意义上的正义理论。

什么是规则论意义上的正义理论呢？在休谟的正义理论中，财产权和正义的产生是一致的，那么财产权的稳定占有和保障，必须以正义规则为前提，只有制定了正义规则，人们的财产权才能得到保障。也就是说，财产的稳定占有，需要建立起一种占有的规则和制度，通过这种规则和制度来保障财产的稳定占有，并转换成一种财产权。正义规则在先，财产权的确定在后。有了规则，才有占有；没有规则，就不存在占有。规则是占有是否稳定、是否具有合法性的基础和前提。"我们的财产只是被社会法律，也就是被正义的法则所确认为可以恒常占有的那些财物。因此，有些人不先说明正义的起源，就来使用财产权、权利或义务等名词，或者甚至在那种说明中就应用这些名词，他们都犯了极大的谬误，而永不能在任何坚实的基础上进行推理。一个人的财产是与他有关系的某种物品。这种关系不是自然的，而是道德的，是建立在正义上面的。因此，我们如果不充分地了解正义的本性，不先指出正义的起源在于人为的措施和设计，而就想象我们能有任何财产观念，那就很荒谬了。"②

很显然，通过将财产（以及权利）定义为人为的，休谟有意将自

---

① 休谟：《人性论》（下册），关文运译，商务印书馆1980年版，第555页。
② 同上书，第527页。

己与以洛克为代表的自然法（natural law）的财产观念拉开距离。财产权本质上被休谟视为一种人为建构起来的人与物之间的关系，而不是自然权利论者所声称的自然关系，即"稳定性的占有财物不是自然关系，而是一种人与物的道德关系"①。这里的"道德"仍然承担着通常意义上习俗、习惯的含义，但同时也反应出相对于习俗、习惯而言的约定维度。既然财产关系不是一种自然关系，而是一种人为的道德关系，那么自然权利论者视财产关系为一种自然关系，并试图从自然权利中引申出财产关系的解释就是不能成立的。因而在休谟看来，自然权利论无法解释财产权的产生机制。财产权的产生只能诉诸于人为的正义规则，财产的观念如果缺少对正义观念的理解是不可理喻的。很清楚，规则论的正义理论强调"规则"界定和产生"权利"的基础性意义，强调财产（以及权利）确立的人为性而非自然性。反对自然法和自然权利理论，将财产（以及权利）界定为一种正义规则理论，正是休谟财产权理论的一个独创。

财产关系是一种人为的道德关系，是否意味着它就是一种道德善恶问题呢？显然不是。财产关系是一种人为的道德关系，不但不表明它是一种道德善恶问题，反而说明了17、18世纪英国道德哲学的内涵，以及休谟道德哲学和政治哲学之间的紧密关联。首先，就"道德"的含义而言，在17、18世纪的语境中，"道德"是一个包含政治、经济、伦理及法律在内的诸多学科和内容的概念，与20世纪以来的狭义道德概念存在很大的不同。其次，在休谟的文本和语境中，"道德学"就是一个包含道德哲学和政治哲学两个领域在内的概念。通过《人性论》的结构和章节内容的安排可以看出，第三卷"道德学"讨论的核心问题就是正义问题，而对休谟而言，正义问题是一个规则与制度问题，并不是一个道德善恶问题。因此，在《人性论》第三卷第二章"论正义与非义"中，休谟证明了正义与非义并不是由善恶的动机而来的，而是由共同的利益感而来的。在休谟看来，以财产权为核心内容的正

---

① 高全喜：《休谟的政治哲学》，北京大学出版社2004年版，第126页。

义规则的产生机制是"共同利益感"。正是"共同利益感"这一内在情感机制，使得正义规则和财产权成为可能。必须指出的是，"共同利益感"是休谟针对财产权产生的内在机制而提出的创造性解释，这为他规则论意义上的正义理论提供了理论基石，同时也开辟出一条不同于近代自然权利论政治哲学的新路径。

所谓"共同利益感"，如前文所述，并不是一种对社会公共利益的共有的观念，而是一种社会全体成员互相表示出来的共同的利益观念，也就是一种相互的利益感。基于共同利益感，人们产生了设计和建构正义规则的决心和行为，并使得人们对约束行为的正义规则产生了一种"信心"和"期待"，而节制和约束人们行为的协议或规则就在这种"信心"和"期待"的基础上建立起来了。休谟认为，只有以共同利益感为基础，正义才成为可能，并且能够节制和约束人们的行为，保障每一个人合法地、稳定地占有自己的财物，从而最终建立起一整套以正义为核心的政治社会的制度框架和规则程序。

共同利益感如何在正义规则和财产权的产生中发挥作用呢？它又如何能够导出正义规则的建立和财产权关系的确定呢？通过对人性与自然环境的经验考察，休谟发现，人性是自私和"有限的慷慨"的结合，人类生存环境的供给是有限的、稀少的。正因为自然界为人类提供了有限的、稀少的物资供应，所以并不能满足人们的生存和生活所需；同时，人本性上是偏私的、有贪欲的，人们为了自己的利益，为了保证自己能够生存下去，彼此之间就会争斗不休，并且都试图劫掠他人的财物为自己享用。这种人性与自然环境之间结合的缺陷，使得每一个人对自己的财物占有都缺乏安全感和稳定感，甚至因此造成彼此之间的伤害。因而，在人与自然环境的事实面前，人们为了能够更好地、更为有效地保障自己的财物不受侵犯，不自觉地形成了一种利益共识——既然自然界的供给是有限的、稀少的，人们之间彼此争斗只会带来对自己财物占有的更大的不稳定和不安全，并且人们又都意识到财物的稳定占有对每个人来说都是十分必要的，因此，与其无休止的争斗，不如人为地制订出一套大家彼此认同并且能够共同遵守的

第四章　正义与正义感

规则和制度，以保障每个人的利益，防止人们之间逾越界限、相互劫掠，从而最终保障所有人的利益。这就是相互的利益感。因为，作为社会成员的每一个人都会不自觉地意识到，当自己为了眼前利益去劫掠他人的财物时，他人也会为了利益试图劫掠自己的财物；人们也意识到，自己在试图保护自己的利益的同时，他人也在努力保护自己的利益。当人们意识到自己有利益的同时，别人也有利益，那么这种相互利益感就建立起来了。所以，如果人们彼此都能够放下眼前利益，制定出一套大家都能够遵守的规则和制度，那么不仅保障了自己的利益，也保障了他人的利益。更重要的是，这种规则和制度能够持久地、稳定地保障每一个人的长远利益和更大利益。

基于共同利益感（或相互利益感），每个社会成员都意识到，有必要调整自己的行为。当人们之间相互表示出这种公共利益感，并为对方所了解时，人们产生了设计和建构正义规则的决心和行为，并使得人们对约束行为的正义规则产生了一种"信心"，而节制和约束人们行为的协议或规则就在这种"信心"的基础上建立起来了。休谟在《人性论》中写道："协议只是一般的共同利益感觉；这种感觉是社会全体成员互相表示出来的，并且诱导他们以某些规则来调整他们的行为。我观察到，让别人占有他的财物，对我是有利的，假如他也同样对待我。他感觉到，调整他的行为对他也同样有利。当这种共同的利益感觉互相表示出来、并为双方所了解时，它就产生了一种适当的决心和行为。这可以恰当地称为我们之间的协议或合同，虽然中间并没有插入一个许诺；因为我们双方各自的行为都参照对方的行为，而且在作那些行为时，也假定对方要作某种行为。两个人在船上划桨时，是依据一种合同或协议而行事的，虽然他们彼此从未互相作出任何许诺。关于财产占有的稳定的规则虽然是逐渐发生的，并且是通过缓慢的进程，通过一再经验到破坏这个规则而产生的不便，才获得效力，可是这个规则并不因此就不是由人类协议得来的。正相反，这种经验还更使我们确信，利益的感觉已成为我们全体社会成员所共有的，并且使我们对他们行为的未来的规则性发生一种信心；我们的节制与戒禁只是建立在这种期待上的。"① 当社会成员对保障利益的正义规则产生信心并期待建立这种规则时，这种规则就被建立起来而成为有效的了。正义的规则确立之后，社会成员便能够在"其他人也会照样行事"②的期待中去行动，这种通过重复的经验而确立的期望是自给自足的。

可见，共同利益感是人们为了保障自己利益，避免彼此争斗而不自觉地形成的一种利益平衡感，通过这种利益平衡感，人们才能调整自己的行为，彼此做出让步，放下眼前利益，从而建立正义规则，如此，既保障了自己对财务占有的稳定性和安全性，也保障了他人对自己财物占有的稳定性和安全性；不仅保障了自我利益，也保障了公共利益。

在此，我们需要注意的是：首先，共同利益感是一种"感觉"（或情感），是一种意识到自我利益的同时也意识到他人利益并且相互表示出来的利益"感觉"，而不是一种理性观念；其次，作为"感觉"的共同利益感是社会成员形成的一种个人利益和他人利益（或公共利益）之间协调和平衡的感觉；最后，在正义和利益之间的关系上，正义规则和制度的建构，是以"利益"为目的的，最终是为了协调和平衡人类社会成员之间的利益关系，保障和增进社会成员的个人利益和公共利益。休谟说道："如果我们考察用以指导正义和规定所有权的特定的法律，我们仍将得出同一个结论。增进人类的利益是所有这些法律和规章的唯一目的。为了社会的和平和利益，所不可或缺的不单是人们的财产应当被划分，而且是我们作出这种划分所遵循的规则应当是那些最能被发明来进一步为社会的利益服务的规则。"③ 通过共同利益感这一内在情感机制的作用，社会成员在设计和建构正义规则的信心之上达成协议，建立了一套约束和节制人们的行为并保障人们财产权的正义规则和制度，而这一"人为的"规则和制度就为财产的稳定占有提供了"道德"基础。就"道德"意义而言，凡是遵守并维护这一正

---

① 休谟：《人性论》（下册），关文运译，商务印书馆1980年版，第526—527页。
② 同上书，第534页。
③ 休谟：《道德原则研究》，曾晓平译，商务印书馆2001年版，第44页。

义规则的行为,就是道德的;凡是违反了这一正义规则的行为,就是不道德的。道德与否取决于人们的行为是否遵守以财产权为核心的正义规则和制度。

在休谟所建构的正义理论中,财产权以个人利益为目的,但在结果上又超越了个人利益,对公共利益也提供了一种制度性的保障;以财产权为核心的正义规则也因此是一种既能够维护个人利益,又能够保障社会公共利益的政治社会的规则。

(三)正义的维续:三大法则

休谟认为,正义与财产权相伴而生,财产权是正义的核心内容,也是正义的首要规则。因而休谟对正义内涵的阐释,始终是以财产权问题为中心的。休谟在《人性论》第三卷第二章中的第三节"论确定财产权的规则"、第四节"论依据同意而进行的财产转移"以及第五节"论许诺的约束力"中详细阐述了维持正义规则的三大法则,也即确立财产权的三大规则。

在休谟看来,财产占有问题的核心并不在于对"财产最初占有正当性"的讨论,而是如何实现财产占有的稳定性问题。休谟写道:"当他们注意到,社会上主要的乱源起于我们所谓的外物,起于那些外物可以在人与人之间随意转移而不稳定的:这时他们就一定要去找寻一种补救方法,设法尽可能地把那些外物置于和身心所有的那些固定的、恒常的优点相等的地位。"① 休谟认为,财产占有的不稳定才是人们所面临的主要问题,而财产权问题首要涉及的就是如何通过确立有效的规则以保障人们对财产的稳定占有。财产的稳定占有规则的确立对于人类社会不仅是有益的,而且是必需的。如果不能确立关于财产占有的有效规则,则人类社会可能真的会堕入野蛮和孤立的状态,因此必须找到"某种方法,使我们借此可以划定某些特殊的财物应当归某个特殊的人所有,而其余人类则被排除于其占有和享用之外"②。也就是

---

① 休谟:《人性论》(下册),关文运译,商务印书馆1980年版,第538页。
② 同上书,第538页。

说，必须找到确定财产关系的规则，并且这些规则必须能够保证人们对各自所有物的稳定占有。休谟进而指出："那些理由的成立，并不是由于特殊的个人或公众在享有任何特殊的财物时比在其他任何人占有那些财物时，具有更大的效用或利益。毫无疑问，每个人如果都占有最适合于他的、适于他使用的东西，那是最好的了；不过这种适合关系可以在同时为若干人所共有。除此以外，它还可以引起那样许多的争执，而且人们在判断这些争执时，也会那样地偏私和激动，致使那个含糊而不确定的规则与人类社会的安宁是绝不相容的。"①

既然，找到那些确定财产权的规则，对于维持正义和保障人类社会的稳定，是绝对有益且必需的，那么由之而来的问题是，这些规则究竟是什么？或者说，什么规则才能确定人们相互之间的财产关系并保证人们对财产的稳定占有？

在具体阐述稳定占有财产的规则之前，休谟指出，必须摆脱对财产占有机制有限的、一般的说明，澄清"精确地决定'占有'的含义"②。在所谓精确意义上，占有的含义便是在时间层面上而言的。换言之，在休谟看来，要确立财产权的规则，必须在时间层面上厘清和区分财产占有的诸种形态，否则"这个规则如果仅仅停留于这种笼统的说法，它就决不能达到任何目的"③。因为，在休谟看来，稳定性的财产占有，实际上涉及的就是一个时间层面的问题，只有从时间层面去考察和理解，才能精确地决定占有的含义；也只有从时间层面，才能找到划定某些人对其财产排他性占有的方法。在《人性论》第三卷第二章第三节"论确定财产权的规则"中，休谟列出了四种从时间意义上划定的财产占有的形态：占领、时效、添附和继承。

在财产的占有问题上，休谟意识到一个不可回避的问题，即财产的首次分配问题或财产的"最初占有"问题。洛克从劳动价值论角度论证了财产的最初占有的正当性，即对共有之物的最初占有怎样形成

---

① 休谟：《人性论》（下册），关文运译，商务印书馆1980年版，第538页。
② 同上书，第542页。
③ 同上书，第538页。

对他人的排斥性权利。洛克认为，在自然状态中，人们依据上帝的恩赐，共同享有自然界一切可用资源以维系自己的生命，这种基于上帝的权利是每一个个体都平等拥有的，每个人利用自然资源的权利都不能排斥他人同样的权利。之所以对财产的排他性占有能够形成并且成为正当的，其原因在于劳动，人们通过劳动将价值掺入自然物品，从而增加了物品的价值并且改变了物品的性质，使得这一自己劳动的附属之物正当地归属自己所有，而这一归属权是具有排他性的。在洛克这里，劳动所产生的财产权是由人们对自己人身的所有权推导出来的，每个人都对自己的人身享有一种所有权，除他以外任何人都没有这种权利。如果他在自然物品中掺入了自己的劳动，那么这一物品就具有了归属权，而这一归属权是仅限于自己的权利，因而就成为了他的财产。所以在洛克看来，人类的劳动价值最终形成了排他性财产权利，由劳动产生了对财产最初占有的正当性，即财产权利。

对于洛克在财产最初占有问题上的论证，休谟提出了自己的疑义，并表示财产占有问题的关键并非所谓"最初占有"问题。首先，在最初的时间问题上，休谟认为，人们很难在理论上得到关于谁先占有某一财物的清楚的、确切的答案，经验不可能为人们精确地提供确定初次占有的所有信息，人们也不可能精确地划分彼此财产的界限；其次，洛克认为是劳动产生了对财产的最初占有权，但休谟认为，"劳动自身是否就是一种财产，就值得商议，至于排他性的劳动行为在多大程度上使得被掺入的劳动对象成为'我的'财产，就更是一个难以厘清的问题"[1]，或者说劳动可以使占有正当化的理由在多大程度上、何种范围内是普遍的就值得怀疑。实际上，这就是当代政治哲学家诺齐克所提出的劳动和无主之物的混合程度问题，在这一问题上，诺齐克指出了洛克论证的粗疏和漏洞所在，因而对其提出了质疑和批评。

事实上，休谟对洛克论证的质疑，从根本上是对洛克财产权理论基础的质疑和批判。在洛克的政治哲学预设中，人性是比较乐观的，

---

[1] 高全喜：《休谟的政治哲学》，北京大学出版社2004年版，第123页。

人可以运用自己的理性限制自身的欲望，指导自身行为，从而保证比较协调的财产占有状况；而自然资源是充足的、丰富的，可以满足每一个人的需要。但在休谟看来，洛克对人性以及人类生存环境的预设都是不能成立的。因为休谟对人性和人类生存环境的确认是从经验观察出发的，是以经验为基础的，不同于洛克的"自然状态"预设。休谟认为，人性是自私和有限的慷慨的结合，人类的生存环境则处于一种供给相对稀缺的状态。正因为人性和人类生存环境的现实，才需要建立以财产权为核心的正义规则，否则，财产权就根本没有存在的必要了。从对洛克关于财产最初占有问题的质疑来看，休谟看到了在财产"最初占有"问题上所存在的困难，因而他认为以最初占有的方式确定财产权规则是不能成立的。休谟写道："最初占有权往往因为时间长久而成为暧昧不明，而且关于财产权所可能发生的许多争执，也就无法解决。在那种情况下，长期占有或时效（prescription）就自然地发生了作用，并且使一个人对于他所享有的任何东西获得充分的财产权。人类社会的本性不允许有任何很大程度的精确性；我们也不能永远追溯事物的最初起源，以便判定它们的现状。"①

可以清楚地看到，对休谟而言，无论是从经验上还是从理性上，我们都无法清楚地、确切地追溯最初占有的诸种状况，因而最初占有的论证是无法成立的。在休谟看来，与其追溯最初占有，不如关注现实占有。个人对财产的现实占有，对于确定财产权关系具有真正的决定性意义。休谟指出，人类社会得以存在依赖于三个基本的正义规则：一是有关财产稳定占有的规则；二是财产权通过同意而转移的规则；三是承诺必须履行的规则。这三个规则是正义得以维持的基础，是构成社会的核心原则。第一个规则——财产稳定占有的规则——是基本的规则，确立财产权关系的第一个规则便是对财物长期的、现实的占有。最初占有无法追溯，那么在时间上的长久占有便增强了现实占有的合法性。长久的、现实的占有确定了人们之间的财产权关系，并使

---

① 休谟：《人性论》（下册），关文运译，商务印书馆1980年版，第544—545页。

每个人都具有对自己财产的排他性权利。

对于添附，休谟写道："当某些对象和已成为我们财产的对象密切联系着、而同时又比后者较为微小的时候，于是我们就借着添附关系（accession）而对前者获得财产权。"① 但休谟认为，添附也存在着许多无法解决的问题，他以金属杯和木船为例说明了添附作为确定财产权关系所存在的困难。对于继承，休谟则写道："继承权（succession）是一种很自然的权利，这是由于一般所假设的父母或近亲的同意，并由于人类的公益，这种同意和公益都要求人们的财物传给他们最亲近的人，借以使他们成为更加勤奋和节俭。"② 在继承问题上，休谟强调了被继承的财产归谁是决定财产所有权的关键所在。

在财产权问题上，休谟一直强调的是占有规则，即一个物品是通过什么规则被人占有的。有了规则，才会实现占有并使这种占有稳定化、合法化；没有规则，这种占有就是不稳定、不合法的。正是因为人为建构的规则，确定和保障了人们对财物的稳定化、合法化占有，才使得这种占有转换为一种财产权。休谟反对洛克财产权理论的理由是：第一，洛克所说的自然权利根本无法保证人们对财物的稳定占有，更无法证明其占有的合法性，即便一个人拥有所谓的自然占有的正当性，也无法避免他人对其财产的侵犯与掠夺，要保证财产占有的稳定性并使之合法化，必须依赖于人为的"补救"措施。所以，如果财产被设想为一种作为正义之前提的"自然权利"，那么对休谟而言，它将会"在人类社会中产生无限纷扰"③。第二，财产的占有并不在于它是否体现了劳动，而在于它是否通过政治社会的一套人为建构的规则来保障，只有规则的保障才能实现人们对财物的稳定占有，并在法律意义上转变为财产权。作为得到法权保护的财产占有，是一种稳定的占有，"这样的占有才因为法律而不被其他人侵犯，至于占有本身是不是体现了劳动或者体现了自由的人格，这些并不重要，体现也好，不体

---

① 休谟：《人性论》（下册），关文运译，商务印书馆1980年版，第545页。
② 同上书，第547—549页。
③ 同上书，第569页。

现也罢，问题是这种占有是否能够在法权上成为你的合法所有，由你自由支配。如果要成为你的合法所有就必须有一个政治社会、一个国家、一个政府，它们使得这样的占有稳定而不被其他人侵犯"①。正因为如此，休谟把人对物的占有的财产权关系视为一种人为的或道德的关系，而非一种自然关系。占有规则是人为建构的产物，而财产权关系是稳定占有在法权上确认的结果，它体现了这种关系的人为性。

对于人类社会而言，建立正义规则以保证财产的稳定占有是十分必要的，但是仅仅维持人们对各自财产的稳定占有使之固定不变，人们之间不发生财产流转变化是不可能的，也不符合人类的利益。人类社会的现实状况是，由于社会分工的差异、经济活动复杂化以及由之而来的各种社会关系的网络化，财产的流转和变化是不可避免的，这也符合人类社会发展的现实利益。财产不可能永远停留在固定不变的状态，一个人占有自己的财产，并不意味着它永远不变。它总是处在流动和变化中，从一个人手中流转到另外一个人手中，经济活动和交往关系使得财产在不同的人之间不断地发生转移，因此财产权关系也就处于一种动态的变化之中。休谟认为，财产的流转和变化对于人类社会而言是非常必要的，也是必需的，人类社会活动的现实表明，仅仅确立财产稳定占有的规则是不够的，还需要处理财产在不同的人之间进行流转变化的问题，即必须确立起处理人们财产分布不断发生流转和变化这一人类社会常态问题的相应规则。那么，这一规则是什么呢？我们依据什么规则进行财产的流转？这是维持正义的第二大法则。休谟写道："正义的规则就要在僵硬的稳定性和这种变化不定的调整办法之间找寻一种中介。但是最合适的中介就是那个明显的方法，即：除了所有主同意将所有物和财产给予另外一个人之外，财物和财产永远应当是稳定的。"② 也就是说，在休谟看来，人们之间的财产转移既不能依靠欺骗的手段，也不能依靠暴力的劫掠，而是必须基于财产权所

---

① 罗卫东、陈正国编：《启蒙及其限制》，浙江大学出版社2012年版，第109页。
② 休谟：《人性论》（下册），关文运译，商务印书馆1980年版，第550页。

有者们的"同意"。经过财产权所有者们的同意所发生的财产转移和变化才是合法的、正当的，否则，任何其他的财产转移都不能被视为合法的、正当的。只要财产的转移和交换过程遵循了双方自愿同意的法则，不存在欺骗和敲诈，完全合乎法律规定，这样产生的财产关系和财产分配结果就是合法的、正当的。

维持正义的第三大法则是必须履行许诺。休谟认为，许诺的履行是一条非常重要的法则，涉及规则对人们的约束力。既然人们愿意达成协议建立规则以保障财产的稳定占有和正当转移，那么就必须履行许诺。如果人们的许诺不被履行，人与人之间就失去了信任，财产的稳定占有将无法保障，财产的转移将无法完成。那么，整个财产权规则体系就会立刻坍塌，人类不得不回到野蛮和混乱的状态。所以，履行许诺是任何协议都必然要求的一条基本规则。对于许诺，休谟认为，许诺是人为发明的措施，利益是人们自觉履行许诺、遵守协议的根本基础。休谟说："有一种特殊心灵活动伴随着许诺；随着心灵的这种活动又发生了不同于义务感的一种践约的倾向。我可以断定，这两点中不论哪一点都是无法证明的；因此我大胆地断言，许诺是以社会的需要和利益为基础的人类的发明。"① 休谟认为，由于人性的自私，人人都自觉地遵守协议、履行许诺是不可能的，能够对人们遵守协议、履行许诺产生约束力的唯一根源便是人们的利益。若是想保障自身的利益，就必须遵守这一规则，履行许诺；否则，自身的财产权将受到威胁。这样看来，并非许诺产生道德的约束力，而是道德使许诺成为可能，而道德本身则源自人们对利益的关切。换言之，正义的规则——财产权规则——是人为发明的措施，它之所以对人们具有道德约束力，是因为它是以满足社会需要和实现人类利益为基础的，是建立在正义之上的。休谟强调，"一个人的财产是与他有关系的某种物品。这种关系不是自然的，而是道德的，是建立在正义上面的。因此，我们如果不先充分地了解正义的本性，不先指出正义的起源在于人为的措施和

---

① 休谟：《人性论》（下册），关文运译，商务印书馆1980年版，第555页。

设计，而就想像我们能有任何财产观念，那就很荒谬了"①。也即，只有在正义的基础上，财产权规则的道德力量及其普遍性才能真正得到说明，而具有普遍道德约束力的财产权规则恰恰体现了正义的基本要求。

应当指出的是，休谟所提出三大法则：财产的稳定占有、经同意的财产转移以及履行许诺，对于维持社会正义规则、保障人们的财产权是十分必要的和有效的。这些规则的建立完全符合人性和人类社会生活的现实需要，因为它们本身就是出于人性和人类社会生活的需要和利益而产生的。

二、正义是一种德性

前面我们分析和讨论了休谟正义问题的第一个维度，即作为规则的正义，涉及的问题是：正义的规则和制度如何产生、形成以及具体内容是什么？这是规则和制度层面的问题。接下来，我们将分析和讨论休谟关于正义问题的第二个维度，即作为德性的正义。这一维度涉及的问题是：我们赋予政治社会成员遵守或忽视正义规则和制度的行为以道德属性的理由是什么？也就是说，为什么我们要把遵守正义规则和制度的行为视为道德上的善，把忽视正义规则和制度的行为视为道德上的恶呢？实际上，这一问题所要探究的实质是：正义和德性之间究竟是一种什么样的关系？正义为何可以作为一种德性？

（一）"正义是一种德性"的确切含义

对于正义问题的第二个维度，即正义与德性之间的关系问题，休谟指出"正义是一种人为的德性"。这如何理解呢？休谟为什么要把正义与德性联系起来？又为什么要把正义视为一种德性？

前文已经讨论过，在《人性论》中的"正义与财产权的起源"一节中，休谟一开始就提出了正义论的两个核心问题，"一个问题是：关

---

① 休谟：《人性论》（下册），关文运译，商务印书馆1980年版，第527页。

第四章 正义与正义感

于正义规则在什么方式下被人为措施所确立的问题,另一个问题是:什么理由决定我们把遵守这些规则认为是道德的美,把忽视这些规则认为是道德的丑"①,并认为这是彼此有别的两个问题。前一个问题涉及的是正义的规则和制度是如何产生和形成的,是规则和制度层面的问题;后一个问题涉及的是我们赋予政治社会成员遵守或忽视正义规则和制度的行为以道德属性的理由是什么。

首先,对于作为规则和制度意义上的正义,休谟在文本中已经表述得很清晰了。休谟明确表示,正义是"人为的",是出于人性和人类生存的自然环境的实际状况的一种必要的设计和补救措施,"补救的方法不是由自然得来,而是由人为措施得来的;或者,更恰当地说,自然拿判断和知性作为一种补救来抵消感情中的不规则和不利的条件"②。在《人性论》第三卷第二章的第一节、第六节,以及《道德原则研究》的相关章节,休谟反复论证了正义不是自然的而是人为的,即人类的心灵之中并不存在自然的认可和实践正义法则的情感和趋向。尤其在《道德原则研究》中"论正义"的第三章,休谟对一种典型的正义观展开了批判,可以被视为对古典"自然正义"学说的断然拒绝。休谟写道:"我们将假定,一个拥有理性但并不了解人类本性的被造物暗自思量,正义或所有权的什么规则将最大地增进公共利益,并在人类中确立和平和安全;则他最明显的思想将是,把最大的占有物分配给最广博的德性,给予每一个人以与其爱好相应的行善的力量。在一个由某种无限智慧的存在物通过特定意志活动来统治的完全的神权政治社会中,这条规则将确定无疑地发挥作用,并可以服务于最智慧的意图;但是如果人类想要施行这样一条法律,则既由于这条法律的天然的模糊性,又由于各个单个人的自负,其价值的不确定性就是如此严重,以致决没有任何一条明确的行为规则将由之而产生,而社会的彻底的分崩离析必定是其直接的后果。"③

---

① 休谟:《人性论》(下册),关文运译,商务印书馆1980年版,第521页。
② 同上书,第525页。
③ 休谟:《道德原则研究》,曾晓平译,商务印书馆2001年版,第44—45页。

因此，休谟认为"一条在思辨中可能看来对社会最有利的规则，在实践中可能发现是完全有害的和毁灭性的"①。正义不是自然形成的规则，不是先天存在的思辨法则，而是出于人类社会的实际需要而人为建立起来的规则。对于自然法，休谟的经验主义立场以及他对理性的地位及其功能的理解，使他不可能承认和接受诸如宇宙理性、上帝的意志以及人的先验理性的自然法学说。因此对休谟而言，正义就是"人为的"，而非"自然的"。需要注意的是，在论述维护财产权的三大法则时，休谟有时候也将财产权的确立规则称为"自然法则"或"自然法"，但这里所说的"自然法则"和"自然法"中的所谓"自然的"，其含义是指正义的规则虽然是人为的，却不是任意的。正义规则是人类社会必需的和非常必要的，与人类的社会生活不可分离，是在人类现实生活中出于需要而"自然的"建立起来的，这一过程既是"人为的"，也是"自然的"。在此意义上，休谟有时也将财产权规则称为"自然法则"或"自然法"，但和近代自然法学说所谓的"自然法"是完全不同的。

让我们转向第二个问题，也即正义为何是一种人为的德性。对于这个问题，我们可以分解为两个问题来看：第一，为什么说正义是一种德性；第二，作为德性的正义为什么会是"人为的"。在《人性论》第三卷第二章"正义是自然的还是人为的美德"一节中，休谟写道："正义和非义的感觉不是由自然得来的，而是人为地（虽然是必然地）由教育和人类的协议发生的。"② 必须注意的是，休谟在此分析的对象是"正义和非义的感觉"，即"The sense of justice and injustice"，也就是"正义感"。在道德理论中，休谟已经明确地指出，道德的对象不是无生物、风景或音乐等事物，而是人的行为、品格或品质。就是说，道德判断和道德评价的基础是"情感"，与道德情感相关的是人的行为、品格或品质等。只有人的行为、品格或品质才是道德判断和道德评价

---

① 休谟：《道德原则研究》，曾晓平译，商务印书馆2001年版，第45页。
② 休谟：《人性论》（下册），关文运译，商务印书馆1980年版，第519页。

的对象，而正义的规则和制度并不属于人的行为、品格或品质范畴，因此它不是道德判断和道德评价的对象。所以，在休谟这里，正义是一种人为的德性，并不是指正义的规则和制度，而是指正义感和正义的行为与品格。换句话说，正义是一种德性，并不是说正义的规则和制度是一种德性，而是说，正义感和正义的行为与品格是一种德性。

那么第二个问题实际上就成了：正义感和正义的行为与品格作为一种德性为什么会是"人为的"德性？因为，正义的规则是出于人类社会的需要而人为建构起来的，社会成员通过协议建立正义的规则，其目的在于保护自己的财产和安全，维持社会的稳定与安宁。为了达到这一目的，社会成员们意识到，必须遵守这一正义规则。因为是否遵守这一正义规则直接关系到社会的公共利益，而公共利益关系到每个人的自身利益。基于对公共利益的同情，政治社会的成员们形成了正义感。政治社会的成员们感觉到，从整体上看，遵守正义规则的行为会有助于维护和增进社会的公共利益，而忽视和违反正义规则的行为则会损害社会的公共利益。因此，政治社会的成员们便赋予了人们遵守或忽视正义规则的行为以道德属性。凡是有正义感或遵守正义规则的行为便是一种道德上的善，凡是没有正义感或违反和忽视正义规则的行为则是一种道德上的恶。这一赋予遵守或忽视正义规则的行为以道德属性的过程，本身就是"人为的"建立起来的。

关于"自然之德"和"人为之德"的区分，我们在前文已做过分析。两者的区别在于，"自然德性"的形成不依赖于"人为措施和设计"，而"人为德性"的形成要依赖于"人为措施和设计"。休谟所谓"人为措施和设计"就是指正义的规则和制度。因此，"人为德性"和"自然德性"的区分依据就是其形成方式是否依赖于正义的规则和制度，是否以正义的规则和制度为前提。不依赖于正义的规则和制度并以之为前提所形成的德性，就是"自然德性"，而依赖于正义的规则和制度并以之为前提所形成的德性，就是"人为德性"。所以在休谟所说的"正义是一种'人为的'德性"中，"人为德性"就是休谟所说的正义感和遵守正义规则的行为与品格。正义感和遵守正义规则的行为与品格作为一种"人为德性",是依赖于正义的规则和制度并以之为前提而形成的。由于与正义规则和制度之间的根本关联,我们也可以将"正义感和合乎正义规则的行为与品格"这一"人为德性"称为"政治美德"。在正义作为德性的问题上,休谟赋予正义以道德属性,其实质是赋予正义感和正义的行为与品格以道德属性,这就为评判政治社会成员的政治行为提供了德性原则。符合正义规则和制度的行为,是一种德;违反正义规则和制度的行为,则是一种恶。在政治社会中,基于正义感也产生了所谓的政治德性。一个有正义感的人就可以被视为一个具有政治美德的人,一种具有正义感的行为就可以被视为一种具有政治美德的行为。

总结以上分析,休谟所说的"正义是一种人为的德性",其确切的含义是指正义感和合乎正义规则的行为与品格是一种美德,而正义感和正义的行为与品格之所以具有道德属性,是因为政治社会的成员们基于维护和保障正义规则的需要而人为赋予的。因此,正义感作为一种德性,是人为建构的产物。建立了正义的规则,便产生了公共领域和公共利益,基于对公共利益的同情,政治社会的成员们便产生了正义感。政治社会的成员们感觉到,遵守正义规则有利于公共利益,违反和忽视正义规则会有损于公共利益。遵守正义规则和维护公共利益的行为便是一种正义的行为,违反和忽视正义规则和损害公共利益的行为便是一种不正义的行为。

(二)正义感形成的基础和方式

正义是一种人为的德性,准确的含义是指正义感和正义的行为与品格是一种德性。那么,正义感是如何形成的?其形成的基础和方式是什么?

通过上文我们已经知道,"共同利益感"是正义产生的内在机制,正是"共同利益感"使得正义规则和财产权成为可能,也使得财产权的合法性和正当性获得了最终保证。而"共同利益感",并不是一种对社会公共利益的共有的观念,而是一种社会全体成员互相表示出来的共同的利益观念,也就是一种相互的利益感。基于"共同利益感",人

第四章 正义与正义感

们产生了设计和建构正义规则的决心和行为,并使得人们对约束行为的正义规则产生了一种信心,而节制和约束人们行为的协议或规则就在这种"信心"的基础上建立起来了。当正义的规则和制度被建立起来并为人们所普遍认同之后,政治社会的成员们便对是否遵守这一正义规则和制度自然而然地产生了一种道德感——人们意识到,是否遵守正义规则关系社会的公共利益或整体利益的增减,而公共利益实际上又涉及每个人的个体利益。在道德感理论中,休谟认为道德感是一种特殊的苦乐感,也即特殊的快乐与痛苦,德性的标准在于其行为或品格是否具有愉悦性和效用性。那么,正义的规则和制度的建立就意味着一种利益机制的建立,并且这一利益机制是被政治社会的成员们所普遍认同的。遵守正义规则有利于公共利益的维护和增加,这必然引起人们的快乐;忽视和违反正义规则不利于公共利益的维护和增加,这必然引起人们的不快。因此,基于"利益"或"效用",人们便自然而然地对正义规则的遵守产生了道德感。

在《人性论》第三卷第二章第六节"关于正义和非义的一些进一步的考虑"中,休谟写道:

> 我们应当认为正义和非义的这种区别有两个不同的基础,即利益和道德;利益所以成为这个基础,是因为人们看到,如果不以某些规则约束自己,就不可能在社会中生活;道德所以成为这个基础,则是因为当人们一旦看出这种利益以后,他们一看到有助于社会的安宁的那些行动,就感到快乐,一看到有害于社会的安宁的那些行动,就感到不快。使最初的利益成立的,乃是人类的自愿的协议和人为措施;因此,在这个范围内来说,那些正义法则应当被认为是人为的。当那个利益一旦建立起来、并被人公认之后,则对于这些规则的遵守自然地并自动地发生了一种道德感。当然,这种道德感还被一种新的人为措施所增强,政治家们的公开教导,父母的私人教育,都有助于使我们在对他人的财产严格约束自己

行为的时候，发生一种荣誉感和义务感。①

也就是说，当正义规则被人为建立起来之后，人们便对规则的遵守自然而然地产生了道德感，这种基于人为的措施和设计而建立的正义规则和制度所产生的道德感就是所谓的"正义感与非正义感"。同时，这一正义感和非正义感在人为的教育和社会生活实践中不断强化和传承。因而人们感觉到，对于遵守正义规则的行为在道德上应该被视为一种正义，而对忽视和违反正义规则的行为则在道德上应被视为一种非义。

那么，这种正义感何以形成共识而具有普遍性的呢？休谟认为，是基于对公共利益的同情。通过同情原则的作用，人们普遍意识到，当自己遵守正义的规则时，有利于公共利益的增加，这便引起了自己的快乐，这种快乐也会感染到他人，并引起他人的快乐；而他人也意识到，当他们遵守正义规则时，有利于公共利益的增加，这便引起他们的快乐，这种快乐同样可以感染到我，引起我的快乐；反之，当自己忽视和违反正义规则时，则有损于公共利益，这便引起自己的不快，这种不快会感染到他人，并引起他人的不快；而他人也意识到，当他们忽视和违反正义规则时，则有损于公共利益，这便引起他们的不快，这种不快会感染到我，引起我的不快。这种是否遵守正义规则的行为，所引起的情感上的快乐与不快乐或者说道德感，就是所谓的正义感与非正义感。因此，人们对公共利益的同情，使得人们认可和接受正义的规则和制度，从而形成了正义感。

（三）政治美德与伦理美德的区分

通过上文的分析，我们知道，"自然德性"和"人为德性"的区别在于其形成方式是否依赖于正义的规则和制度，是否以正义的规则和制度为前提。不依赖于正义的规则和制度并不以之为前提所形成的德性，就是"自然德性"，而依赖于正义的规则和制度并以之为前提所形

---

① 休谟：《人性论》（下册），关文运译，商务印书馆1980年版，第569—570页。

第四章 正义与正义感

成的德性，就是"人为德性"。正义感之所以是一种人为的德性，在于其形成依赖于正义的规则和制度。基于正义感与正义的规则和制度之间的根本关联，正义感可以被称为是一种"政治美德"（或"政治德性"）。在此意义上，一个有正义感的人就被视为一个有政治美德的人，一种有正义感的行为和品格就被视为一种有政治美德的行为和品格，而一个具有正义感的社会成员，则应该具有忠诚于合乎正义规则的政府和制度的政治美德。

关于"自然德性"和"人为德性"的区别，休谟已经做了清楚的辨析。"人为德性"就是指"政治德性"或"政治美德"，那么，不依赖于正义的规则和制度的"自然德性"又指的是什么呢？从休谟的论述可以清楚地看出，它指的就是我们所说的"伦理美德"或"伦理德性"。"自然的德与恶"实际上对应的就是我们通常在狭义上所说的"道德"，以它为研究对象的领域就是我们今天狭义上的"伦理学"。《人性论》第三卷第三章"论其它的德和恶"中对"自然德性"的讨论实际上就是休谟的道德哲学。因此，休谟对"自然德性"和"人为德性"的区分，实际上也是对于"伦理美德"和"政治美德"的区分。① 这一"自然德性"与"人为德性"、"伦理美德"与"政治美德"的区分，实际上在休谟的"道德学"中关系其道德哲学和政治哲学的区分问题。对于道德哲学和政治哲学，休谟在《人性论》和《道德原则研究》中都做出了明确的区分。不可否认的是，《人性论》和《道德原则研究》两书中，都包含了休谟的道德哲学和政治哲学，但从严格意义上讲，休谟的道德哲学和政治哲学并不能简单地等同，两者之间的区分实际上是很清楚的。在这两本著作中，休谟都论述了"自然德性"和"人为德性"、"作为规则的正义"与"作为德性的正义"之间的区别，这意味着休谟清楚地意识到伦理美德与政治美德、道德哲学与政治哲学之间存在着区别。关于"自然德性"或"伦理美德"的研

---

① 宋宽锋对这一区分做了较为清晰的分析和澄清。参见宋宽锋：《休谟政治哲学再诠释——兼评高全喜先生〈休谟的政治哲学〉》，载《山东大学学报（哲学社会科学版）》2006年第4期。

究，属于其道德哲学，而关于"正义的规则和制度"以及"人为德性"的研究，则属于其政治哲学。尽管休谟对"道德哲学"与"政治哲学"作了理论区分，但休谟并未对两者之间相互关系和理论联系展开较为细致的论述，特别是对于两种德性之间以及两种德性与正义的规则之间的内在联系缺乏详尽的讨论，因而在一定程度上会引起读者们的误解。

第五章

政府与政体

正义理论是休谟政治哲学的核心，而政府与政体问题也是休谟政治哲学不可忽视的重要组成部分，并且这一问题始终是以正义理论为基础并与之紧密相关的。可以说，政府和政体问题是休谟正义理论在政治社会的制度框架与现实结构上的进一步延伸和展现。政府的起源和职责、权力或权威的基础与合法性、政体的类型与理想的共和政体等思想，都是休谟政治哲学中极其重要的组成内容。

一、休谟的政府理论

对于政治哲学家而言，政府的产生、职责以及政府权威的来源和基础，都是其政治哲学中不可回避的重要问题。政治哲学家们对这些问题做出了各自的回答和论证，这些回答和论证既存在着相似之处，也存在诸多差异性。在近代政治哲学史上，休谟是如何回答和论证这些问题的？

（一）政府的起源：执行正义的需要

休谟认为，人性和人类生存环境的实际状况使得正义成为必要的和必需的。正义正是为了弥补人性和人类生存环境的实际状况之间结合的"不平衡"所采取的人为设计和补救措施。正义的规则和制度是通过人们的"协议"或"共同利益感"建立起来的。通过"共同利益感"这一内在机制的作用，社会成员在设计和建构正义规则的信心之上达成协议，建立了一套约束和规制人们的行为并保障人们财产权的正义规则和制度。既然正义的规则和制度是在协议之上建立起来的，那么如何保证协议对人们行为具有约束性呢？也就是说，一旦正义的规则和制度建立起来了，政治社会的成员们能普遍遵守正义的规则和制度吗？如何保证正义的规则和制度对人们具有约束力呢？

事实上，休谟认为，人性中没有什么原则能够保证人们对正义规则的普遍遵守，正义的规则一旦建立，人们也很难自觉地遵守它。休谟说："人们全都意识到正义是维护安宁和秩序所必需的，人们也都意

第五章 政府与政体

识到安宁和秩序是维护社会生存所必需的。可是,尽管这种需要强烈而又明显,我们的天性却很脆弱或邪恶!要人们始终忠实、无误地走在正义之路上是不可能的事。"① 为什么会是这样呢?因为人性。人性是自私和有限的慷慨的结合,然而,自私却是人性中最重要的基础。因为人的自利和偏私,人们总是会顾及眼前利益和短期利益,舍远而求近,甚至不惜为之而违反和破坏正义规则。人们为什么会舍远而求近呢?休谟说:"我们总是顺从我们的情感的指示,而情感却总是为接近的东西辩护的。"② 休谟的意思是,眼前和短期的利益总能更快、更强烈地影响到我们的情感,使我们感觉到一种愉悦,这种愉悦的情感使我们判定它是好的,从而作出选择行为。情感是我们行为的决定因素,理性不是。不止如此,休谟认为,人们之所以为了眼下利益而违反和破坏正义规则,还在于正义不会带给我们特定的、具体的利益,它带来的是普遍利益。因而,"单独的一个正义行为往往违反公益;而且它如果孤立地出现,而不伴有其他行为的话,它本身就可以危害社会"③。意思是,遵守正义的规则,维护了社会的公共利益和长远利益,公共利益和长远利益的实现要依赖于正义的规则。所以遵守正义的规则并不必然地给我们带来个人的直接利益,有时候可能会有损于我们的个人利益,而违反和破坏正义规则造成的后果则很遥远,那么人们便会轻视和忽略对正义规则的遵守而只顾眼下了。也就是说,遵守正义的规则带来的是普遍的和长远的利益,很难符合人们对眼前利益和当下利益的满足和追求。因而,基于人性的自私,人们很难自觉并普遍地去遵守正义规则了。但是,如果人们不能普遍地遵守正义规则,那么正义规则就无法维持和保障社会的稳定与和平,这样的后果使每个人的利益都无法得到保障。为了保存社会和保护自身利益,人们必须普遍地遵守正义规则。休谟写道:"人类在很大程度上是被利益所支配的,并且甚至当他们把关切扩展到自身以外时,也不会扩展得很远;

---

① 休谟:《休谟政治论文选》,张若衡译,商务印书馆2010年版,第23页。
② 休谟:《人性论》(下册),关文运译,商务印书馆1980年版,第571页。
③ 同上书,第533页。

在平常生活中，他们所关怀的往往也不超出最接近的亲友和相识：这一点是最为确实的。但是同样确实的是：人类若非借着普遍而不变地遵守正义规则，便不能那样有效地达到这种利益，因为他们只有借这些规则才能保存社会，才能不至于堕入人们通常所谓的自然状态的那种可怜的野蛮状态中。"① 因此，保证正义的规则被人们普遍遵守是必需的。

那么，如何保证正义的规则能够被普遍的遵守呢？或者说，以何种方式才能够让人们普遍地接受并遵守正义规则呢？休谟认为，既然人性是自私的，人们只顾自己的当下利益，那么如果能够让遵守正义的规则成为人们的首要利益，人们便会因为想获得利益和担心利益受损而自觉普遍地遵守它了。那如何又能使遵守正义规则成为人们的首要利益呢？休谟认为，这一途径就是经过人们的同意而人为地建立起政府及其权威。以政府及其权威这一人为的外在强制力量来保证人们遵守正义规则，惩罚违反和破坏正义规则的行为，使得遵守正义规则成为人们的首要利益。这样，是否遵守正义规则直接关系人们的切身利益。遵守正义规则，符合自身利益；违反和破坏正义规则，损害自身利益。

在休谟这里，政府是人们为了保证正义规则能够被普遍遵守从而有效保存社会、保护自身利益而人为建立起来的。为了保证正义规则被普遍遵守，就需要有专门的人来执行正义规则，但应由谁来执行正义呢？休谟说："这些人就是我们所谓民政长官、国王和他的大臣、我们的长官和宪宰；这些人对于国内最大部分的人既然是没有私亲关系的，所以对于任何非义的行为，都没有任何利益可图，或者只有辽远的利益；他们既然满足于他们的现状和他们的社会任务，所以对于每一次执行正义都有一种直接利益，而执行正义对于维持社会是那样必需的。这就是政府和社会的起源。"②

显而易见，政府的首要目的就是促使人们将遵守正义视为一种直

---

① 休谟：《人性论》（下册），关文运译，商务印书馆1980年版，第570页。
② 同上书，第573—574页。

第五章 政府与政体

接利益,但它还有更积极的目标——"政府还不满足于保护人们实行他们所缔结的互利的协议,而且还往往促使他们订立那些协议,并强使他们同心合意地促进某种公共目的,借以求得他们自己的利益"①。换言之,当政府官员都能将人民的直接利益视为自身利益时,他们必然会尽力推动有利于人民的政策。此外,休谟还论及在不同社会中的敌对状态,也促使人们警觉到成立政府的重要性。休谟说:"我不但不像某些哲学家们那样,认为人类离了政府就完全不能组织社会,而且我还主张,政府的最初萌芽不是由同一个社会中的人们的争端而发生,而是由几个不同的社会中的人们的争端而发生的。"② 依休谟之见,政府成立的重要因素,不仅来自家族的扩大,而且也来自不同社会之间的战争。可见,政府不仅是为了维护正义的规则,而且也是为了抵抗入侵、应对战争而成立的。从历史经验的角度出发,休谟指出,战争、反叛、篡夺、长期和现实占有等往往是政府建立的原因。

在这里,需要注意的是,政府是经过人们的同意而建立的,但休谟认为,它并不是经过普遍同意并通过契约理性建立起来的,将政府的起源说成是某种契约的主张,"从未被世上任何时代或任何国家的历史和经验所证实"③。政府的实际起源与洛克所说的平等个体互相订立契约的说法并不吻合。很显然并不存在为了普遍的顺从而明确形成的合同或契约。即便存在某些一致同意的元素,它也不会是唯一的原则。

就政府的起源而言,休谟的意思是非常清晰的:政府并不是契约理性的产物,而是人们出于对自身利益关切的经验产物。人们同意建立政府也并非契约论政治哲学家所谓的"同意订立契约",而是指政府建立的"人为性"。就是说,政府的建立和存在是基于人们的利益考量,它就是人们为了自身利益而人为发明的产物,否则,政府就不可能在违背人们意愿的条件下存在。事实上,休谟并不否认政府建立最初可能得到了人们的同意,但这并不能从经验上证明,现行政府的建立也

---

① 休谟:《人性论》(下册),关文运译,商务印书馆1980年版,第574页。
② 同上书,第576页。
③ 休谟:《休谟政治论文选》,张若衡译,商务印书馆2010年版,第123页。

是基于这种形式的同意,所以契约论者对现行政府正当性的解释是站不住脚的。休谟对"默认同意"(tacit consent)的否定,进一步强化了自己的观点:政府起源于执行正义的需要。人们在经验生活中意识到权威力量的存在,可以维护正义规则、避免人类的冲突纷争,进而保障自身的利益,因此建立了政府。这才是现实政府的可信起源。

(二)政府的职责与限度

休谟认为,政府是为了保证正义的规则被人们普遍遵守而人为发明的产物,那么,政府一旦建立,它的职责和目的就是维护和执行正义规则。

通过前文的分析和讨论,我们已经知道,正义是以财产权为核心的规则体系,正义的产生和财产权的产生是一致的。财产的稳定占有、经同意而转让以及履行许诺是休谟正义规则的基本内容。休谟认为,正义规则作为一种人为的补救措施,对于保存社会、维持秩序以及保护人们的利益是极为重要且必要的。没有正义的规则,人类则会陷入混乱的状态,使得每个人的生命和财产都无法得到保障;有了正义规则,如果人们不能普遍地遵守正义规则,那正义规则就无法发挥其有效作用。但是,由于人性的自私本性使得人们不能自觉、普遍地遵守正义规则,甚至可能会违反和破坏正义规则,就需要建立政府及其权威这一外在力量来执行正义规则,以保证正义规则被普遍遵守。因而,政府的职责和功能就在于维护正义规则,具体而言,就是维护财产权规则。

既然政府的职责和功能在于维护和执行正义的规则,那么这就意味着,在休谟这里,政府是有限的。政府的限度仅在于维护和执行正义规则而已,除此之外,政府没有其他作用和目的。政府职责和功能的限度决定于正义规则的作用限度。休谟认为,正义规则是建立在利益和道德之上的,他说:"利益所以成为这个基础,是因为人们看到,如果不以某些规则约束自己,就不可能在社会中生活;道德所以成为这个基础,则是因为当人们一旦看出这种利益以后,他们一看到有助于社会的安宁的那些行动,就感到快乐,一看到有害于社会的安宁的那些行动，就感到不快。"① 也就是说，正义规则是出于人性和人类生存环境的实际状况的需要而采取的人为补救措施。一方面，人性是自私且不可改变的，人们要追求和满足自己的利益；另一方面，外部环境提供给人们的物资是稀少的、有限的。在这一实际状况下，人们可能陷入争斗的混乱之中，但人性和人类生存的自然环境都无法改变，那如何改变这一现状，保持社会的安宁，实现人们的利益呢？办法是，只能通过人为的措施来改变人与人之间的关系，即通过建立正义规则使人们相互同意尊重对方的财产占有权，尊重财产的转移以及履行许诺。因而，正义规则并没有改变人性的自私，也没有改变自然环境实际供给，而是改变了人与人之间的关系性质，"它体现了一种人为的关系，一个精巧的游戏规则"②。总之，正义规则是一种人为建立起来的人与人之间的财产权规则。这种财产权规则只是保证社会秩序、实现人们追求和满足自身利益的工具而已，也是人们追求和满足自身利益时所要遵循的一般性规则。除此之外，正义规则本身并没有其他目的，而作为维护和执行正义的政府，其职责和功能就只在于维护这种一般性的游戏规则的有效性。政府的有限性，其根源在于正义规则本身的有限性。

既然政府是有限的，它的职责仅在于维护和执行正义规则，那么如何保证政府在其职责限度内行使权威而不逾越界限呢？对此，休谟指出："他们在其日常治理程序中，必须同等遵守一般的法律；这些法律，政府所有成员及其臣民事先都是知晓的。"③ 很明显，休谟认为，政府执行正义的行为必须在法律的范围内进行。我们必须建立起一个法治政府，以法律来规范和制约政府权力的运作。关于法治政府的思想，洛克在《政府论》中曾做过清楚地表述："政府所有的一切权力，既然只是为社会谋幸福，因而不应该是专断的和凭一时高兴的，而是

---

① 休谟：《人性论》（下册），关文运译，商务印书馆 1980 年版，第 570 页。
② John B. Stewart, *Opinion and Reform in Hume's Political Philosophy*, Princeton: Princeton University Press 1992, p.186.
③ 休谟：《休谟政治论文选》，张若衡译，商务印书馆 2010 年版，第 26 页。

应该根据既定的和公布的法律来行使；这样，一方面使人民可以知道他们的责任并在法律范围内得到安全和保障，另一方面，也使统治者被限制在他们的适当范围之内，不致为他们所拥有的权力所诱惑，利用他们本来不熟悉的或不愿承认的手段来行使权力，以达到上述目的。"①

同样，休谟强调政府权力的行使必须纳入法治程序。必须提供和建立一种控制公共事务管理机构的法律体系，以限制和约束政府的权力。在休谟看来，通过法治的方式限制和约束政府，使其在职责范围内行使权力，根本原因在于人性的不完善。休谟意识到，人性是自私的且不可改变的，人是不完美的，任何行使权力的人都有犯错甚至作恶的可能。如果人性是完美的，那么一切政治社会的正义规则及其制度框架就是没必要的。正因为人性的缺陷，我们才要采取措施限制或制约政府权力。为此，休谟曾提出过一个"无赖假定原则"。他说："许多政论家已将下述主张定为一条格言：在设计任何政府体制和确定该体制中的若干制约、监控机构时，必须把每个成员都设想为无赖之徒，并设想他的一切作为都是为了谋求私利，别无其他目标。"② 休谟的意思是说，我们必须假定所有的政治人物都可能是无赖，这样在进行制度设计的时候，才能建立一套可靠的预防机制，将他们滥用权力的路堵死。需要注意的是，休谟的"无赖假定"，并不是究诘人性的真相，而是从规范的意义上为制度设计给定一个出发点：先设定一种最坏的情形，即每个人都是无赖，然后在这个前提下求其防堵，求其疏导，求其化弥。这是一种人类公共政治生活的策略。因此，对于休谟而言，事实上人是不是无赖并不重要，重要的是，"无赖假定"对于人类政治社会的规范意义而言是极为必要的。

关于"无赖假定"和"限权"思想，与休谟一样，许多哲学家和政治学家都曾有过类似的表达。孟德斯鸠（Montesquieu）说："自古以

---

① 约翰·洛克：《政府论》（下），叶启芳、瞿菊农译，商务印书馆1964年版，第87页。
② 休谟：《休谟政治论文选》，张若衡译，商务印书馆2010年版，第27页。

来的经验表明，所有拥有权力的人，都倾向于滥用权力，而且不用到极限决不罢休。谁能想到，美德本身也需要极限！为了防止滥用权力，必须通过事物的统筹协调，以权力制止权力。"① 美国宪法之父麦迪逊（James Madison）说："如果人都是天使，就不需要任何政府了；如果是天使统治人，就不需要对政治有外来的或内在的控制了。在组织一个人统治人的政府时，最大的困难在于必须首先使政府能够管理被统治者，然后再使政府管理自身。毫无疑问，依靠人民是对政府的主要控制；但是经验教导人们，必须有辅助性的预防措施。"② 汉密尔顿曾告诉美国公民："（在考虑联邦宪法的权力配置时）我们应该假定每个人都是会拆烂污的瘪三，他的每一个行为，除了私利，别无目的。"③ 托马斯·杰弗逊（Thomas Jefferson）说得更直截了当："自由的政府，不是以信赖，而是以猜疑为基础建立的。我们用制约性的宪法约束受托于权力的人们，这不是出自信赖，而是来自猜疑……因此，在权力问题上，不是倾听对人的信赖，而是需要用宪法之锁加以约束，以防止其行为不端。"④ 哈耶克认为，制度设计的关键在于"假定"：从"好人"的假定出发，必定设计出坏制度，导致坏结果；从"坏人"的假定出发，则能设计出好制度，得到好结果。建立在"人性善"基础上的道德约束极其苍白，在实践中则往往导致专制与暴政。

总之，在休谟看来，对政府或政治家的无赖假定，对于政治社会是大有裨益的，政府及其权力是有限度，必须受到法律的制约。休谟的限权和法治政府思想，不能不说是他的怀疑主义在政治哲学或人类政治生活和实践中的延续和表达。

---

① 孟德斯鸠：《论法的精神》，许明龙译，商务印书馆 2012 年版，第 185 页。
② 汉密尔顿、杰伊、麦迪逊：《联邦党人文集》，程逢如等译，商务印书馆 2006 年版，第 264 页。
③ 刘军宁等编：《市场逻辑与国家观念》，生活·读书·新知三联书店 1995 年版，第 86 页。
④ 原文来自杰弗逊起草的《肯塔基州决议》（Kentucky Resolution）（1798 年），这是一份宣示州（相对于联邦政府）的权利的重要文献。这里采用的译文来自杉原泰雄，2000 年版，第 22—23 页。

二、政治权威的基础与正当性

政府的建立旨在维护和执行正义规则，那么我们会问：服从政府及其权威的基础是什么？或者用休谟的话说，效忠政府或政治义务的来源是什么？为了回答这个问题，休谟沿用的是与他分析正义规则时相似的模式。

(一) 政府权威的基础：利益而非许诺

在《人性论》"论忠顺的起源"一节中，休谟首先对将许诺作为政府权威的根源的观点提出了质疑。休谟说："人们既然假设，许诺是已经通用的一种盟约或保证，并且附有一种道德的义务，所以就把许诺认为是政府成立的原始根据和最初的服从义务的根源。这个推理看来似乎是那样地自然，以至它已成为现代时髦的政治学体系的基础。并且可以说是我们一个政党的信条，这个党很有理由地以其哲学的健全和思想的自由感到骄傲。这些人说，一切人生来都是自由和平等的；政府和权势只能借同意建立起来；人类既然同意建立政府，因而就给他们加上自然法所没有规定的一种新的义务。因此，人们之所以必须服从其执政长官，只是因为他们许诺了这种服从；如果他们不曾明白地或默认地表示愿意保持忠顺，那么忠顺永远不会成为他们道德义务的一部分。但是这个结论如果推得太远，包括了一切时代和一切情况下的政府，那么它就是完全错误的了。我主张，忠顺的义务虽然在最初是建立在许诺的义务上，并在一个时期内被那种义务所支持的，可是它很快就自己扎根，并且有一种不依靠任何契约的原始的约束力和权威。"① 显然，休谟认为，将许诺视为服从权威的根源的观点，是错误的。而休谟的这一批评显然针对的是契约论者。

契约论者（以洛克为例）对服从政府权威的论证思路是下面这样的。洛克设想，在政府和国家还未产生的自然状态中，人人自由而平

---

① 休谟：《人性论》（下册），关文运译，商务印书馆1980年版，第578页。

第五章 政府与政体

等，人们都享有着生命、财产和自由等权利，"他们在自然法的范围内，按照他们认为合适的办法，决定他们的行动和处理他们的财产和人身，而毋需得到任何人的许可或听命于任何人的意志"①。但是，自然状态由于缺乏共同的尺度和可供依靠的权威，出现了很多不便，容易陷入混乱。因此，为了避免不便，保护人们的生命、自由和财产权利，人们订立契约，建立了政府或政治权威。人们在订立契约时，许诺服从政府或政治权威，由政府或政治权威来保护个人权利。因为政府和国家不过是保护个人权利和自由的工具而已，所以权力应该受到严格限制。就是说，在洛克的契约式论证中，权威来自契约的协议，订约者们在签订契约时做出了承诺，承诺服从保护自己利益的政府或政治权威。许诺是人们服从政府或政治权威约束的合理性依据。

对于服从政府或政治权威的契约式论证，休谟认为，这在经验上是错误的，在概念上是混淆的。从"历史路线"上来讲，休谟宣称人类历史上是否真的存在通过明确的契约而建立政府的事实，是无法得到历史和经验验证的。按照洛克的观点，在遥远的前政治社会状态中，人们通过权利的让渡互订契约建立了政府，这个政府或政治权威是有限的，它的目的在于保护个人的权利和自由，如未经本人或其代表的同意，政府不能以任何方式剥夺公民财产。但休谟指出，所有的证据都指向一个事实，即一切现存的政府最初都建立在掠夺或征服的基础之上，专制君主政体不仅久已存在，而且其剥夺人民财产的现象也比比皆是。因此，洛克的解释是不符合经验的，根本站不住脚。在休谟看来，经验无法证明历史上曾经存在过这样一种明确的契约过程，更难以证明人们具有这样的理性能力可以完全把握自己的利益，并且"除了他们自己同意并经每一社会成员讨论通过的政府之外，他们绝不会服从任何别种形式的政府。但这种完美境界也远远超乎人性之上"②。

即使契约是可能的，那么它在当时产生的服从权威的效力是否能

---

① 约翰·洛克：《政府论》（下），叶启芳、瞿菊农译，商务印书馆1964年版，第3页。
② 休谟：《休谟政治论文选》，张若衡译，商务印书馆2010年版，第126页。

够对现行政府的权威继续有效呢？休谟认为，"忠顺的义务虽然在最初是建立在许诺的义务上，并在一个时期内被那种义务所支持的，可是它很快就自己扎根，并且有一种不依靠任何契约的原始的约束力和权威"①。换言之，即使契约是可能的，许诺在最初为服从权威提供了依据，但它也不可能对现行政府的权威提供正当性依据。实际上，休谟对洛克式政府起源说的批评，从根本上切断了起源与正当性（legitimacy）之间的关联。如果契约论者对起源的解释在经验上是不能成立的，那么这种理论宣称现行政府的正当性也取决于一致的同意，就更加站不住脚了。因而关于政府起源的契约式论证根本无法为现行政府提供正当性辩护。

既然服从权威的根源并不是像洛克所说的订立契约时的"许诺"，那是什么呢？休谟认为是"利益"。在休谟看来，服从权威的根源并不在于"许诺"，而在于一种更为根本性的东西——"利益"，正是"利益"这种根本性的东西使我们有理由服从权威。

在休谟这里，正义规则以及为维护和执行正义规则的政府的建立，都是基于"利益"考虑的人为产物。这一产生过程是人们在经验生活中自然而然发明出来的，因为人性和人类生存的自然环境的实际状况，使人们认识到必须采取人为的补救措施——建立正义规则，来保存社会，保护自己的利益。"利益"是人们建立正义规则的最初动机。然而，正义规则并不会被人们自觉、普遍地遵守。为了使正义规则能得到自觉、普遍地遵守，人们便发明了政府，依赖政府的权威促使人们将遵守正义视为一种直接利益，并借权威严格执行正义，以维护原有利益和获取新的利益。人们之所以服从政府，是出于政府执行正义所带来的对人们利益的保障和实现。可见，"利益"而非"许诺"是服从政府权威的最终根源。

在此，休谟明确地区分了以"利益"为基础的政治义务和以"许诺"为基础的自然义务。他说："我们的政治义务是和我们的自然义务

---

① 休谟：《人性论》（下册），关文运译，商务印书馆1980年版，第578页。

第五章　政府与政体

联系着的；而前者的发明主要是为了后者；并且政府的主要目的也是在于强制人们遵守自然法则。但是在这一方面，关于履行许诺的那条自然法则只是和其余的法则归并在一起；而且这个法则的严格遵守应当被认为是政府的建立的一个结果，而对政府的服从却不是许诺的约束力所产生的结果。我们的政治义务的目的虽然是在于执行我们自然的义务，可是这个发明的第一①动机，以及履行这两种义务的最初动机，都只是私利。同时，服从政府和履行许诺既然各有不同的利益，所以我们也必须承认，它们有各别的义务。服从民政长官是维持社会秩序和协调的必要条件。履行许诺是在人生日常事务中发生互相信托和信赖的必需条件。两方面的目的和手段都是完全各别的；两者也没有彼此从属的关系。"② 在这一段话中，休谟不仅明确地指出，政府的目的是为了维护和执行自然法则③，对政府权威的服从义务是出于利益，而且也指出，对政府权威的服从义务和对契约的服从义务是有区别的。政治效忠和诚信守约是两种不同的义务。政治服从义务涉及的是社会的秩序和安宁问题；而契约或许诺的义务则涉及的是私人之间的信任问题。

从上述分析可以看出，政治权威的根源在于"利益"，而非"许诺"或"同意"，利益构成了人们服从政府权威的现实基础。人们在经验生活中逐渐形成了对政府权威的服从心理，甚至习惯了权威的制约，经验和习惯构成了人们服从政府权威的心理基础。休谟对政治权威之基础的解释，不仅否定了契约论者的"普遍同意"和"契约理性"观点，而且也否定了契约论者以"许诺"作为服从政府之依据的观点。从根本上讲，休谟并不接受契约论者的理性主义基础，相反，他从经验主义立场对政府的起源及其权威做出了解释。

总之，在休谟的政治哲学中，正义的规则是基于人性和人类生存环境的实际而采取的人为补救措施。同样，以维护正义规则为职责的

---

① 所谓第一是指时间而言，不是指尊严或力量而言。——原文注
② 休谟：《人性论》（下册），关文运译，商务印书馆1980年版，第580页。
③ 此处的"自然法则"就是指"正义规则"。从休谟对"自然"一词在与"人为的"相对意义上使用而言，说正义规则是自然法则，其含义指正义规则是人类在历史经验中基于利益需要自然而然发明的产物，它的发明不是任意的，而是利益需要的自然结果。

政府及其权威也是一种人为的建构性产物。也就是说，不论是正义规则还是政府及其权威，都是人们为了实现和保障自身利益而人为发明的制度性建构。通过政治社会的规则及其制度框架的建立，人们不仅实现了自身利益，同时也维护和促进了社会公共利益。在政府和国家的职责与功能上，休谟和霍布斯、洛克等契约论者基本一致，他们都将政府和国家视为保护和实现个人利益而人为发明的工具。但是，在政府和国家的产生过程上，休谟却与契约论者产生了重大分歧。这一分歧在于，契约论者认为，政府和国家是人们通过契约理性建构的产物；而休谟则认为，政府和国家是人们在经验生活中基于对利益的关切和实际需要自然而然建立起来的人为产物，是积累演化的产物，并非契约理性的产物。在休谟看来，人类并不具有这样一种理性的设计能力，政治社会的正义规则和制度框架，都是人类在经验生活中逐渐意识到其对于维护和保障人们利益的必要性而人为渐进发明的产物。

（二）政府权威的正当性辩护：时间与习惯

休谟认为，以维护和执行正义规则为目的的政府，不是人类理性建构的产物，而是人类在日常生活中基于利益和需要自然而然的人为发明。人们之所以愿意服从政府权威，只是因为需要政府权威来维护和执行正义，从而追求和实现自身利益。但政府作为经验的、人为的发明，其权威的形成当然不是通过理性一蹴而就的，而是在历史中逐渐形成的。休谟坚决反对契约论者从某种原始契约中寻找政府正当性的检验标准，他认为这种检验标准在事实层面是不可靠的。在休谟看来，一切政府最初都建立在掠夺或征服的基础之上，这在经验意义上是毋庸置疑的，这种通过暴力所获得的统治权本质上是非正当的。休谟试图致力于解释非正当的起源（暴力）如何产生正当的忠顺，强权如何转化为权利。那么，政府权威的正当性究竟从何而来？或者说，政府权威的合法性是如何形成的呢？

在"道德学"第十节"论忠顺的对象"中，休谟提供了政府权威合法性的五种来源。休谟认为，不论是任何形式的政府首长、国王和其他形式的首长，获得权威性的方式有五种。第一种"我所指的就是

第五章　政府与政体

任何政府形式下的长期占有或国王的一脉相传的体系"①，也即长期占有的事实。休谟认为，一个政府首长的产生可能会有各种不同的形式，然而执政者权力的合法性，最强大且最普遍的来源就是长期占有的事实，"我们如果追溯任何国家的最初起源，我们就将发现，几乎没有任何一个帝系或共和国政府最初不是建立在篡夺和反叛上的"②。在这种情况下，欲促成政权的合法性并建立权威，只有时间，即长久统治人民的事实。这种事实将使得统治者的权力日渐稳固，人民日渐适应这种政权并离不开它，久而久之就形成了合法性。第二种是，"在没有任何政府形式被长期占有所确立时，则现实占有便足以代替它，并且可以被认为是一切公共权威的第二个来源"③，即现实占有的事实，这种政权不管是如何取得的，只要能够为人民谋取福利，即是合法政权。"征服权可以被认为是统治者的权利的第三个来源"④，此种权力和现实占有相类似，不过征服的权力似乎更大更稳固。"在没有长期占有、现实占有，也没有征服的时候，例如建立任何君主国的第一代统治者死去以后的情形，这时继承权自然就代之而发生作用"⑤，这是第四种来源。第五种来源则是"成文法"。休谟认为一个国家通过成文法，特别是由宪法确立的统治权，显然具有它应有的权威性，当立法机构确立了某种政府形式和国王继承法时，成文法即成为权威的来源。对此，休谟持有其独特观点，即成文法的制定不但应该以原始契约、长期性占有、现实中占有、征服或继承为依据，而且还要考虑人民长期以来形成的习惯、传统和民俗，最后形成一部合适的新宪法。

从以上五个来源来看，强权转化为统治权依据时间的效果而定，时间使得统治者的统治权"趋于巩固"⑥。休谟强调说，"时间和习惯以权威授予一切政府形式和一切国王的继承；而且原来只是建立在非义

---

① 休谟：《人性论》（下册），关文运译，商务印书馆1980年版，第593页。
② 同上。
③ 同上书，第594页。
④ 同上书，第595页。
⑤ 同上书，第596页。
⑥ 同上书，第593页。

和暴力之上的权力逐渐就变成了合法的、有约束力的"①，时间和习惯之间的关联对政府权威的正当性产生了直接影响。忠顺或政治服从使得政府具有合法性与正当性，是时间和习惯的结果，因为"人们一旦习惯于顺从，就绝不再想离开这条道路；他们和其祖先一直在这条路上行走，许多迫切、明显的原因使他们固着在这条路上"②。服从或忠顺是一种由习惯所诱发的德性，其来源是在维护统治者权力的过程中的"普遍和明确的利益"，因为统治者的作用就是维护正义规则进而限制我们的偏私和自我放纵。

时间在休谟思想中扮演着广泛和普遍的角色。时间是习惯和习俗形成的前提，而习惯和习俗则是时间的产物。时间是一个载体，习惯和习俗通过它才能运作，并进而影响我们的情感和行为。休谟在《人性论》中说，习惯会诱发一种能力，从而形成一种偏好或倾向。正是"习惯的力量"使我们安于长期享有某种所有物，不论是自然物品还是人为发明的规则和制度，甚至产生一种情感，进而适应它、依赖它、服从它。在政府权威的正当性问题上，习惯和习俗是最有力且最符合经验原则的解释。统治权不是突然获得正当性，在起源上具有非正当性的统治权转化为一种正当性的统治权，取决于在时间中所形成的习惯和习俗。习惯和习俗是人与环境之间互动的结果，其形成是一个缓慢的发展过程，也是一个不断重复经验的过程。一种习惯或习俗能被确立，在经验中必然存在某些固定性或稳定性，这对于政府权威的形成至关重要。建立在时间基础上的习惯和习俗，赋予现行政府权威以合法性和正当性。习惯和习俗构成了人们服从政府权威的心理基础，使政治权威获得了合法性与正当性。

三、休谟的政体理论

既然政府及其权威是必要的，为了保证政府及其权威的有效运作，

---

① 休谟：《人性论》（下册），关文运译，商务印书馆1980年版，第603页。
② 休谟：《休谟政治论文选》，张若衡译，商务印书馆2010年版，第25页。

第五章 政府与政体

还必须有相应的政权组织形式，即政体。良好的政体能够从制度上保障政府及其权威有效发挥其自身功能。政体是如何分类的、政体存在多少种形态以及什么才是好的政体等，是政治哲学家们必须思考和讨论的问题。对此，不同时代的哲学家都做出过独特的理解，也为后来者提供了不同的视角。对于这些问题，休谟的思考同样具有其时代精神并呈现出理论的独创性。

（一）政体的几种类型

关于政体，许多哲学家做出过分类，并提出了自己的划分标准。早在古希腊时期，柏拉图在《政治家篇》中就对政体的类型和优劣做过阐述。柏拉图认为，君主政制是第一种统治政制，第二种是由少数人行使权力的统治政制；第三种类型一定是多数人的统治——民主政制。这是三种最主要的体制，如果考虑到接受统治是强制的还是自愿的，是由穷人还是富人实行统治，是依法治理的还是无视法律的，那么，三种主要体制可以被划分得更细致：君主政制可以被分成两种，分别称为僭主政制和君主立法政制；由少数人掌权的政制分成贵族政制和寡头政制；至于民主政制，也可以分为依据法律而治理的民主制与不依据法律而治理的民主制。在柏拉图那里，法律被视为判定政体好坏的准则。遵循法律的政制是好的，不遵循法律的政制是坏的。遵循法律的政制有三种：君主制、贵族制和依法统治的民主制；不遵循法律的政制也有三种，即僭主制、寡头制和不依法统治的民主制。这六种政制，其优劣次序是：君主制、贵族制、依法统治的民主制、不依法统治的民主制、寡头制、僭主制。其中君主制与贵族制在实际操作中很容易蜕变为僭主制与寡头制；僭主制与寡头制除非通过革命，否则很难转化为君主制与贵族制；而民主制无论怎么变化总是民主制。显然，在民主制下生活即使不是最幸福的，也是最能够忍受的。

相比柏拉图，亚里士多德对政体的研究更为细致深入。他在《政治学》中说："古时候的城邦只有少量的居民，因而难得发现德性超群之人，所以君主制的起源更为久远。而且，成为君王的人一般都凭借其光辉业绩，而只有善良之人方能做出光辉的业绩。然而随着在德性方面堪与王者相媲的人不断增多,他们就不再甘居人下,转而谋求某种共和体制,并建立了相应的政体。但他们很快就堕落了,从公共财产中大饱私囊,便自然而然地转向了寡头政体,因为财富已成为荣誉的象征。各种寡头政体首先又产生出僭主制,从僭主制中随后又产生了平民制,因为当权者贪婪成性,导致权力集团的人数不断减少,相应地扶植了群众的力量,以致最终受到平民大众的践踏,从而形成平民政体。既然今日诸邦的规模业已增大,在平民政体之外,就很难再建立其他形式的政体了。"①

亚里士多德发现,当人民尝试过各种政体之后,所乐于接受的就唯有平民政体了。"平民政体"并非亚里士多德的理想政体,而只是他认为三种正确政体之一"共和政体"的变种。在亚里士多德的政体分类中,三种正确的政体是:君主政体、贵族政体、共和政体;三种正确政体的变种分别是:僭主政体、寡头政体、平民政体。而划分政体的标准在于这些政体是否符合正义。可以看出,在古典政体划分理论中,存在着多种多样的划分标准,依据这些标准,政治哲学家们将政体类型系统化,从而便于研究和评价这些政体。

休谟是如何划分政体类型的呢?休谟关于政体问题的讨论,主要集中在《人性论》第三卷"道德学"、《道德原则研究》以及《政治、道德与文学论文集》相关章节中。其中,休谟的讨论涉及一系列不同政体,如专制政体、共和政体、自由政体、民主政体、绝对专制政体、君主政体、君主专制政体、民主共和政体、东方专制政体、温和政体、野蛮政体以及僭主政体等。但是,休谟并没有提供一个关于政体的清楚明白和系统化的分类,只是表现出了试图依据某种标准区分政体类型的倾向。学者戴维·米勒认为,休谟的政体分类明显地呈现出两个层次的区分:第一层次是绝对的君主制与自由政体之间的区分;第二层次是统治者依据法律规则的统治与不依据法律规则的统治之间的区分,在休谟看来,后一层的区分更为根本。

---

① 亚里士多德:《政治学》,颜一、秦典华译,中国人民大学出版社 2003 年版,第 108 页。

第五章 政府与政体

在第一层次的划分上，休谟实际上是以是否绝对专制为标准的。他认为，绝对专制政体是一种野蛮政体，只要不是绝对专制政体也算是一种自由政体。这一划分实际上是以专制程度为标准的。第二层划分，是以是否依据法律进行统治为标准的。这一标准事实上是与第一条标准相关联的，也就是说，绝对专制政体当然是不依据法律规则统治的政体，非专制政体则可能在一定程度上会依据法律统治，只是其依据法律的程度有所不同而已。在休谟这里，可以看出专制程度的无限性和有限性取决于依据法律统治的程度，法治成为评判专制程度的重要依据和准则，"也就是说，有关专制程度的量的区分通过是否依照法律的治理这一实质性的制度转换，而变得在客观上确立了衡量的标准和依据"①。休谟对法治原则的强调以及将法治作为划分政体类型的标准的做法，与古典政体理论依据统治者人数多少划分政体类型的做法大为不同。高全喜评价道："他通过把法治这一根本性因素作为衡量专制程度的客观标准并放到一个首要位置，因此，对于政体类型的划分就开辟了一个新的路径。"②

按照休谟的划分标准，所有的政体类型可以被大致划分为三种形态：绝对的专制政体；仅有君主专制形式的法治政体，即自由政体或自由君主制；介于绝对专制政体和自由政体之间的、其专制程度相对有限的专制君主政体。在这些政体当中，休谟着重研究和阐述了专制君主制、自由君主制和理想的共和制三种政体。

休谟认为，专制君主制是指介于绝对专制政体和自由政体之间的政体，既不是绝对的专制政体，也不是仅有君主专制形式的法治政体，即自由政体，而是有限的自由和君主制的结合，其自由和专制都是有限的。休谟认为，这种政体在政治社会中的现实例子就是法国，他说："法国是纯粹君主制最完善的典范。"③ 在18世纪，法国思想家们对他们的君主专制政体普遍表示不满，并进行了激烈的批判，认为这是一

---

① 高全喜：《休谟的政治哲学》，北京大学出版社2004年版，第241页。
② 同上书，第242页。
③ 休谟：《休谟政治论文选》，张若衡译，商务印书馆2010年版，第59页。

种极为野蛮的政体。但在休谟看来，虽然法国的君主专制政体，其专制程度较强，但毕竟还是有一定的自由，不能将法国的专制君主制和绝对的专制政体混为一谈，它们之间还是存在着根本性的区别。这种根本性的区别在于，法国的专制君主制依然存在一定的法治，即使这种法治带有明显的统治者的意愿。法治因素有还是没有，与法治因素的多少所产生的区别是完全两样的。虽然法国的专制君主制法治程度较低、成分较少，但毕竟存在法律，和没有法律的绝对专制政体存在着根本区别。法国的专制君主制依然可以被视为一种文明的政体。为了表明法国政体并没有像绝对专制政体那么糟糕，休谟曾在多篇文章中描述了法国的专制君主制对于科学、艺术和文化的繁荣所产生的积极推动作用。

休谟认为，自由君主制是法治与君主制的结合，在政治社会中的典型代表就是英国。自由君主制对于英国而言，是最为符合国情的一种政体。在休谟眼里，英国的政体是一种良好的政体，之所以说英国的政体是一种自由政体，是因为这种政体充分混合了君主政治、贵族政治和民主政治，这种混合政体实现了权力和权利之间的平衡，形成了整个政治社会的稳定秩序。在混合政体中，君主依照法律统治，其权力受制于法律；贵族可以制约君主，也可以防止多数人的专权；而民主则保证了人民的基本权利。休谟认为，混合政体既有权威又有自由，它保证了政治社会中各种力量的平衡，而某个单一的政体，则可能会产生严重的危险。休谟尤其表达了对单一民主政体的担心，他虽然赞成政治社会中的民主要素，但却对单一的民主政体持怀疑态度。之所以这样，是因为在休谟所处的时代及以前，人们所说的民主制是一种直接民主制，而非现代版的民主制——代议制民主。因此，休谟看到了民主制本身很可能会导致"人民意志"和"人民专政"。事实上，这就是托克维尔在《论美国的民主》中所表达的民主制可能导致"多数人的暴政"的担忧。其实，在休谟所称赞的自由君主制政体中，不论君主、贵族和民主因素如何混合和相互制约平衡，最关键的是它遵循了法治原则和法治传统。法治政体和法治政府保证英国成为一个自由的国度。哈耶克指出:"在史学家当中最有影响的是大卫·休谟,他在著作中再三强调关键之点,有理由说,对于他而言,英国历史的真谛便是,从'意志统治向法律统治'、从'意志政府向法律政府'的进化。"① 因此,自由政体实际上就是一种法治政体。虽然这种政体是法治与君主制的结合,但是法治划定了君主权力的边界,权力的运作被纳入法治化轨道,权力受到法律的规范与约束,因而,自由君主制本质上是一种法治政体。正因为英国的自由君主制实现了通过法律限制权力,也即"宪政",所以它是一种君主立宪制。"宪政"与"法治"既防止了君主权力的专断与任性,又保障了公民的自由与财产权。

对于君主立宪制,休谟认为它确实也存在一些缺陷,如统治者拥有至高无上的权威,总试图排斥法律,有走向专制的可能,但就目前的情况而言,仍然是更适合英国的政体。在《英国政府究竟更倾向于君主专制,还是更倾向于民主共和制?》一文中,休谟写道:"英国的政体究竟以民众政体告终为佳,还是以君主专制政体告终为佳?在此,我愿坦率宣称:几乎在所有情况下,虽然自由均较奴役可取,我却宁愿看到这个岛上存在一个君主专制政体而不是存在一个共和政体。我们不妨考虑一下自己究竟期望何种共和政体,理由何在?这个问题涉及的不是坐在斗室中设计的一种美好的想象出来的共和政体。毫无疑问,一种民众的政体想象出来会比君主专制政体更为完善,甚至比我们现有的体制更为完美。但是我们有什么理由期望这样一种政体会在我们英国原有君主制瓦解的基础上建立起来呢?"②

可见,君主制虽然不是完美的,但它比较符合英国的历史传统与政治现实。在理想的政体无法实践的前提下,君主立宪制是最为符合国情的一种政体。就历史传统而言,英国人已经习惯了对王权的敬畏,把王位视作合法的根源和忠诚之核心;就政治现实而言,君主立宪制大体上方便实用,符合英国当下的务实需要,而建立共和政体则很可

---

① 哈耶克:《自由宪章》,杨玉生等译,中国社会科学出版社1999年版,第259—260页。
② 休谟:《休谟政治论文选》,张若衡译,商务印书馆2010年版,第36页。

能带来一系列的动荡与混乱，出于对一切激进变革与政治热情的警惕以及防止由此带来的种种风险，君主立宪制更为稳妥和现实。

（二）理想的共和政体

18世纪苏格兰特殊的历史与现实境遇，使休谟、斯密和弗格森在政体问题上有着独特的思考。在《关于理想共和国的设想》一文中，休谟表明，共和制才是他理想中的最佳政体。他认为政治事务有两个特性，一是政体的设计与创造是不能进行试验的，二是政体一旦建立，人民往往会尊重和服从此种政治权威。因此，只能从哲学上或理想性角度去探讨何种政体才是最完美的政体，或许这种政体在未来某个特定时空下会变成现实。休谟说："作为一个政体，应该比另一个政体更为完美，要不受其特定人物的作风和个性的影响，那么我们何不能探索一下究竟何种体制最为完美？这在人类智能可能设想的课题中肯定是最值得探索的了。如果这种争论现在竟由明智和有识之士一致同意而得到解决，谁知道将来某个时代不会有机会将此理论付诸实践呢？这种实践既可能是解散某些旧有的政府，也可能是在世界某个遥远的地方将人们组织起来，建立一个全新的政府。在一切情况下，了解一下哪种政体最为完美，使得我们只需通过温和的改变和革新便能将现有的一些政治结构或体制变得与之甚为近似而又不致引起过大的社会动荡，这毕竟是有益无害的事。"①

休谟的共和思想是在其深入研究古希腊以及近代思想家之共和理念的过程中逐渐形成的，比较具体的内涵是均权与法治。在《关于理想共和国的设想》一文中，休谟表明，共和制才是他理想中的最佳政治制度。因为共和制度真正做到了均权与法治，这是共和制度的精髓。均权意味着不同的群体、不同利益、不同个体都享有平等的权利，而且在其力量上保持一种平衡，从而不至于走向专断。休谟认为，一个理想政体的标准就是看它是否能够满足"野心对抗野心"。他写道："当有人提出任何政府设计方案，不论是真实的还是虚构的方案，供我

---

① 休谟：《休谟政治论文选》，张若衡译，商务印书馆2010年版，第161页。

们审查，而其中权力分由几个机构和几个等级的人们所掌握，我们就应当经常考虑各个机构、各个等级的利益。如果我们发现通过巧妙的分权，在执行时这种利益必然和公共利益协调一致，那么就可以宣布这种政府组织是明智的可喜的。如果情况与此相反，各机构各等级的各自利益不受制约，不是朝着为公的方向，对于这种政府我们所能期望的只有分裂、混乱和暴虐。我的这个看法既为经验所证实，也为古今所有哲学家和政治家的权威所肯定。"① 也就是说，良好的政体势必会对各种政治派别和政治力量进行有效的平衡与制约，防止权力专断从而导致暴政。因此，休谟特别关注英国行政权和立法权、议院和国王之间的权力制衡与分立。在"论议会的独立性"一节中，休谟特别指出了英国体制所存在的问题。他写道："我们的体制分配给下议院的那份权力很大，使它可以绝对控制政府的其他一切部门，国王的立法权显然对它起不了正常的制约作用。因为国王虽然有权不公布法律，但这种权柄事实上作用很小。两院表决通过的一切，总是可以成为法令，王室的同意不过形式而已。国王的力量主要在于行政权，但在每个政府中行政权总是从属于立法。"② 在休谟看来，"经验和理性都表明：没有这种相互支持，他们（指国王、上议院、下议院）彼此无足够力量或权威单独存在下去"③。对于如何解决这一问题，休谟指出，各党派和政治力量都应该保持平衡和相互制约，任何一种力量都不能成为一种专断性力量，只有这样才能避免走向极端而威胁到宪政，而共和制度是能够有效制约权力的最好制度，在共和制度中，"权力分散在几个议会或议院，制约和监控的机构能更为正常的发挥作用"④。与休谟同时代的亚当·斯密，也强调了权力制衡的重要性，特别是行政权与司法权之间制衡的重要性。斯密写道："司法权如不脱离行政权而独立，要想公道不为世俗所谓政治势力所牺牲，那就千难万难了。"⑤ 也

---

① 休谟：《休谟政治论文选》，张若衡译，商务印书馆 2010 年版，第 28 页。
② 同上。
③ 同上书，第 29 页。
④ 同上书，第 30—31 页。
⑤ 亚当·斯密：《国富论》，郭大力、王亚南译，商务印书馆 2015 年版，第 690 页。

就是说，司法与行政的分立，尤其是独立的司法，对于保障社会的公平与正义具有极其重要的基础性意义。亚当弗·格森也倾心于分权制衡的良好政体，对专制政体进行了激烈的批判。他认为混合政体是人类的伟大发明，避免了权力的专断和暴政的产生。他写道："在适当的混合政府中，民众的利益和君主或贵族的利益是相当的，从而他们之间建立了一种平衡。公民自由和公共秩序就存在于这一平衡中。"①

共和制度的另一个重要思想就是法治。休谟认为法律的制定是基于利害的对立，试图寻求平衡以达成两种对立力量的共同利益。就立法原则而言，休谟认为应该体现希腊人的政治原则，即以中产阶级为基础但广泛地维护每一个公民的权益。就法律功能而言，一方面，要以公正的方式行使权力，让每一个犯罪的社会成员受到同样的惩罚；另一方面，又能以有效的方式限制掌权者的权力。简言之，法治一方面依法划定了执政者权力行使的边界；另一方面也保护了公民的个体自由与权利。法治使得一切权力的运作公开化、规范化，从而保障了社会规则与秩序的稳定性和持久性。

除了对共和政体的肯定之外，休谟还对政体变革提出了自己的看法。休谟认为，任何政体都有其特殊性，这一特殊性源于历史与现实的具体境遇。因而，对于政体的变化，必须十分谨慎，即使变革，也应该采取温和渐进的方式稳步推进，避免采用激进主义的方式以新代旧，对于任何充满激情的政治诉求和政治空想，都要时刻保持警惕，防止其带来的秩序失范和政治动乱。他写道："政府体制与其他人造发明物性质不同，如果我们发现另一部更为精密和灵便的引擎，便可废弃旧的引擎；人造发明物还可安全地进行实验，尽管结果不一定成功。而已经建立起来的政府由于它业已建立这一重要事实就具有莫大的优势，因为人类的大多数一直受治于权力，而非受治于理性，他们绝不会把权力归咎于古人未曾推崇过的任何事物。"② 换言之，政治体制有

---

① 亚当·弗格森：《文明社会史论》，林本椿、王绍祥译，浙江大学出版社2010年版，第185页。
② 休谟：《休谟政治论文选》，张若衡译，商务印书馆2010年版，第160页。

第五章 政府与政体

其特殊性的事实背景,因此,激烈的变革会带来巨大的风险,在尊重原有传统的基础上,以温和渐进的方式逐步实现变革才是比较稳健的选择。"在一切情况下,了解一下哪种政体最为完美,使得我们只需要通过温和的改变和革新便能将现有的一些政治结构或体制变得与之甚为近似而又不致引起大的社会动荡,这毕竟是有益无害的事。"①

休谟关于理想的共和制度的阐述也论及了地方自治权以及民意机构的权限等基本制度的架构。在他设计的蓝图中,对于共和国政府的各种职能机构,如立法、行政、司法以及地方自治等有关权力的安排,特别注意相互之间的分权与制衡。休谟如此细致周密的考虑与规划,对后来的政治理论与实践都产生了重大影响。

---

① 休谟:《休谟政治论文选》,张若衡译,商务印书馆 2010 年版,第 161 页。

第六章

休谟的自由观

在西方政治哲学研究领域，休谟很少被纳入自由主义的视域中加以考察，人们并不认为他和自由主义之间存在多少关联。休谟政治哲学之所以之前被排除在自由主义之外，究其原因，首先，长期以来西方学者们对休谟的研究主要集中于他的认识论（epistemology）和知识论（theory of knowledge），而很少关注他的政治哲学，因为作为哲学家的休谟，其认识论比起其政治思想所引起的影响更加广泛和深远。康德就认为，是休谟的怀疑论将自己从独断论的迷梦中唤醒，因而给予休谟极高的评价，但这一评价也主要针对休谟的认识论思想。以赛亚·伯林也认为，休谟的哲学成就远远高于他在政治方面的尝试，"没有谁比他更深刻、更激荡人心地影响过哲学思想的历史"①。其次，由于休谟对近代以自然法和自然权利学说为理论基础的契约论政治哲学进行了批判和解构，人们总会视他为自由主义的对立面而忽略他政治哲学中某些自由主义结论。再次，在近代不论是居于主流的契约论政治哲学还是后来的功利主义政治哲学，都从各自的理论基础和理论视角出发阐释了自由主义的基本原则及其精神，其核心围绕"究竟是功利主义的还是基本权利论的观点，才能够为这个圈子赞成那种政治制度和政策提供更好的证明"②。然而，休谟的政治哲学既不能被归属于契约论政治哲学，也不能被视为任何形式的功利主义政治哲学，所以很难成为自由主义关注的对象。最后，休谟对其政治哲学的第一次系统阐述主要集中于《人性论》第三卷"道德学"，作为核心的"正义"问题则主要是在第三卷第二章"论正义与非义"中讨论的，政治哲学部分的篇幅显得相对有限。此外，在《道德和政治论文集》和《英国史》两本著作中，也有对政治问题较为零散的论述。有不少学者就认为，休谟的政治哲学在他整个思想体系中并不占据重要位置，甚至认为休谟的政治思想与其哲学思想相对分离，两者缺乏内在的一致性和

---

① 以赛亚·伯林：《启蒙的时代——十八世纪哲学家》，孙尚扬、杨深译，译林出版社 2005 年版，第 156 页。
② A. Ryan, *The Idea of Freedom*, Oxford: Oxford University Press, 1977, p. 77.

连贯性，研究价值并不大，因此从自由主义视角研究休谟的政治思想就显得毫无必要了。

休谟的政治哲学于20世纪中后期被重新关注后，西方学界的研究日益增多，特别是对其政治哲学与近代自由主义之间的历史与理论关联问题尤为关注。针对这一问题，学术界存在着诸多分歧和争议，也并未形成某种一致性的结论。有人将其视为一个保守主义者，有人将其视为一个自由主义者，也有人将其理解为一个自由至上主义者，莫衷一是。那么，休谟与"自由主义"之间存在着怎样的关联呢？他是不是一个自由主义者？或者这个问题本身是否成立？休谟是如何理解自由的呢？

一、休谟与近代自由主义

在近代自由主义的理论发展中，休谟扮演了关键性的角色。从洛克的权利论自由主义到19世纪以边沁、密尔为代表的功利论自由主义，休谟起到了积极的过渡性意义。澄清休谟在这一过程中的作用与意义，对于准确理解和把握近代自由主义的发展具有极其重要的理论价值。

（一）近代自由主义：从"权利"到"功利"

"自由主义"是一套以个人自由和权利为核心的意识形态和制度建构。作为一种政治哲学思想，它源于近代。不少学者将自由主义的历史源头追溯至古希腊，认为雅典公民享有的自由权利就是个人自由的古典形态，并把苏格拉底视为捍卫思想自由的先驱。沃特金斯（Frederick Watkins）就试图从古希腊的政治哲学传统中寻求自由观念的历史根源，力图为整个西方自由主义的发展确定一条贯穿古今的思想路线。实际上，古希腊主流政治哲学家根本没有所谓近现代意义上的"自由"观念，他们对"自由"的理解是整体主义的，而非个人主义的。在古希腊，政治是人们生活的中心，古希腊人的主要生活就是公共生活，在他们那里，没有一个明确界定的私人领域，没有任何个人权利。公民在政治生活中首先是一个义务主体，而非权利主体。积极参与城邦政治生活与公共事务的自由,与其说是一种权利,不如说是由城邦的公共善这一目的所决定的义务,自由意味着履行公民义务、追求共同体的善,或者说参与公共生活、行使公民权力、履行公民义务就是自由的体现。显然,这种古希腊语境中的"自由"观念和近现代语境中的"自由"观念存在根本上的差异。对于这一差异,法国思想家贡斯当(Benjamin Constant)在1819年的演讲《古代人的自由与现代人的自由之比较》①中作了精彩的分析,也因此奠定了他在自由主义发展史上的地位。实际上,作为一种相对完整的政治理论体系,自由主义起源于17世纪英国资产阶级革命前后,是典型的近现代产物。从自由主义的发展史来看,它可以分为两个明显的阶段:近代自由主义和现代自由主义。英国19世纪自由主义思想家约翰·密尔正好处于这个分界点上,他不仅是近代自由主义的集大成者,而且开启了自由主义的现代转向。

一般而言,近代自由主义关心三个基本问题:第一,政治社会或政治权威的基础是什么;第二,政治社会是如何建构起来的;第三,政治社会或国家的性质、目的和功能是什么。围绕这三个问题,形成了以自然法和自然权利为理论基础的契约论政治哲学,而契约论政治哲学在性质上是一种自由主义的政治哲学。近代自由主义政治哲学不同于古典政治哲学的地方在于,"它将此前的中古自然法所维系的希腊宇宙论式的政治秩序予以破除并将政治或国家的合法性基础转移到一个新的原则之上,由此使得政治或国家获得了全然不同的理解和含义"。②这个构成近代政治哲学基础的"新的原则",就是以自然法和自然权利为基础的社会契约论观念。近代政治哲学斩断了古典政治哲学中政治与伦理之间的内在勾连,消解了个体道德在政治社会及其制度框架建构中的基础性作用,而代之以"个体权利"。以霍布斯和洛克为

---

① 参见贡斯当:《古代人的自由与现代人的自由:贡斯当政治论文选》,阎克文、刘满贵译,商务印书馆1999年版,第24—48页。
② 萌萌主编:《启示与理性——哲学问题回归或转向》,中国社会科学出版社2001年版,第212页。

代表的近代英国政治哲学家们,从"自然状态"的逻辑预设入手,以个人的"自然权利"为逻辑起点,对政治社会及其制度框架的建构提供了合理性论证,进而界定了政治社会或国家的性质、目的及其功能。从霍布斯和洛克的契约论政治哲学论证的基本逻辑和思路可以很清晰地看到,"个人权利"是其政治社会或政治权威的根本基础。正如施特劳斯所说:"如果自然法必须得从自我保全的欲求中推演出来,如果,换句话说,自我保全的欲求乃是一切正义和道德的唯一根源,那么,基本的道德事实就不是一桩义务,而是一项权利;所有的义务都是从根本的和不可离弃的自我保全的权利中派生出来的。因此,就不存在什么绝对的或无条件的义务;义务只在其施行不致危及到我们的自我保全时,才具有约束力。唯一自我保全的权利才是无条件的或绝对的。按照自然,世间只存在着一项不折不扣的权利,而不存在什么不折不扣的义务。确切说来,阐明人的自然义务的自然法并非一项法则。既然基本的、绝对的道德事实是一项权利而非一桩义务,公民社会的职能和界限就一定得以人的自然权利而不是其自然义务来界定。国家的职能并非创造或促进一种有德性的生活,而是要保护每个人的自然权利。国家的权力是在自然权利而不是别的道德事实中看到其不可逾越的界限的。"①

施特劳斯的概括表明,在霍布斯和洛克的政治哲学中,构成其政治哲学根本起点的是人的"权利",政治社会和国家是在个人权利的基础上建立起来的,并以保障个人权利为目的。个人权利赋予了政治社会及其国家以合法权威,国家的权威以及个人对国家的服从都是从个人所拥有的自然权利中派生出来的。"权利"是政治社会中人们的首要价值。个人权利是政治社会及其制度框架或政治权威的价值基础,政府与国家等政治社会的制度框架及其权威的存在和意义在于实现和保护个人权利。公共政治权威的意义在于其"工具性",因而其权力范围

---

① 列奥·施特劳斯:《自然权利与历史》,彭刚译,生活·读书·新知三联书店2003年版,第185页。

也是有限的，除保护和扩大个人的权利和自由外，任何超出这一目的之外的其他职能都是一种僭越行为。

可以看出，近代契约论政治哲学作为一种自由主义的政治哲学，其"自由主义"是"权利论"意义上的自由主义。那么，在近代自由主义中，权利论意义上的自由主义是唯一的政治哲学学说吗？显然不是。我们知道，休谟政治哲学在近代政治哲学史上具有其独特的地位，这一独特之处在于，他并没有在近代契约论这一主流政治哲学的理论框架下展开他的政治哲学思考，而是另辟蹊径地开拓了自己的政治哲学思考理路。休谟对近代契约论政治哲学进行了彻底的批判和解构，同时又直接影响了以边沁和密尔为代表的19世纪英国功利主义政治哲学的兴起与形成。休谟政治哲学虽处于近代契约论和功利论政治哲学之间，但与这两种政治哲学形态存在着根本性的差异（具体分析和讨论见第8章）。

从自由主义的主题、基本原则及其结论来看，功利主义政治哲学也被视为一种自由主义的政治哲学，只是其政治哲学的理论基础和理论框架不是"权利"，而是"功利"，是一种"功利论"意义上的自由主义。事实上，在近代政治哲学中，自由主义有着不同的表现形式，政治哲学家和信奉自由主义的学者也会从不同角度对之进行研究和解释，即使当代有关自由主义的种种争论，其核心仍然是"究竟是功利主义的还是基本权利论的观点，才能够为这个圈子赞成那种政治制度和政策提供更好的证明"①。

在自由主义视域中，功利主义政治哲学不同于契约论政治哲学之处，在于前者以"功利"代替了"权利"作为政治社会及其制度框架的论证基础。完整的"功利主义"观念及其体系是由边沁最早提出并明确予以表述的，是边沁发明了哲学上的功利主义。在道德本质的哲

---

① 哈特对当代权利论和功利论之间的争吵作了精彩的描述，"旧的信仰是，某种形式的功利主义必定能够把握住政治道德的本质"，而新的信仰则是，"真理必定在于关于基本人权的学说，它倡导保护特定的个人基本自由和利益"。H. L. A. Hart, "Between Utility and Rights", *The Idea of Freedom*, edited by A. Ryan, Oxford: Oxford University Press, 1977, p.77。

第六章 休谟的自由观

学概念基础上,他第一个比较系统地建立了功利主义规范性原则并将其作为道德判定的确定性准则。功利原则是一种规范性原则,这种规范性原则虽然基于经验,但实际上仍然是一种理性主义原则,它以是否符合"最大多数人的最大幸福"为尺度衡量政治社会及其制度框架的建构与合理性,也是政治权威或国家、政府的性质、目的及其功能的衡量准则。

就近代自由主义而言,契约论政治哲学和功利主义政治哲学虽然在理论基础、理论框架及其思考理路上存在着巨大的差异,但在政治哲学的结论上,即政治社会的建构、性质及其功能上却有着极大的相似性。不论是"权利"还是"功利",其意义都在于试图为近代政治社会寻找合理性的原则,"创制这两个概念的情境是相同的:都要求以某种人为的东西替代陈旧的传统道德概念,这种替代物若要(哪怕是仅在表面上)履行其新的社会职能,就必须具有某种根本上革新的特性"[①]。"权利"和"功利"似乎都为近代政治社会及其国家运作提供了某种合理性的论证和理论支撑,它们只是采取了不同的理论基础和理论路径论证了近代自由主义在政治建构上的合理性。权利论视"个人权利"为一切政治社会建构的基础与目的,个人权利先于一切政治社会的建构,而政治社会或国家的职责和目的在于保障和维护个人自由与权利,否则一切逾越这一原则的行为都是侵犯个人权利的行为。相对于政治社会与国家,个人更具有源生性和优先性。社会和国家就其本质而论,不过是个体的衍生物,它们的产生和存续都必须以个人自由与权利为目的。而功利论则认为,个人自由与权利的正当依据和理由在于其功利后果。追求个人欲望和私利的满足是人之本性,但它不是某种自然权利,而是人生的目的。目的即善,个人和社会的目的都是追求幸福的最大化,只有符合或者有利于达成这一目的的行为才是正当的。社会利益最大化实质上是以个人利益最大化为目的的,人之所以享有权利和拥有自由,其原因在于它们有利于实现功利的最大化。

[①] A. 麦金太尔:《德性之后》,龚群、戴扬毅等译,中国社会科学出版社1995年版,第90页。

政治社会与国家的建构，其意义在于追求社会的功利最大化，保障个人利益的最大化。可见，不论是从"权利"角度还是从"功利"角度，它们都得出了自由主义的诸多一致结论。

（二）霍布斯与洛克的"权利论"自由观

霍布斯与洛克是近代权利论自由主义的主要代表。以洛克为例。洛克认为，在前政治社会的"自然状态"下，人人都是自由的，并且拥有生命权和财产权等各种权利。人们为了避免自然状态中的种种不便而签订契约，转让自己的部分权利，组建政治社会和政府，以使自己原有的自由权得到更为切实的保障。个人权利和个人自由是政治社会及其国家建构和产生的根据和目的，政治社会及其国家的建立正是为了保护个人权利和个人自由。可见，在洛克看来，人是生而自由的，人的自由是"天赋的"，也就是说，人的自由是自然法赋予我们的权利，而"自然法"在洛克那里，明显地具有先验性质和神圣根源。洛克认为，自然法是根据人的本性而来的道德规范。一切事物都具有符合自己本性的固有法则，自然状态下的人们根据自己的本性，按照自然法则展开自己的行为，保护自己的生命。洛克认为，人的理性是同一的、恒久的，不会因为从自然状态进入政治社会而有丝毫的改变；相应地，理性的法则——自然法也不会在人们放弃自然状态时被废止，它会在政治社会中继续发挥效力，制约或规范政府的行为。洛克认为，作为上帝之造物，每个人都平等拥有上帝赋予的理性禀赋，都能够根据理性指导自己的行为，按照理性的自然法处理自己和国家之间的关系。换言之，一切政治建构的目的在于保护个人自由和权利是由人的理性本质决定的，也是每个具有理性的人所能理解的。但是，休谟则认为，理性的性质及其功能决定了它在人类道德实践和政治实践领域中不可能为权利、自由等价值提供确定性的基础。在政治社会中，对于"自由""权利"这样的价值判断，其基础不是理性而是情感，而构成这些政治情感基础的只能是人们对自身利益的感受。因此，休谟认为，自由观念的知识基础不是理性，而是经验和利益，其理论根源也不在于先验的"自然权利"或"天赋权利"，而是自由对社会需要的利

第六章　休谟的自由观

益后果。"在休谟看来，自由主义是显示其效用，即证明其自身对作出选择的个人和更大范围的社会的'有用性'的个人自由体系，对于无数的个人、社会群体和文明的进步而言，这种体系比任何种类的社会协作体系都更有效用"①。在休谟看来，"自由"并非任何先天法则所能够提供并证明给我们，它并非人的先天权利，更不可能存在于所谓的"自然状态"中，"自由"观念和"自由"权利是人类出于需要而建构起政治社会后所产生的价值观念，没有政治社会的建立，就不可能有"自由"和"权利"。

（三）休谟对"权利论"自由观的批判

那么，在休谟看来，"自由"究竟意味着什么呢？休谟认为，自由不仅意味着个体的权利，而且它在本质上是近代政治社会所依赖的一整套规则体系。这套规则不仅保障了个人的权利，而且从整体上有利于人类政治社会的公共利益。在近代英国的政治传统中，自由是一个与权利相伴随的概念，也是通过权利来界定的。在霍布斯那里，生活在"自然状态"下的人们，每个人都拥有"自然权利"，也拥有为了满足自然欲望和自我利益而行动的自由，这种自然权利和自由，每个人平等拥有。在自然状态下，"没有财产，没有统治权，没有'你的''我的'之分"②。而在洛克那里，人人生而自由，享有一系列的"自然权利"，这些权利是对人身、生命和财产的所有权，是个人排他性的"权利"，任何人都不得非法侵犯。可以看出，虽然霍布斯和洛克在自然状态和自然权利学说上存在一定的差异，但他们都从"个人权利"的角度来界定"自由"，"自由"是人的自然权利或天赋权利，并且他们所说的自由是人们普遍拥有、平等拥有的自由。我们在前文已作过分析，对自然状态下人们所拥有的自由和权利，作历史解释是不可取的，也就是说，在霍布斯和洛克那里，自然状态中的自由和权利不能作为一种历史事实去加以追溯，它只是霍布斯和洛克在逻辑上的观念

---

① 王焱编:《宪政主义与现代国家》，生活·读书·新知三联书店2003年版，第228页。
② 霍布斯:《利维坦》，黎思复、黎廷弼译，商务印书馆1985年版，第96页。

建构。之所以进行这种逻辑上的观念建构，其原因恰恰在于对人的自由和权利的强调和申明。霍布斯和洛克之所以以自然状态中的自由和权利，来为政治社会的建构以及政治社会中的人的自由和权利提供合理性论证，其目的并不在于澄清自然状态中的自由和权利是否是一种事实，而在于强调和论证：人们在政治社会中应当是自由而平等的。萨拜因也指出，霍布斯、洛克经由自然法所揭示的自然权利或自由观念，实际上意指"一项可以为人们直觉到认知到的正当规则，亦即人们能够据以判断实在法或实际道德惯例之价值的一种超验价值或规范"①。

与霍布斯和洛克从"权利"来界定"自由"不同的是，休谟在其道德哲学和政治哲学中几乎不使用"权利"和"自然权利"的概念，即使他确实谈到过权利，也不过是随便说说，并且是与财产和契约相联系。他的经验论立场使他不可能接受自然权利论学说的理论预设和理论框架，因而，"权利"概念在他看来，不会存在于任何前政治社会中，它只能是人类政治社会建立后的价值产物。

休谟之所以不使用"权利"概念，是因为他对传统的权利观念都不满意。休谟指出，"权利"概念存在两种理论传统：第一种观点认为，权利是个人作为道德主体所具有的特性，这种权利构成了政治社会的结构、规则以及政治权威的基础，政治结构和权威则是与这一权利相适应的。这种观点尤其表现在格老秀斯和霍布斯的政治哲学中，并构成了他们政治哲学的理论基础。对于格老秀斯和霍布斯而言，这种权利只不过是孤立的个人根据自身所处的环境条件而向自然或他人提出的正当要求。但是，休谟并不认同这种权利观念。首先，在他看来，这种权利及论证形式直接导致了政治社会及其制度框架建构的契约意志论。而我们知道，休谟是不接受近代政治哲学的契约论框架的。其次，休谟拒绝这种权利观念及其论证形式，是因为它很容易与政治-宗教狂热主义联手从而导致政治上的危险后果。第二种观点认为，权利

---

① 乔治·萨拜因：《政治学说史：民族国家》（上），邓正来译，上海人民出版社2015年版，第178页。

第六章　休谟的自由观

与其说是个人的基本特性，不如说存在于赋予个体以权利和义务关系的自然法中。这种观点不仅来自萨缪尔·普芬道夫、理查德·坎伯兰（Richard Cumberland）的近代自然法传统，而且也与基督教意义上的自然法概念密切相关。这种权利传统的首要特征是：它是依赖于义务的——当某人对某物有权利时，其他人就有义务放弃此物。这种权利传统与休谟提出的正义规则的性质类似。但在休谟看来，这种与自然法相关的权利观念往往具有目的论和神意论等宗教或形而上学色彩，因而必须完全予以避免。

既然休谟否定了以上两种传统的权利概念，那么他在何种意义上使用权利概念？他对传统权利理论的拒绝是否导致他完全拒绝人的权利呢？事实上，休谟对权利概念的拒绝，其目的并不在于对权利本身的否定，而是反对传统权利概念的理解和解释。在休谟这里，权利不再是一种属于个人性质的权利，而是一种关于权利的正义规则体系。如哈孔森所指出的，虽然休谟在其道德哲学和政治哲学中拒绝一般的权利理论，"但这并没有导致他全盘拒绝政治学的法律主义路径，他用执行正义规则等法学术语来表述其理想的政府治理行为体系，这些规则包括自然法系统中私法领域的核心部分，即保护自然的或获得的权利，尤其是如财产、继承、契约、究举不法等仅属于个人的权利"①。如果讲得更明确，就是"当他论及权利概念时，这一概念往往和财产、契约，或者权威——统治的权利——有关"②。也就是说，休谟对权利的理解是以财产为核心的。

二、休谟视域中的"自由"

我们已经知道，基于经验论立场，休谟从根本上否定了权利论自由主义的理论基础——自然法和自然权利学说，并认为这一理论的知

---

① K. Haakonssen, "The structure of Hume's political theory", *The Cambridge Companion to Hume*, edited by D. F. Norton, Cambridge: Cambridge University Press, 1992, p. 201.
② Ibid., pp. 199 - 200.

识基础是理性主义的。但这是否意味着他对自由主义的否定呢？显然不是。无论休谟政治哲学具有怎样的独特性，它毕竟处于近代政治哲学的语境之中，因而与"自由主义"不可避免地存在着诸多关联。从自由主义的角度审视休谟政治哲学，总会发现两者之间所存在的诸多理论关联。那么，休谟的政治哲学能否被视为一种自由主义政治哲学呢？进而休谟能否被视为一个自由主义者呢？

（一）休谟是一个自由主义者吗

在西方政治哲学的研究中，对于休谟究竟是一个保守主义者还是自由主义者，一直存有争议。一种观点认为，休谟的政治哲学应隶属于自由主义阵营。约翰·B. 斯图尔特认为，休谟主张限制政府权力、实施法治并肯定政治改革的必要性，其政治哲学中的诸多结论符合自由主义的基本原则。阿米·斯特基斯认为，洛克、休谟、亚当·斯密、约翰·密尔、曼德维尔、贡斯当、托克维尔、哈耶克、诺齐克和弗里德曼等人都应被列入古典自由主义行列。[①] 诺尔曼·巴利认为，虽然休谟批判和解构了近代契约论政治哲学的理性主义基础，但却从情感与经验的角度巧妙地解释了自由主义的基本原则，"在政治思想史中，休谟的学说在建立一种基于彻底反理性主义和怀疑主义的自由价值的理性系统上，也许是一种最精妙和最有说服力的尝试"[②]。

与此相对的另一种观点则认为，休谟明确批判和解构了近代契约论政治哲学的理论基础，而这正意味着对自由主义的否定，应该被归于保守主义的阵营。弗雷德里克·G. 沃兰认为，虽然休谟的政治哲学中保留了某些自由主义的结论，但他对理性的反思使得他只能被视为一位保守主义者，因为理性是一切政治社会及其制度框架得以建构的基础。[③] 唐纳德·W. 利文斯顿在为劳伦斯·邦吉的《休谟：反革命的

[①] 拉齐恩·萨丽等：《哈耶克与古典自由主义》，秋风译，贵州人民出版社2003年版，第62—69页。

[②] 诺尔曼·P. 巴利：《古典自由主义与自由至上主义》，竺乾威译，上海人民出版社1999年版，第25页。

[③] Frederick G. Whelan, *Order and Artifice in Hume's Political Philosophy*, Princeton: Princeton University Press, 1985, p. 363.

先知》一书所写的序言中说，休谟"更像是现代保守主义的最初资源"，因为在理性契约和经验演化之间，休谟选择了后者，因此他不是自由主义者的同道，而是保守主义者的先驱。① 在《休谟的日常生活哲学》中，利文斯顿也强调了休谟是一位保守主义者，因为休谟在真正哲学（后皮浪哲学）和虚假哲学（由自主性原则所支配的哲学）之间做出区分的基础上，以前者来反对后者。② 杰里·马勒认为，休谟是一个政治保守主义者，他将其相对保守的政治观与哲学怀疑论结合在一起。③ 莱斯利·斯蒂芬也认为，作为"异端的怀疑主义在政治上的转换"，休谟在意识形态上属于"讥讽的保守主义"④。

对于休谟政治哲学究竟是保守主义的还是自由主义的，或者休谟究竟是一位保守主义者还是自由主义者这样的问题，由于视角以及所关注问题的不同，所得出的看法也存在较大差异。但有一点需要注意，视休谟为保守主义的人，将休谟对自由主义之理性主义基础的批判视为对自由主义的否定，并进而将休谟视为自由主义对立者的观点却值得商榷。

首先，休谟对"理性主义"的批判并不意味着他对理性原则的否定，他只是认为，政治社会及其制度框架的建立必须建立在坚实的、可靠的经验基础之上，而"理性主义"原则因为其先验性质而不具有确定性和可靠性，也就无法为政治哲学提供根本性的原则或为政治社会的建构提供确定性的基础。休谟通过经验考察，认为人性和人类生活的自然环境的实际状况，使人类政治社会的建构成为必要的和必需的。其次，休谟并没有否定理性主义在道德实践中的意义。在《人性论》中，休谟重新解释了"理性"和"情感"在人性结构中的地位、

---

① Laurence L. Bongie, *David Hume: Prophet of the Counter-Revolution*, Indianapolis: Liberty Fund, 2000, p. xi.
② 唐纳德·利文斯顿：《休谟的日常生活哲学》，李伟斌译，华东师范大学出版社 2018 年版，第 398 页。
③ 杰里·马勒编著：《保守主义：从休谟到当前的社会政治思想文集》，刘曙辉、张容南译，译林出版社 2010 年版，第 43 页。
④ Leslie Stephen, *The History of English Thought in the Eighteenth Century*, Vol. 2, New York: Peter Smith Pub Inc, 1949, p. 185.

作用及其相互关系：在人性结构中情感为主，理性为辅，在道德实践中情感发挥主要作用，理性则服务于情感。在休谟看来，理性在两种方式下影响我们的行为，"一个方式是：它把成为某种情感的确当的对象的某种东西的存在告诉我们，因而刺激起那种情感来；另一个方式是：它发现出因果的联系，因而给我们提供了发挥某种情感的手段"①。也就是说，理性在道德判断中可以为情感确认正确的对象，提供正当的方向；理性可以辅助情感，充当情感的工具。再次，将是否以"理性主义"为理论基础作为衡量自由主义的根本准则，其理由并不充分。不同的理论基础并不能作为自由主义和非自由主义的区别标准。不论是古典自由主义还是新自由主义，他们在诸多政治哲学结论上存在着某种程度的相似性与一致性，但他们的理论基础和理论框架却并不尽相同，有的甚至截然相反。迈克尔·H. 莱斯诺夫（Michael H. Lessnoff）就认为，哈耶克和波普都是自由主义者，但他们在政治哲学上却有着不同的知识出发点或知识论基础。② 诺尔曼·巴利也指出，像休谟、边沁、亚当·斯密、哈耶克、弗里德曼和诺齐克等有着相似结论的哲学家的理论基础和理论前提都存在着巨大差异。③ 但这些不同的甚至相互冲突的理论基础并没有否认他们在政治哲学史上的自由主义身份。所以，休谟虽然否定了自由主义的理性主义基础，但是他坚持了自由主义的诸多核心原则及其结论，我们可以将他的政治哲学看作试图为自由主义寻求一种反理性主义和怀疑主义的经验基础的尝试（至于这一尝试是否能够成功以及遭遇什么样的批判和质疑则是另外一回事）。因而，以否定理性主义基础为由，进而认定休谟反对和否定自由主义，显然独断且有失公允。

事实上，"自由主义，作为一种政治理论的标志，是在休谟之后才出现的，可以说，在休谟所处的 18 世纪还没有现代意义上的自由主义

---

① 休谟：《人性论》（下册），关文运译，商务印书馆 1980 年版，第 495 页。
② 迈克尔·H. 莱斯诺夫：《二十世纪的政治哲学家》，冯克利译，商务印书馆 2015 年版，第 210—211 页。
③ 诺尔曼·P. 巴利：《古典自由主义与自由至上主义》，竺乾威译，上海人民出版社 1999 年版，第 3—4 页。

第六章 休谟的自由观

这样一种较为完备的政治理论形态出现"[1]。自由主义直到1842年才被提出,"今天的自由主义、保守主义、社群主义者也都从苏格兰启蒙运动中发现某些值得推崇的特征。颇为有趣的是,不同的人从同样的思想家中会发现全然不同的价值观。譬如,自由主义者从斯密那里发现对市场经济原则的推崇,社群主义则从斯密关于道德情操的讨论中看到对普遍主义道德观的批评;自由主义者从休谟的学说中发现怀疑主义的价值,保守主义者看到休谟对传统与历史的尊重,社群主义则注意到休谟对社群的关注。功利主义者从斯密与休谟理论中找到了功利主义的成分,功利主义的批评者则看到他们的功利主义与边沁功利主义的区别"[2]。从这段话可以看出,自由主义、保守主义、社群主义等意识形态,都是在18世纪苏格兰启蒙运动之后才逐渐分化和形成的。因而,以保守主义或自由主义来对休谟政治哲学进行定位不仅十分困难,而且也不合实际,越来越多的研究者也都反对给这一群体乱贴"标签"。那么,对于"休谟是否是一个自由主义者"也就难有定论,即便有不少学者肯定了休谟政治哲学的自由主义性质。

克里斯托弗·贝瑞针对这一争论,曾专门著书予以澄清。在《大卫·休谟:启蒙与怀疑》一书中他指出,休谟并非保守主义者(conservatism),而为他贴上自由主义(libertarian)的标签也会引起误解。无论是归于保守主义阵营还是归于自由主义阵营,都会引起人们的追问:如此进行归类的理由何在?很显然,不管如何归类,自由主义者和保守主义者都可以找出反驳对方观点并证成自己观点的确凿证据。作为一个极具原创性的思想家,休谟很难被纳入任何标准的思想类别中,他的著作中包含了我们今天称之为保守主义和自由主义的大部分基本论题,可以说,休谟是保守主义和自由主义传统最重要的贡献者之一。他的思想或许被理解为"一种保守主义、自由至上主义

---

[1] 高全喜:《休谟的政治哲学》,北京大学出版社2004年版,第292页。
[2] 李强:《自由主义》,中国社会科学出版社2015年版,第76—77页。

(libertarianism) 和自由主义诸流派的结合"① 更为恰当。

既然休谟的政治哲学很难进行简单归类，休谟是否是一个自由主义者的问题也就难有定论，那么，我们与其就这一问题争论不休，不如将这一问题转化为：从"自由主义"角度审视，休谟政治哲学中包含了哪些自由主义的结论？

（二）休谟的"自由式"肖像

如果对照现在被标准地认为是"自由"的原则来审视休谟的政治哲学，我们会看到一副非常复杂的画面，绝不能简单地对其贴上"保守主义"或"自由主义"的标签。从对洛克式契约论的批判来看，他显然不是某种基于自然权利论的自由主义或自由至上主义的支持者。但他的著述中有大量的证据表明，他的许多结论更符合自由主义的基本原则，显然他加入了"自由派阵营"。即便我们不能称他为自由主义者，但在显著的意义上也属于"自由式的"（liberal）的思想家。

第一，休谟坚定的支持"经济自由"。因为他反对对工业和商业的限制，主张应该为企业的建立、市场的开放提供更加便利的条件，包括修改企业限制条款、清除阻碍市场开放和拓展的政策性法令等；"反对通过禁止换取利润（放高利贷）而损害贸易的'不合理和邪恶的法律'；反对通过法令确定工资；反对除非做了七年学徒，否则禁止服装制造（一项荒谬的法律）；反对批准专利垄断的'恶劣'结果；反对'荒谬的'禁止奢侈品立法的通过。按照同样的思路，他一贯主张不要任意征税，以及自由贸易，激烈反对'狭隘和恶意的'禁绝政策"②。也就是说，休谟反对一切阻碍、干扰经济和贸易自由的政策和法律法规，对任何目的性的人为干预的效果都深表怀疑，和斯密一样，他是经济自由的支持者和捍卫者。

第二，休谟支持和倡导法治。休谟认为，商业的发展有利于自由和法治的建立，自由与法治是商业发展的产物，也是商业社会的主要

---

① 克里斯托弗·贝里：《大卫·休谟：启蒙与怀疑》，李贯峰译，华中科技大学出版社 2019 年版，第Ⅱ页。
② 同上书，第 83 页。

特征。商业的发展催生了经济自由（从事经济活动的自由），也催生了法治。对商业社会辩护的核心就是对自由与法治的捍卫。法律作为一套普遍的、稳定的规则，其作用在于维护以财产权为核心的商业社会的秩序。法治的建立和维护，其目的并不在于追求"古典共和主义者"视为至高无上的美德，而在于从底线意义上确保商业社会的正义规则得到有效执行，政府是这一任务的承担者。在论证文明君主制（即自由君主制）的优良性时，休谟就充分强调了法治的重要性。他指出，文明君主制是君主制与法治的结合，君主制政府是法治政府，而不是人治政府，它遵循法治传统和法治原则，因此"文明君主制政府是可以有秩序、有条理和稳定的，并且达到令人惊讶的程度"①。同时，在文明君主制中，"私有财产受到保障，劳动受到鼓励，艺术繁荣"②，君主自身也会感到安全，"像父亲生活在自己孩子中一样"③。这也显然表明，不论是私人财产的安全性还是君主的安全性，都依赖于一套法律结构的稳定性或法治的稳定性。稳定性的法律结构或法治确保了商业社会正义的稳定性，从而造就了人们对商业社会的规则稳定性的"期望"和"信心"，而这种"期望"和"信心"是商业社会必不可少的条件。

第三，休谟提倡宗教宽容原则。这可以从他对迫害异教徒的激烈批评以及将宽容原则作为处理宗教派系冲突的有效方式的相关论述中找到确凿证据。在《英国史》中，休谟对1681年颁行的关于废除迫害的法案大加赞赏，而在这之前他曾对伊丽莎白一世迫害天主教徒和清教徒的行为大加指责，认为这完全悖逆于自由的特质。此外，在表达对新教继统（Protestant Succession）的支持时，休谟希望"宽容"能够减少不同宗教和信仰者之间的敌意与冲突。

第四，休谟的"无赖假定"更符合"自由派"而非"保守派"。休谟虽然承认人性是不完善的，但不至于陷入霍布斯式的极端，人类并

---

① 休谟：《休谟政治论文选》，张若衡译，商务印书馆2010年版，第59页。
② 同上。
③ 同上。

不是完全自我中心的，"有限的慷慨"是人性的另一面。休谟的"无赖假定"并非从事实上对人性进行描述，而是出于政治上的一种应对策略。也就是说，"无赖假定"原则在事实上是错误的，但在政治上却是正确的，因为在追求和满足自身利益的过程中，政府很可能是最大的"无赖"，为了防止政府越界和规范政府行为，宪法和法律是必需的。"无赖假定"实为限制政府权力的必要逻辑依据。

当我们把休谟做一个自由主义的透视，属于"自由式"思想家的证据显然更加丰富有力，这也是他被误读为"自由主义者"的原因所在。如果不留意休谟对自由所做的限定，或者忽视了他对秩序之必要性的强调，这种误解会一直存在，因为，对秩序的强调恰恰是"保守主义"思想家们关注的核心。

（三）基于规则与法治的自由

如果我们通过多角度的透视，会发现休谟虽然可以被视为一个"自由式"的思想家，但他却从未夸大"自由"。休谟对自由做了许多限定条件，之所以如此，是因为他意识到自由与秩序之间的深度关联。自由，归根到底依赖于政治社会的正义规则。

休谟曾明确指出，自由是关于以财产为核心的权利规则体系。那么，如何理解这一定义呢？从休谟对洛克财产权理论的批判可以窥见真正含义之所在。洛克认为，自由权、生命权和财产权是人所具有的自然权利，是人本来就具有的。政治社会及国家的建立，是以保障和维护人的这些自由权利为目的的。洛克的财产权是由人对自身及劳动的所有权中派生出来的。他认为，财产权的本质是自然状态下人与自然物品之间的关系，我们通过对自然物品或劳动对象渗入劳动的方式，将其转变为我们的私人财产，自然物品或劳动对象因为渗入了我们对自身及劳动的所有权从而具有了排他性的私有权利。因而，洛克的财产权利实质上是一种属于个人性质的权利，也是一种具有先天性质的权利。然而，休谟认为，在政治社会之前人具有自由和权利，只是一种假设和推断，并没有经验上的明证，因而是值得怀疑的。同时，休谟坚决反对洛克将财产权利视为一种人与物之间的关系，他说："财产权必然成立于对象的某种关系。不过这种关系不是对其他外界物体和无生物的关系。因为这些关系也可以继续同一不变,而财产权则有变化。因此,这种关系是成立于对象与有理智、有理性的存在者的关系。但是构成财产权的本质的不是外在的、有形的关系。因为那种关系在无生物之间,或在畜类方面也可以同样存在,可是在那些情形下它并不构成财产权。因此,财产权是成立于某种内在的关系,也就是说成立于对象的外在关系对心灵和行为所加的某种影响。"① 也就是说,休谟认为,我们对物品的排他性占有,并没有改变物品的性质,而是改变了我和他人的关系,他人自觉约束自己不和我争抢这一物品,只不过是认可了我对这一物品的排他性占有,即我对物品的财产权。事实上,这意味着我和别人之间形成了一种道德关系,即每个人都占有各自的物品并且彼此尊重这种排他性占有。我们之所以能形成这种道德关系,是因为这样可以避免因争抢而造成更大的损失。通过这种道德关系,我们不仅能够保障各自的占有,还有利于整体利益和长远利益的获得。因此,财产权并未改变外在对象的任何性质,"而只是对心灵有一种影响,就是:它给予我们以一种义务感,使我们戒取那个对象,而把它归还于其最初的占有者。这些行为正是我们所谓正义的确当意义"②。

在休谟看来,人们的财产权并不是孤立的个人或财产所具有的某种性质,而是自利的个人为了实现共同利益而同意遵守的社会性规则。而且,从人们对遵守财产权规则的心理生成机制来看,"使得财产权规则生效的既不是承诺,也不是任何类型的正式协议。私有财产权是一种规则,它仅仅依赖于每一个人的信念:其他人也会认识到尊重他人财产权对自己是有益的。既然财产权利产生于社会之中的共同信念,那么这就意味着这样的权利只能存在于社会状态中。这是休谟之所以拒绝洛克财产权理论的原因之一。对于洛克而言,即使单独的生存在一

---

① 休谟:《人性论》(下册),关文运译,商务印书馆 1980 年版,第 563 页。
② 同上书,第 563—564 页。

个孤岛上的人也对他的劳动具有一种权利，并且可以通过他的劳动获得对物品的所有权。但在休谟看来，既然权利影响社会关系中其他人的行为，则权利只能通过社会交互行为来实现"[1]。也就是说，在洛克那里，财产权是前政治社会中人们自然拥有的权利，政治社会及国家的建立是为了保障和维护人的财产权，财产权是政治社会建立的前提和基础，也是政治社会及国家建立的目的。但休谟认为，权利只能存在于政治社会，它是政治社会建立后人们相互交往和作用所产生的社会性行为规则。这一规则既确定了人们对其财产的所有权利，也确定了政治社会的成员们所必须遵守的行为规范。换言之，财产权理论不是一种自然权利的权利理论，而是一种政治社会的规则理论，是正义的规则使得财产的稳定占有转换成一种财产权，即确定和生成了财产权，而不是财产权推导出政治社会。因此，有了正义规则，才会有各种"权利"，正义规则使"权利"稳定化、合法化，在正义规则之上，人们才能合法地拥有自由权、财产权以及其他各种权利。总之，自由不是人的自然权利，而是关于权利的行为规则，没有正义规则，也就没有所谓的"自由"。

在此意义上，我们似乎可以比较准确地把握休谟对政治社会的诸种价值观念的基本态度了。从正义规则确立"权利"来看，政治社会中所谓的"自由""平等""公平"等价值原则和价值概念都是以正义规则为基础，由正义规则确立了其合法性。因为，只有建立了正义规则，划定了人与人之间的利益关系及其界限，才有一系列制度化的社会交往和行为规则体系，在此基础上也才会有所谓的"自由""平等"和"公正"等价值判定。显然，休谟对"自由"的理解是：自由是基于规则与法治的自由。正义规则确立了自由，自由在规则和法治之上才成其为自由。以财产权为核心的正义规则及其法律制度，使得自由观念和自由权利得以可能。事实上，休谟自己也承认，"自由"一词有三

---

[1] John B. Swtewart, *Opinion and Reform in Hume's Political Philosophy*, Princeton: Princeton University Press, 1992, p.164.

种使用含义：第一种意味着没有外在的约束和限制；第二种是指某种特定的政府形式；第三种则是指"与规则和法治相联系的自由"。对"自由"的第一种理解，休谟仅仅是在有限范围内承认，诸如思想言论自由和信仰自由等纯粹私人领域；对于第二种理解，休谟则并不赞同，即使"自由"意味着一种特定的政府形式，那也是指政府在其规则和法治范围内履行职责。只有第三种，即建立在规则和法治之上的自由，才是休谟所理解的自由。

第七章

政治国家与市民社会

相比法国和德国启蒙运动，苏格兰启蒙运动的一个显著的特征就是：思想家们最大的关切是"改良"（improvement）。"改良"贴切地反映了苏格兰启蒙运动的基本观念与核心关怀，而"社会"是理解"改良"的关键词。克里斯托弗·贝瑞就指出："苏格兰人特别的发展了'社会'的观念，而非政体类型的观念。"① 可见，"国家"与"社会"在苏格兰人那里已经做了清楚的区分。如何实现经济自由与社会进步是苏格兰人共同关注的问题。作为苏格兰启蒙思想家的休谟，同样面临这一迫切的时代课题。对于这一课题，苏格兰启蒙运动阵营内部形成了许多重大而又极具一致性的看法，当然也存在着具体理解和解释上的差异和冲突，而休谟，几乎代表了这一阵营思想运动的所有重要方面，尤其是对"社会"的独特理解。要理解休谟的政治哲学，"国家"和"社会"的关系问题自然是不可回避的。休谟是如何理解国家的？国家和社会之间是一种什么关系？什么是市民社会以及市民社会的意义何在？这是本章关注的核心问题。

一、休谟的国家观

在苏格兰人的观念世界中，"国家"显然不同于"社会"，这种不同可以从休谟的著述中得到证明，尤其是从休谟对"国家"的理解中得到证明。为了清晰起见，我们有必要选取一个恰当的参照背景，以定位休谟的国家观。当然，这个参照背景就是以霍布斯、洛克和卢梭为代表的契约论国家观。在对契约论国家观的批判中，清楚地展现出休谟对"国家"的不同理解，这一不同理解也为苏格兰启蒙思想家对政治国家和市民社会之关系的讨论作了铺陈。我们知道，以霍布斯和洛克为代表的近代契约论政治哲学家们，基于自然法和自然权利学说

---

① 李宏图：《理解苏格兰启蒙运动——李宏图与克里斯托弗·J. 贝瑞教授访谈录》，载《学海》2014年第1期。

阐述了国家的起源、形成以及合法性问题，构建了以自然法学说为基础的理性主义国家观，而休谟的国家观则与之存在根本性的差异，或者说，休谟对近代理性主义国家观是完全持否定态度的。

（一）霍布斯与洛克的理性主义国家观

以霍布斯和洛克为代表的契约论国家学说是近代主流的国家学说。休谟明确反对契约论及其理性主义基础，国家学说自然也是其批判的对象。具体而言，休谟是如何看待以霍布斯和洛克为代表的近代契约论国家观的？我们有必要先回顾一下霍布斯和洛克的国家学说。

霍布斯以"自然状态"作为逻辑起点，通过契约式的理性程序论证了政治社会与国家建构的必要性和合理性。霍布斯认为，自然状态下的人们拥有自然权利和自由，但由于极端利己主义的本性，人们为了满足自然欲望和达到自利目的而不断争斗、彼此伤害，自然状态实际上是一种极度混乱的状态。为了自我保存，人们必须进入政治社会，建立政府和国家。在霍布斯这里，政治社会和国家是人造之物，是自然状态下的人们为了自我保存经过同意建构的产物，也是保护个人自由和权利的工具。在霍布斯的论证逻辑中，个人自由与权利是第一位的，政治社会与国家是第二位的。洛克同样以自然状态作为逻辑起点，通过契约式的理性程序论证了政治社会和国家建构的必要性和合理性。洛克认为，政治社会和国家正是人们为了避免自然状态下的不便，通过契约方式建立起来的，其目的在于保障个人自由和权利。在个人与国家的关系问题上，霍布斯和洛克都认为国家的建立是以个人为目的的，本质上是保护个人自由与权利的工具，个人是第一位的，国家是第二位的。但是，在国家的权力界限问题上，他们却存在很大差异。霍布斯对自己所建构的国家赋予了无限的权力，人们在缔结契约时，将各自的全部权利都转让给"第三者"并承诺服从"第三者"的统治和管理，同时，已经转让出的权利无法收回，那么，这个"第三者"即主权者就拥有无限的权力。所以，霍布斯论证和建构起来的是一种集权专制性质的国家，这也是后来被冠之以"暴政辩护者"的原因。① 而在洛克的论证中，人性的估计比较乐观，人们在订立契约时，并没有将全部权利转让出去，而是保留了很多重要权利，如最基本的生命权、自由权、财产权，因而他论证和建构起来的国家，权力是有限的，其限度在于保障个人的自由和权利、提供稳定的社会秩序，过此则是一种僭越行为。

霍布斯和洛克的国家学说，相同的结论是：国家的建立是必要的，并以保护个人自由和权利为目的；国家是一种相对立于个人的权威力量，不论它的权威有多大，都是一种约束个人的强制性力量。其不同之处在于：两者建构的国家，其权力界限有程度之别，前者是无限政府和权威，后者是有限政府和权威。

(二) 休谟对理性主义国家观的批判

休谟认为，霍布斯和洛克的国家观存在一个共同的问题：他们都将国家及其行为的正当基础建立在"理性"之上。"自由主义是作为一种传统和迷信的对立面而形成的。所有的既定政治机构和规则都必须接受理性的衡量，以判定它们是否有利于人类的利益或自由。在自由主义内部，这样一种观念逐渐被模式化：没有任何一种制度设置或规则能够仅仅因为来自传统而被当然地承认。唯一足当保护的是经过理性检视的制度、规则。"② 的确，不论是霍布斯、洛克等契约论政治哲学家，还是边沁、密尔等功利主义政治哲学家，他们都承认和主张国家及其行为的正当基础是人的理性。

在以霍布斯和洛克为代表的契约论政治哲学家那里，理性主义是政治社会与国家建构的哲学基础。国家本身是通过契约理性的方式建构起来的，国家不仅是理性设计和建构的产物，而且其结构、活动方

---

① 霍布斯所生活的时代内战和革命不断，特殊的时代处境使得霍布斯深刻地意识到生命与安全的重要性。因此在霍布斯的政治哲学中，人的生命和安全就成了一切价值中的首要价值，也成为他政治社会建构的首要目标。即便霍布斯认为绝对权力和专制统治并不怎么好，但还是需要它，因为人性太险恶了，只能依靠这种绝对权力和专制统治来维持和平的秩序，如果换成其他的制度是行不通的。这既是霍布斯为绝对权力和专制统治进行辩护的原因所在，也是霍布斯被视为专制辩护士的原因所在。

② Ann Bousfield, *The Relationship between Liberalism and Conservatism: Parasitic, Competitive or Symbiotic?*, Cambridge: Athenaeum Press, 1999, p. 3.

式及范围都要遵循理性的法则,合乎理性的要求。国家的目的和职责就在于保护理性个体的自由和权利。对近代自由主义国家观的理性主义基础,休谟予以否定。从休谟政治哲学的思考理路,尤其是休谟对理性的性质、功能及其地位的解释中,我们已经知道,政治社会及其正义规则是为了弥补人性和人类生存环境的实际状态的不足所采取的补救措施和人为设计,而国家和政府则是为了保障正义规则而建立的。也就是说,正义规则、国家、政府都是出于人类经验和实际需要的人为发明的产物。在休谟看来,国家并不是人类理性建构和设计的产物,而是人们在经验和习惯的指引下逐渐意识到其"有用性"而建立的,国家和政府权威的合理性不在于它合乎人的理性,而在于它对正义规则的维护从而给我们带来的"利益"。国家和政府的权力执行者也并不具有高于他人的理性,他们只是将维护和执行正义规则和自己的直接利益结合起来,从而使得自己能够从中获利而已。虽然休谟否定了近代自由主义国家观的理性基础,但并不意味着他对理性及其功能的否定。他要强调的是,并不存在任何形式的先天理性或抽象理性及其原则,理性的功能和范围是有限的,理性只能是经验和实践中的理性,在经验理性之上建立某种关于国家和政府的政治科学是可能的,但这绝不意味着国家和政府能够实现充分的理性。如果将抽象理性运用于人类政治社会及其实践,那么很可能会导致意想不到甚至完全违背初衷的灾难性后果,"一条在思辨中可能看来对社会最有利的规则,在实践中可能发现是完全有害的和毁灭性的"①。这一洞察对后来的欧克肖特对理性的两种知识区分和哈耶克对"演进式"和"建构式"理性主义的区分都产生了极为重要的启发。② 总之,休谟的经验论立场以及对

---

① 休谟:《道德原则研究》,曾晓平译,商务印书馆2001年版,第45页。
② 欧克肖特看到,休谟实际上区分了理性的两种知识基础:一种是技术知识,它完全由公式化的规则、原则或基本原理组成,这种知识见于书本,也可从书上习得。另一种是"实践"知识或"传统"知识,它不同于技术,无法公式化为规则,而只能在实践中"习得"。(参见迈克尔·欧克肖特:《政治中的理性主义》,张汝伦译,上海译文出版社2003年版,第7—10页。)而哈耶克在此基础上提出了"演进的"和"建构的"理性主义区分。哈耶克(转下页)

理性之性质和功能的理解与解释，使他不可能接受近代自由主义国家学说的理性主义基础。

（三）"有限国家"与"法治国家"

休谟国家学说有何不同呢？这里有两个问题至关重要：第一，对个人与国家之关系的理解；第二，国家和政府的权力界限。首先来看个人与国家之关系问题。休谟承认个人是政治社会建构的基石，但是他不同意霍布斯、洛克主张的原子式、自足的和机械的个人。他认为，就本性而言，所有时空中的个人都是相同的，其动机和行为之间的那种恒常会合，如同自然界任何其他部分的因果联系一样具有一律性。因此，这种抽象却同一的个人不可避免地将构成社会的基石。在此意义上，休谟的政治哲学也是建立在个体主义原则之上的。但不同的是，休谟理解的个人始终是社会中的个人，"我们的自我和个性并不是先在的，而是社会经验的产物"①，个人总是在社会中才成为其自己，个人尤其具有社会依赖性，只有依赖于社会，才能弥补自身的不足。"人类是宇宙间具有最热烈的社会结合的欲望的动物，并且有最多的有利条件适合于社会的结合。我们每有一个愿望，总不能不着眼于社会。完全孤独的状态，或许是我们所能遭到的最大惩罚。"② 因此，人们为了弥补人性和自然环境的不足而建立起正义规则。正义规则虽然对人类有用，但仅凭人性自身并不足以保证所有成员都能够自觉遵守和执行，为了保证正义规则被遵守和执行，政府与国家也被建立起来了。正义规则是为了弥补人性和人类生存环境的缺陷而采取的补救措施，政府和国家则是为了保证正义规则被人们有效遵守和执行而人为发明的产物，它们都出自人类的实际需要。

（接上页）认为，任何主张社会秩序和国家是人为设计的观点必定建立在建构论理性主义之上，"这是一种狂妄的理性主义，它对自己的能力傲慢地过于自信，没有一点必要的谦逊精神，受它影响的人以为自己掌握了理性地全面重建社会所需要的一切知识"。（参见迈克尔·H. 莱斯诺夫：《二十世纪的政治哲学家》，冯克利译，商务印书馆2015年版，第218页。）

① Duncan Forbes, *Hume's Philosophical Politics*, Cambridge: Cambridge University Press, 1975, p.106.

② 休谟：《人性论》（下册），关文运译，商务印书馆1980年版，第396页。

在此必须强调的是，休谟视域中的国家不是从自然权利直接推导和论证出来的，而是建立在正义规则之上，以正义规则为基础。也就是说，国家并不是以某种先天的自然权利为目的的建构，而是以保障和维护正义规则为目的的建构。正义规则是出于人类的现实需要，国家也是人类追求和满足自身利益与需要的自然结果。在个人与国家的关系论证中，我们必须意识到休谟与霍布斯、洛克之间的一个重大差异：休谟的"国家"与"个人"并不存在直接关联，即"国家"的建构既不以"个人"为直接基础，也不以"个人"为直接目的。换言之，国家的职责和目的并不直接以"个人"为对象，而以正义规则为对象。在此意义上，国家和政府作为一种权威或强制性的力量，其首要职责和目的在于保障和维护正义规则，因此它并不构成与个人之间的根本性对立。很显然，在休谟这里，正义规则发挥作用的领域，既不是"个人"领域，也不是"国家"领域，而是一个公共领域，即"社会"领域。"社会"作为一个通过正义规则维护的公共领域被置于"个人"与"国家"之间。国家和政府就是建立在这一"社会"基础之上的，通过维护正义规则来保障社会秩序的稳定与和平。对于个人而言，国家只是在"社会"或正义的规则基础上，改变人性的活动方向，防止或惩罚违反正义规则的行为，同时引导政治社会的成员们意识到"社会"的重要性，关注社会的公共领域和公共利益。

通过分析我们发现，在休谟看来，国家和政府也是出于政治社会中人们的需要而产生的，它的职责和目的在于保障和维护正义规则。而休谟的正义规则是以财产权为核心的，正义规则的建立意味着财产权关系的确立，财产权并不是所谓前政治社会的个人属性，而是通过人为的正义规则确立起来的一系列社会交往的规则。那么，国家和政府的职责和目的就主要在于保障和维护政治社会中成员们的财产权。在这里，我们可以清晰地看到休谟政治哲学中的"洛克式"结论：第一，和洛克一样，国家是必需的；第二，国家和政府的职责和目的在于保护人们的财产权；第三，划定了国家和政府的权力界限，逾越这一界限的任何国家和政府行为都是非法的。因此，就国家和政府的权力界限问题来看,休谟显然主张"有限国家"。

有一点似乎值得注意,就是休谟虽然强调了国家权力的界限问题,并主张"有限国家",但也提醒我们应该正确看待它的作用。他写道:"政府权力不是自由的敌人,而恰是达致自由的基本途径。"① 在休谟看来,我们不能仅仅将国家和政府的权力或权威视为一种对个人自由的强制性约束,从而常常贬抑它,也应该看到其另一面:权力或权威也是自由得以实现的前提。"一个好的政府对实现人们的一般利益和幸福是必要的,它虽非充分,但不可或缺。"② 所以,国家和政府不仅可以在消极意义上维护正义规则进而保护个人利益,也可以在积极意义上鼓励人们合法化地追求个人利益,进而带来社会公共利益的增长,但绝不能有超出自身职责和权力边界的独立目标和独立意志。那么,对于如何实现"有限国家",如何将国家和政府的权力规范在正确的范围内,使其在消极意义和积极意义上恰当地发挥作用,休谟特别强调一套稳定的法律结构及其有效执行法律的重要性。也就是说,"有限国家"在制度上的根本保障在于权力运作的法治化,即实现"法治国家"。总之,在休谟看来,国家和政府的首要职责就是保障和维护正义规则,为社会提供良好的秩序和安全的环境,国家必须是"有限国家"和"法治国家"。

二、政治国家与市民社会的关系

休谟的国家观事实上已经明确表明,在苏格兰人的视域中,"社会"作为一个通过正义规则维护的公共领域,在"个人"与"国家"之间起着特殊作用。也正是苏格兰人特别地发现了"社会",并理解"社会"所特有的内涵、复杂关系与意义。他们把"社会"视为一种非政体类型的建制,其内部所有要素相互联系、彼此依赖,并具有共时

---

① John B. Swtewart, *Opinion and Reform in Hume's Political Philosophy*, Princeton: Princeton University Press, 1992, p. 253.
② Ibid., p. 281.

性和历时性的双重维度。① 这种对"社会"的特别关注是否意味着"国家"与"社会"的关系发生了变化？如果是，发生了怎样的变化？苏格兰启蒙思想家们是如何看待"国家"与"社会"之间关系的？

（一）"国家"与"社会"的界分：休谟、斯密与弗格森

在18世纪的苏格兰启蒙运动中，思想家们以经济自由和社会发展为核心关切，他们一致性地关注苏格兰社会的改良、进步和发展，并积极投身于社会转型的探索和思考，即如何摆脱落后文明并逐步实现自由独立的新式文明，而这一新式文明通常被称之为"商业社会"。在苏格兰启蒙语境中，文明社会就意味着商业的自由发展，商业的自由发展必然塑造一个"市民社会"（civil society）。法国学者皮埃尔·罗桑瓦隆（Pierre Rosanvallon）说："18世纪是英国世纪，这个世纪反映了一种回归到具体的广阔运动。比法国更为明显的，这一运动把所有注意力都集中到市民社会的实际运转上了。"②

在18世纪早期及之前的语境中，"civil society"这个概念还不是我们现在所使用的"市民社会"，在当时的特定语境中，它是指"政治社会"（political society）或"国家"。洛克在其著述中就常常将"civil society"和"political society"相互替换着使用，来指称一种通过契约所建立的国家状态，这显然是一种与自然状态相对应的文明状态。后来法国思想家托克维尔才将"civil society"定义为"市民社会"以区别于"国家"，用来指称与政治社会和国家不同的"私领域"。实际上，在18世纪苏格兰启蒙语境中，或者说在休谟、亚当·斯密和亚当·弗格森等苏格兰启蒙思想家那里，"civil society"已经有了新的所指，它不再被等同于"political society"（政治社会或国家），而成为一个专指"私领域"的概念，这一"私领域"就是"市民社会"或"商业社会"。在《人性论》和《道德、政治与文学论文集》中，休谟频繁地使用

---

① 克里斯托弗·贝里：《苏格兰启蒙运动中的商业社会观念》，张正萍译，浙江大学出版社2018年版，202页。
② 皮埃尔·罗桑瓦隆：《乌托邦资本主义——市场观念史》，杨祖功、晓宾、杨齐译，社会科学文献出版社2004年版，第33页。

"社会"（society）、"文明社会"（civilized society）、"大型社会"（large society）和"市民社会"（civil society）等概念，并明确将它们与"政治社会"（political society）或"国家"相区分。克里斯托弗·贝瑞指出："在《论原始契约》一文中，休谟对社会契约观念进行了严厉的批驳。而对于契约论法学的这种批判，预示着国家不再被概念化为一个源于非政治化的个人的自愿行动（契约）的特殊机构。这种两分法的解体使人们得以将政治机构（国家）视为社会中的诸多机构中的一种。一旦以这种方式来理解国家，那么，我们就可探寻国家或政治机构和非国家的机构之间的关系。我们不难发现，非国家机构与现代的 civil society 观念是紧密相联的。"① 很显然，用克里斯托弗·贝瑞的话来说，休谟所使用的这些概念指的就是一种"非国家的机构"所在的领域，即现代意义上的"市民社会"。其实，休谟关于政府和国家的相关阐述，已经很清楚地展示了这一概念的新含义。在休谟看来，政府和国家是因维护和保障正义规则而产生的，而以正义规则保障和维持的公共领域就是"社会"，国家和政府是建立在"社会"基础之上的。如"正义规则虽然足以维持任何社会，可是他们并不能在广大的文明社会中自动遵守那些规则，于是他们就建立政府"②。对于"大型社会"，休谟写道，"在大型社会中，一方面有那样多的财物，一方面又有那么多的实在的或想象的需要"③，因而需要政府。在这里，"大型社会"就是指商业发达的市民社会。可见，在休谟那里，市民社会与政府、国家相区分的观念是很清晰的。

关于这一点，我们也可以在斯密的著述中找到佐证。斯密在《道德情操论》与《国富论》两本著作中也大量使用了"商业社会"（commercial society）、"文明社会"（civilized society）、"大社会"（great society）等概念，也是指相对于政治社会而言的"市民社会"，并且和

---

① 李宏图：《理解苏格兰启蒙运动——李宏图与克里斯托弗·J. 贝瑞教授访谈录》，载《学海》2014年第1期。
② 休谟：《人性论》（下册），关文运译，商务印书馆1980年版，第580页。
③ 同上书，第581页。

休谟一样认为"社会先于国家"。爱德华·希尔斯（Edward Shils）评论道："对市民社会模式最完整的描述是亚当·斯密，尽管斯密并未使用这一术语。"① 同样，克里斯托弗·贝瑞也特别指出："斯密认为，起决定性作用的不是政治形式或政治体制的变化；这一思想立场意味着非政治机构的重要性和自主性。他的这种观点在其对封建贵族没落的解释中表露无遗（《国富论》第413—420页）。斯密的观点具有如下两个重要的面相：一方面，社会领域具有一种自主的动力机制（an autonomous dynamic），也就是说，在封建贵族没落的过程中起作用的力量是所有权体系（财产权）和行为方式（礼俗），他们之发挥作用并不依赖于政治决策。其次，这也解释了国家的出现。国家同样是"财产权和礼俗"方面的变迁的产物。此外，这就是一种明晰可辨的现代国家，它由规则和官员组成，而不是决定性地依赖于特定政治美德的践履。国家的主要任务是提供一种稳定的框架，从而使个人和群体能在其中正常运转、各司其职。这一点为哈贝马斯所强调，在其影响至广的《公共领域的结构转型》一书中，哈贝马斯将 civil society 的发展与公共权威的去人格化或去个人化（depersonalisation）相联系。这就与亚当·斯密对于商业社会的定义——在其中，'每个人都是商人'（《国富论》，第37页）——相契合。值得注意的是，斯密并不以其政制或国家形式，而是以一种社会形式来界定其当时所处的社会——因此，斯密说每个人都是商人，而不说每个人都是市民或每个人都是臣民。"②

作为同时代的思想家，亚当·弗格森在其《文明社会史论》中也使用了"civil society"这一概念，在该书中，弗格森描画了人类社会发展过程和阶段：野蛮（savage）—未开化（barbarous）—文雅（polished）。弗格森将人类社会发展演变的过程描述为一部自然的变迁史，指出生产方式、经济关系（以财产权为核心）和生存模式是这一

---

① 邓正来、J. C. 亚历山大编：《国家与市民社会——一种社会理论的研究路径》，中央编译出版社1998年版，第34页。
② 李宏图：《理解苏格兰启蒙运动——李宏图与克里斯托弗·J. 贝瑞教授访谈录》，载《学海》2014年第1期。

发展演变的内在动力机制，从而展示了市民社会形成的内在历史和逻辑。"但是，苏格兰人对于'civil society'的用法却因为弗格森声名卓著的《文明社会史论》(An Essay on the History of Civil Society)一书而得到错误的理解和强调。"① 也就是说，弗格森对"civil society"使用已经明确区分了"国家"与"社会"，而且强调了"社会先于国家"。克里斯托弗·贝瑞指出："弗格森在书中绝对没有将国家与社会并置，更不要说将国家与 civil society 并置了。实际上，在《文明社会史论》中，civil society 出现的频率并不高，当弗格森使用'civil society'这个术语时，也只是在响应洛克对'civil government'（political government 或 legitimate government）与专制政府（absolute government）的区分（参见福布斯所编订的弗格森的《文明社会史论》，第 275 页）。然而，与其苏格兰同胞一样，弗格森对于'civil society'的用法确实与洛克和传统上对'civil society'的理解形成了鲜明的分野。对洛克和自然法学家而言，'civil society'只有在与'自然状态'的对比中才有意义。但弗格森对这一点进行了攻击，他认为，'人类的自然状态'，也即'自然状态'，与人为的、由契约所产生的市民或政治实体（civil or political existence）之间不存在任何有意义的对比。"② 可见，从"civil society"一词的含义和所指在苏格兰启蒙语境中的变化，可以清楚地看到，"国家"与"社会"在休谟、斯密与弗格森那里已有明确区分。

（二）"国家"与"社会"的关系模式

在政治国家和市民社会的关系问题上，苏格兰启蒙思想家们不仅继承了先辈们丰富的思想资源，更有自身的独特理解，这一独特理解也正体现了 18 世纪苏格兰启蒙思想所内含的特殊现实问题与境遇。查尔斯·泰勒（Charles Taylr）在《市民社会的模式》一文中对近代市民社会理论的不同模式做了详细的梳理，并指出洛克和孟德斯鸠代表了两种最典型的模式。

---

① 李宏图：《理解苏格兰启蒙运动——李宏图与克里斯托弗·J. 贝瑞教授访谈录》，载《学海》2014 年第 1 期。
② 同上。

第七章 政治国家与市民社会

查尔斯·泰勒认为，洛克对"市民社会"这一概念的使用为后来苏格兰启蒙语境中的"市民社会"的含义提供了某种铺陈。具体而言，洛克主张"一种更为丰富的视社会为一外在于政治的实体的观点"[①]，而这一主张在查尔斯·泰勒看来具有中世纪社会观念的渊源和传承。首先，中世纪的社会观念认为社会不是由政治组织来加以界定，社会不同于政治组织；其次，中世纪的世界观念具有二重性，即俗世与天国，洛克的市民社会观念就是对这两点的世俗化置换和更新，将俗世和天国分别置换为"政府"与"社会"，并认为"社会"高于或者优先于"政府"。在洛克看来，通过个体权利让渡和契约理性的建构，人脱离自然状态进入到社会，然后才建立了政府或政治国家，并且个人权利的让渡只是部分性的，因此，政府或政治国家并不是霍布斯意义上的绝对威权主义者。换言之，政府或政治国家的建立只是由于社会中的种种不便（即裁决财产纠纷）而采取的建制，即便没有政府或政治国家，社会依然存在并发展，只是可能会面临诸多财产纠纷带来的不便而已。政府或政治国家的作用仅仅在于从消极意义上维护自由权、生命权和财产权，进而保障社会秩序的稳定，但绝不能从积极意义上主导和控制社会。很显然，洛克关于"社会先于或外在于政府"的观念，实际上已经暗含了"国家"与"社会"相区分的意图，只是没有明确化而已，所以只能视为苏格兰启蒙思想家对两者明确界分的理论先导。

需要强调的是，查尔斯·泰勒洞见到，洛克"市民社会先于或外在于国家"的观念存在着明显的内在张力，即政治国家和市民社会始终处于一种紧张的博弈关系中，随时有可能走向两个极端，即引起或右、或左的反政治的激进主义理想。前者试图彻底区分政治国家与社会，一方面争取个体自由的最大化，另一方面激发"社会"这一公共领域的自我调节机制，并通过"自发秩序"（哈耶克语）在关系互动与

[①] 邓正来、J. C. 亚历山大编：《国家与市民社会——一种社会理论的研究路径》，中央编译出版社1998年版，第17—18页。

资源配置中发挥作用。这就意味着国家和政府的权力必须最小化且严格受限,市场的自主自足性必须最大化且受法律保护,如果推向极端,则很可能导致一种消解政治国家的社会。后者则试图强化政治国家的角色和功能,并使之凌驾于社会之上,成为主导和控制社会的强制性力量,如黑格尔将国家视为"绝对精神"、卢梭将国家视为抽象化"公意"的代表等,如果推向极端,则导致一个绝对主义国家的崛起以及对社会这一公共领域的消解,一切私领域将被强权覆盖,个体自由和权利将无法保障。

在"左"和"右"的极端中,前者以托马斯·潘恩为代表,他主张"最小限度的国家",指出政府"即使在最好的情况下,也不过是一件免不了的祸害;在其最坏的情况下,就成为不可容忍的祸害"①;后者则以卢梭及其"雅各宾专政"式的民主观念为典型。"这两种理想都会以各自的方式妨碍对市民社会和国家的区分——它们当然起到了妨碍作用,因为激进的自决权借那种以假设的共意为名将国家吞没于社会之中;同时,政治边际化的目标则竭尽可能地趋向无政府状态。"②

与洛克不同的是,孟德斯鸠关于市民社会的观点很大程度上避免了洛克式模式所导致的极端结果。孟德斯鸠把市民社会理解为一种通过法治限制国家或政府权力的制衡机制。查尔斯·泰勒评价道:"如果说洛克学派揭示了有关社会具有非政治相度的观念,那么孟德斯鸠的贡献则在于他提出了自己的社会图景,亦即社会是根据其政治组织来界定的,但是这种界定依照国家架构则是多种多样的,因此需要在各个独立的力量之间分配权力。在孟德斯鸠的图景中,还存在着具有同等重要意义的并不是为了政治目的而成立的独立社团。但它们的重要性并不在于它们构成了一个非政治性的社会领域,而毋宁在于它们构成了政治体系中权力分立及多样化的基础。紧要的并不是它们外在于政治体系的生命,而是它们被整合入政治体系的方式,以及它们在该

---

① 托马斯·潘恩:《潘恩选集》,马清槐等译,商务印书馆1981年版,第3页。
② 邓正来、J. C. 亚历山大编:《国家与市民社会——一种社会理论的研究路径》,中央编译出版社1998年版,第25页。

体系之中的作用。孟德斯鸠所谓的'中间团体',实质上是'两栖的'实体,它们拥有外在于政治结构的生命,而且,这也的确是它们的主要目的和它们具有力量的基础。但是,为使政治健康发展,它们在政治中发挥作用也就具有了十分重要的意义。"① 从对 18 世纪市民社会理论的影响来看,孟德斯鸠的市民社会观念进一步丰富了市民社会的含义和实体形态,更重要的是在现实制度操作层面强调了市民社会对政治国家的制衡作用,但是,这种制衡力量在孟德斯鸠看来依然是有限的、局部的,他更注重民主政治体制的整体设计对国家权力的有效制衡,这就可能导致对社会独立性和自主性的忽视。

对于市民社会理论,我们不能忽视黑格尔的贡献。作为苏格兰启蒙运动之后的哲学家,黑格尔当然不可能对苏格兰启蒙运动产生任何影响,也不属于查尔斯·泰勒所说的作为理论渊源的两种关系模式中的任何一种,但可以提供一个比较和参照。与洛克"市民社会先于或外在于国家"不同的是,黑格尔认为,国家是一个更高级的统一体,市民社会只有依赖于国家才得以存续,国家是社会得以存续的关键力量。在《法哲学原理》中,黑格尔明确地区分了"国家""市民社会"和"家庭",并指出"国家高于社会",这一理解很显然表现出他对市民社会的轻视态度,这种轻视远远背离了自由主义的精神实质。对此,萨拜因在《政治学说史》中评价道:"把对国家的理想化同从道德上贬低市民社会这二者结合在一起的做法,却使得政治极权主义成为必然之势。"② 因此,黑格尔的市民社会理论与苏格兰启蒙运动的市民社会理论相去甚远。

(三)苏格兰启蒙学派:"市民社会"与"国家"的平衡

随着 18 世纪不列颠商品经济的发展,一个新兴的阶层正在形成,市民社会快速成长起来。政治国家和市民社会之间的关系问题成为苏

---

① 邓正来、J. C. 亚历山大编:《国家与市民社会——一种社会理论的研究路径》,中央编译出版社 1998 年版,第 27 页。
② 乔治·萨拜因:《政治学说史:民族国家》(上),邓正来译,上海人民出版社 2015 年版,第 442 页。

格兰启蒙思想家们必须面对的一个现实问题，对这个问题的理解和回答，关系到寻求何种方式来促进和实现苏格兰的改良、进步和发展。在面对这一问题时，苏格兰启蒙思想家们走出了一条完全不同的思想道路。他们既没有照搬洛克与孟德斯鸠的两种关系模式，也没有走上黑格尔"国家高于社会"观念进路；既不过分强调"社会"高于"国家"，又不主张"国家"高于"社会"，而是立足于现实，在两者之间探索出一个能够为苏格兰的改良、进步与发展提供论证和辩护的新型关系模式。18世纪的苏格兰启蒙思想家虽然承认政治国家的必要性和重要性，但他们特别地发展了"社会"的观念。这当然与苏格兰人所面临的时代和社会的现实问题紧密相关，如何实现苏格兰的经济发展和社会进步，是他们的一致性关切。更何况，政治国家和市民社会的区分已经在商品经济发展的基础上具有了实体形态，回答这一问题已经迫在眉睫。

在政治国家与市民社会的关系问题上，苏格兰启蒙思想家们更倾向于认为"社会优先于国家"，与洛克较为接近，但避免了洛克式模式可能导致的两种极端，同时也超越了孟德斯鸠模式可能忽视市民社会自主性和独立性的局限。作为苏格兰启蒙运动的殿军，休谟对这一关系的理解最具代表性。在《人性论》中，他写道："我不但不像某些哲学家们那样，认为人类离了政府就完全不能组织社会，而且我还主张，政府的最初萌芽不是由同一个社会中的人们的争端而发生，而是由几个不同的社会中的人们的争端而发生的。"[1] 还有"政府对人类虽然是很有利的，甚至在某些条件下还是绝对必需的一种发明；但它并不是在一切条件下都是必需的，而且人类即使不求助于那样一种发明，也不是不可能在某一段时期以内维持社会的"[2]。也就是说，苏格兰启蒙思想家一方面强调社会的独立性、自生性以及市场自身在商品经济活动中的自发性，并因此主张"有限政府"和"法治国家"；另一方面也

---

[1] 休谟：《人性论》（下册），关文运译，商务印书馆1980年版，第576页。
[2] 同上书，第575页。

充分肯定了国家和政府对于维持和保障社会的必要性,避免了"社会高于国家"所可能导致的"非政治导向"和"反政治导向"对国家和社会关系的破坏。"非政治导向"很可能"在根本上构成了对国家侵吞市民社会的可能性的抵抗甚或革命的力量"[①],而"反政治导向"则"在某种意义上否定了国家及其建制之于市民社会的正面意义"[②]。可见,苏格兰启蒙思想家对这一关系的理解,既强调了政治国家的必要性,避免了两种导向的极端化结果,即"去政治国家",又保留了社会对政治国家的有效制约。这一点通过休谟对国家和政府的权力边界问题的相关论述可以得到清楚的佐证("休谟的国家观"一节中已经予以详细分析)。在休谟看来,国家既非绝对权力的"威权国家",也非"最小国家",而是一种"有限国家"和"法治国家",也是一个能够承担社会公共职能的"服务型国家"。他既承认社会的基础性地位,同时又不否认政治国家的必要性,只是政治国家作为一种"有限国家"和"法治国家",其主要目的和职责在于维护市民社会(或商业社会)的正义规则,国家和政府的限度也就在于为社会提供公共服务。因此,政治国家与市民社会的关系,在苏格兰启蒙思想家这里得到了重新定位和有效平衡。休谟对政治国家与市民社会之关系的理解和论述,在苏格兰启蒙运动中极具代表性,在近代政治哲学中可谓独树一帜。

三、商业社会的启蒙与现代文明

对于不列颠而言,18世纪是商业时代。商业的发展带来了政治国家与市民社会的分离,苏格兰启蒙思想家敏锐地意识到了这种变化,并在两者之间找到了一种平衡,将它们视为相互关联的整体。苏格兰人认为,他们生活在一个商业社会,商业社会的核心特征是"社会",它既非政体也非氏族,即便它包括了政府和家庭,后面两个是构成"社会"制度、

[①] 邓正来、J. C. 亚历山大编:《国家与市民社会———种社会理论的研究路径》,中央编译出版社1998年版,第96页。
[②] 同上。

行为、价值这一相互关联系列的要素。相对于政治国家,苏格兰人更关注"社会",而"社会"就是指"商业社会"。在苏格兰启蒙语境中,"市民社会"就等同于"商业社会"。对"商业社会"的关注,突出了苏格兰人对"改良"的关切,以及对它们自己社会从落后到逐步实现自由独立的新式文明这一转型的关切。"商业"观念涵括了新式文明社会的所有特征与内容,是启蒙时代苏格兰人独具特色的观念。

(一)休谟的态度:社会先于国家

作为苏格兰启蒙运动中最耀眼的明星,休谟和其他人一样将苏格兰的"改良"视为自己的思考课题。"改良"意图统摄着苏格兰的进步与转型。"商业"是实现进步和转型所必需的,这一点得到了苏格兰人的广泛认可。在《人性论》和《政治论文集》中,休谟特别强调了"文明社会"的重要性以及必要条件。不论是人性理论还是正义理论、政府理论还是政体理论,最终都是为"文明社会"提供辩护的支持性理论,并整体性地融贯于"商业社会"的观念和制度建构中。

通过第二章的讨论,我们已经知道,休谟的政治哲学是其"人性"科学的构成部分,"人性"研究是他政治哲学研究的基础性建构,政治哲学研究是他"人性"研究在实践领域的扩展和应用。休谟的政治哲学与其整个"人性"科学研究的主题和用意保持着内在的连贯性和统一性,人性与人类生存环境的实际状态的经验考察,是其政治哲学思考和研究的逻辑起点。其"人性科学"建构所依赖的"人性"绝不是假想中的自然状态下所呈现的人性,而是在自然环境和经验生活中所呈现出来的人性,即人的"社会性"。休谟认为,"社会"是人性的基本倾向和需要,"一切有理性的生物结伴和结社的倾向很强"[1],同时,"人们的一般的社会是人类种族的生存绝对不可缺少的"[2]。而以财产权为核心的正义规则,以及为了执行正义规则而建立的国家和政府,都是"文明社会"重要的制度保障。"当人们观察到,正义规则虽然足以

---

[1] 休谟:《休谟政治论文选》,张若衡译,商务印书馆2010年版,第89页。
[2] 休谟:《道德原则研究》,曾晓平译,商务印书馆2001年版,第61页。

维持任何社会，可是他们并不能在广大的文明社会中自动遵守那些规则，于是他们就建立政府，作为达到他们目的的一个新的发明，并借更严格地执行正义来保存旧有的利益或求得新的利益。"① 在休谟看来，国家和政府作为一种权威或强制性的力量，其首要目的和职责在于保障和维护正义规则，而通过正义规则维持的公共领域就是"社会"，国家和政府是建立在"社会"基础之上的，其目的在于保障和维护社会的和平稳定。政府和国家通过约束人的行为方式从而避免违反和破坏正义规则和社会秩序，同时引导政治社会的成员们意识到"社会"的重要性，关注社会的公共领域和公共利益。很清楚，在休谟这里，"社会"优先于"国家"。换言之，国家与政府只是为了保障和维持社会秩序及其公共利益的工具性存在，人为建构的国家与政府服务于"社会"，以"社会"为目的。

（二）什么是商业社会：定义与特征

前文中已经指出，"civil society"在休谟、斯密和弗格森等苏格兰启蒙思想家那里已经被赋予了新的含义，"商业"是这一新含义的核心，所以"civil society"就是指"商业社会"。在苏格兰启蒙语境中，"文明社会""市民社会"和"商业社会"是同一个概念，具有相同的所指与含义。把"商业"作为理解"社会"的核心维度，意味着苏格兰启蒙思想家们不仅已经清楚地意识到"社会"本身所具有的独立性、自主性和自发性等特征，也意识到了使得这些特征得以产生以及支配社会的决定性力量并不是政治性的契约，而是经济性的市场和自由商业。也就是说，苏格兰人已经领悟到"商业的确构成了一种不同类型的社会特征"②。这种对"社会"的经济理解，已经触及了作为整体性的人类社会机制的内在本质，在人类思想史上具有极其重要的意义。那么，究竟什么是商业社会？

克里斯托弗·贝瑞指出："商业社会是一个综括性的、相互依存的

---

① 休谟：《人性论》（下册），关文运译，商务印书馆1980年版，第580页。
② 克里斯托弗·贝里：《苏格兰启蒙运动中的商业社会观念》，张正萍译，浙江大学出版社2018年版，第206页。

社会（a society of inclusive inter-dependence），人类生活的方方面面均被纳入其中。当斯密言及'每个人都是商人'时，他意指每个人都更多地卷入到市场交换。在那时，没有任何一个苏格兰人使用市场社会这个术语，如果市场社会的含义不是太偏狭的话，它或许可以有效地用作商业社会的代名词。"① 换言之，商业社会是一个人人都处于更加复杂的经济网格关系中的社会，这个社会的决定性特征是普遍盛行的相互依赖性和劳动分工。商品经济和自由贸易的发展，正在构造一个新的大型复杂社会，其内在结构和功能相互联结，各种关系高度依存，这与以往的所有社会阶段（如狩猎、游牧、农耕三个阶段）都是完全不同的。具体而言，第一，商业社会的首要的特征是普遍而专业的劳动分工，这在很大程度上促进了社会繁荣和整体富裕，几乎所有人、所有阶层都是其受益者；第二，正义规则的建立和法治的实施，为商业社会提供了制度支撑，进一步冲破了原有社会的等级制度，确保了社会的公平正义；第三，现代形式自由的兴起，即肯定个人私利的正当性，允许和鼓励个人自由，社会逐渐呈现出多元化趋势；第四，陌生人化的社会交往愈加频繁，社会互动愈加功能性；第五，随着消费市场的日益繁荣，奢侈与品位也拥有了足够的社会空间；第六，政治专业化；第七，金融体系的专业化程度显著提高，信用体系越来越彰显出其重要性；第八，公共财富的增加为社会救助和社会保障提供了可能；第九，文明化、平等化程度得到了提高，进而助长了人道主义精神。这些特征是商业社会所独有的，是区别于其他社会形态的身份标识，它们并不是偶然存在的，而是高度联结和相互依存，具有某种内在的一致性，是商业社会内在机制的外在显现。

生活在18世纪的休谟，是商业社会成长和发展的亲历者与见证者，他清楚地看到，商业造就了一个新社会、一个新文明、一个新时代。他坚信，商业社会是人类历史发展的高级阶段，也是人类社会文明开

---

① 李宏图：《理解苏格兰启蒙运动——李宏图与克里斯托弗·J. 贝瑞教授访谈录》，载《学海》2014年第1期。

化的标志和产物。要改变苏格兰的落后面貌,实现苏格兰向现代文明的转型,必须积极推动自由商业的发展,加速培育一个现代意义上的商业社会。只有通过商业的发展,才能为人们提供足够的物质供给,而足够的物质供给可以刺激人的欲望,进而激发人们的勤勉精神和创造精神。商业的发展不仅满足了人们追求私利和个人享受的欲望,而且也带来了社会财富的积累和公共利益的增加,客观上实现了国富民强。在《论技艺的日新月异》(*Of Refinement in the Arts*)一文中,休谟所说的"一个讲究的社会"就是指现代商业社会。在该文中,休谟针对"奢侈"提供了一系列辩护,指出商业社会的合法性就建立在"奢侈"的正当性基础上,对"奢侈"的辩护直接关系苏格兰的进步与文明。

对于商业社会的优势,苏格兰人无可否认,但这并不意味着他们忽视了其缺点或不足,差异性的看法仍然是存在的,对这些缺陷或不足的描述和补救形成了活跃的讨论。克里斯托弗·贝瑞指出:"苏格兰启蒙运动的一个争论焦点便是商业的发展可能会破坏社会凝聚力。它表现为如下诸种形式:(1)通过鼓励奢华,商业削弱了社会的防御能力,雇佣兵或国家设立了常备军队。(2)自由被破坏,以上观念由弗格森、凯姆斯勋爵提出,但遭到休谟和斯密的驳斥。(3)劳动分工破坏社会团结,损害工人的美德,并由此催生出一种以国家干预的形式来资助教育的呼声。(4)自爱占主导地位,并侵蚀诸如慈善等社会美德。(5)信用体系破坏了社会肌体。"[①] 针对当时一些人对商业社会的发展所引发的问题的忧虑,如引起腐败,破坏社会凝聚力和"自由"、削弱身心等,休谟进行了一系列驳斥,并为商业社会提供了积极的辩护。

(三)对商业与奢侈的辩护

对于长期存在的反商业观点,休谟坚决予以回击。首先,对于商业可能引起腐败的观点,他说,"在生活上讲究和舒适,本身并不带有引起贪污腐化的必然趋势"[②],将衰亡和腐败归咎于享受和艺术,完全

---

① 李宏图:《理解苏格兰启蒙运动——李宏图与克里斯托弗·J. 贝瑞教授访谈录》,载《学海》2014年第1期。
② 休谟:《休谟经济论文选》,陈玮译,商务印书馆1984年版,第25页。

是找错了方向。其次，对于商业会破坏社会凝聚力和削弱"自由"的观点，休谟更是断然否定。对休谟而言，商业社会的发展，不仅不会破坏"自由"，反而会带来更大的"自由"，"技艺进步对自由是相当有利的"①。对此，休谟从经济社会学的角度做出了明确解释，他认为技术的进步和商业的发展打破了传统的社会阶层结构，不仅催生了一个庞大的中产阶层，而且也形塑了一个现代自由民主政体，市民阶层的人格获得了相对的独立性，自由与权利也得到了更好的保障。最后，对于"商业会败坏身心"的观点，休谟则指出："技艺不会产生这种削弱身心的影响，相反，作为技艺的不可分离的伴当——勤劳，只会给身心增添新的力量。"② 因此，在休谟看来，商业社会的发展不仅不会带来如有些人所担心的负面影响，相反它在造就技艺进步和物质生活改良的同时，也能敦风化俗，形塑与商业社会相契合的精神文明，即商业精神。"商业能促进勤劳，把这种精神带给每个社会成员，自然而然地流传开来，使人人不当无用废物与草木同腐。商业能发扬节俭，使人人安居乐业，发挥一技之长来求利；这种技艺很快就使人精神有所寄托，转移奢侈逸乐的癖好。一切勤劳的行业使人节俭，同时也使爱利得之心胜过嗜逸乐之念，这一点是放之四海而皆准的。"③ 这种商业精神，正是商业社会不断发展的精神动力。

对奢侈品的辩护是休谟对反商业观点进行驳斥的最强有力的证明。"奢侈品"是一个容易引起误解的概念，在现代语境中，我们将它理解为消费主义和过度消费，但在18世纪的语境中，它是指一种追求更加舒适便利的商业产品的观念和行为。对此，休谟曾解释道："就一般而论，这个词是指满足感官需要的日益讲究。"④ 亚当·弗格森也写道："尽管我们各抒己见，但是我们在用该术语（luxury——笔者注）来指

---

① 休谟：《休谟经济论文选》，陈玮译，商务印书馆1984年版，第26页。
② 同上书，第23页。
③ 同上书，第49页。
④ 同上书，第18页。

人类为了过上舒适、便利的生活而设计的复杂器具方面大体是一致的。"① 在休谟的时代,关于奢侈品的话题存在激烈的争论。一边是批评者,他们对奢侈品持公开的谴责态度,以萨鲁斯特(Sallust)为代表(休谟将他称为"苛刻的道德家");另一边是捍卫者,他们对奢侈品持积极的肯定态度,以曼德维尔为代表。针对这一背景,休谟给出了自己的奢侈品定义:"在满足感官方面,奢侈品是非常高雅的。"② 并通过将奢侈品与高雅、幸福、德性相结合,休谟明确地与道德家传统决裂。

休谟指出,奢侈品满足了一些最暴力的激情,是人们从事工业生产和商业贸易的最大激励。在《论商业》(Of Commerce)中,他写道:"世界上的每一样东西都要靠劳动来购买,人们的欲望则是劳动的唯一动机。"③"欲望"在此意义重大,它曾在亚里士多德的哲学中被限制在某些固定的目的上,一旦不符合或偏离这一目的就成为一种"缺陷"④。但在休谟所处的近代,对它的评价已经发生了转变,"欲望"本身得到了肯定。⑤ 休谟注意到,让人们积极劳动的唯一方法就是争取他们的激情和欲望,并"以利禄在于勤勉、技艺即是享受的精神来激励他们"⑥,占有和享受奢侈品的快乐可以激发人的内在情感,鼓励人们勤勉劳动,从而创造财富,推动社会发展。所以利用人的自利性,以奢侈欲和享受欲做诱饵,鼓励和引导人们勤勉劳动、创造财富是实现富国强民的最佳途径。人们对奢侈品的追求,一方面大大激发了人们的劳动意识,另一方面也大大突破了自给自足的生产和消费模式,使得人与人之间的来往交换日益扩大和频繁,商业因此产生并发展起来,造就了完全不同于狩猎、游牧和农耕的社会与历史阶段。也就是说,

---

① 亚当·弗格森:《文明社会史论》,林本椿、王绍祥译,浙江大学出版社 2010 年版,第 272 页。
② David Hume, Essays: Moral, Political and Literary, edited by D. F. Miller, Indianapolis: Liberty Press, 1985, p. 268.
③ 休谟:《休谟经济论文选》,陈玮译,商务印书馆 1984 年版,第 10—11 页。
④ 在亚里士多德的目的论哲学中,食物的"目的"是缓解饥饿,欲望仅限于那种自然目的的满足,所以在并不饥饿的时候欲求食物显然是一种"缺陷"。
⑤ 这里很清楚地表明了休谟哲学的"近代"特征,即对亚里士多德目的论哲学的拒斥。
⑥ 休谟:《休谟经济论文选》,陈玮译,商务印书馆 1984 年版,第 12 页。

奢侈品加速了商业社会的形成和发展，带来了社会财富的快速积累，"一切美化生活的商品的增加和消费，都对社会有好处；因为它们在成倍地扩大满足那些无害的个人欲望的同时，也增加了劳动（产品）的贮存，这种贮存，在国家一旦出现紧急情况时，就可转入社会劳务"①。

奢侈品的反对者们常常以一个古典式的反驳理由来支持自己的观点②，即认为奢侈与软弱、女子气存在牢固的关联，贫穷是一种美德，奢侈是一种罪恶或堕落。在这种观念的支配下，"男人如果过一种奢侈的生活就会变得有女子气。也就是说，他们会变得'软弱'，无法承受贫困，而且在关键性的（甚至词源上的）男性时尚中不能勇敢地行动。奢侈的生活意味着将自己投身于自我放纵和贪婪的快感中。这种生活会带来一定的社会后果。一个建立了奢侈之风的社会将执着于私人目的，因为人们不会愿意为公共利益行动（抗争）。紧接着，这个社会的军事将变得孱弱——一个充斥着懦夫的民族会很容易屈服"③。

针对这一传统且固执的观念，休谟认为有必要进行纠偏或颠覆。因为反对者对奢侈品和软弱之间因果关联的假定过于简单和独断，其观点也太过片面和消极，显然不符合事实。休谟无法接受反对者对奢侈品的消极否定，即便奢侈品有导致软弱的可能性（现实生活中也确实存在这样的事实），它也应该得到公正的对待。为了反驳批评者的道德化论证进而为奢侈品辩护，休谟采取了一定的策略，即接受奢侈品与软弱之间的关联，但又以一种积极的方式将这种关联建构起来。换言之，不否定奢侈品有可能是"邪恶的"，并有导致软弱的可能性，但从积极意义上更强调它优于怠惰、利大于弊，接受它远比徒劳地去消灭它更有益。比如商业与奢侈让男人"秉性"变得"软弱"的过程中，举止也文明化，甚至战争的残酷性也减弱了④，同时也促使传统的尚武

---

① 休谟：《休谟经济论文选》，陈玮译，商务印书馆1984年版，第22页。
② 这一古典式的反驳理由实际上就是古典共和主义者所持的观点，他们将奢侈品、财富（商业）与道德视为一种消极的关联。
③ 克里斯托弗·贝里：《大卫·休谟：启蒙与怀疑》，李贯峰译，华中科技大学出版社2019年版，第69页。
④ 休谟：《休谟经济论文选》，陈玮译，商务印书馆1984年版，第23页。

美德(如勇气和荣耀)转向了对人性化、勤劳和公正的"和善"美德的注重。这种向柔和的转变并没有软化"尚武精神"①,这可以得到现实经验的有力证明,如英国和法国的商业发展所造就的强大军事力量。因此,传统观念在奢侈品和软弱、女子气之间所假定的因果关联是难以成立的。经验证明的是这样一个事实:一个商业社会是强大有力的、充满男子气概的,而非软弱、充满女子气,因为它确实造就了一个国家及其军事力量的强大。休谟的经验主义分析,实际上揭示了奢侈品反对者所持观点的深层次矛盾,即他们并未正确理解人类"心灵的自然趋向"②,误以为奢侈会带来软弱和堕落。殊不知,追求和满足自利是人的本性,取消和禁止一切艺术品和奢侈品从根本上违背了人的本性,以至于很难驱动人类行为创造财富,最终导致怠惰与贫穷。这一人性的知识,显然也来自于经验中的"审慎观察"。一旦获得了关于人性的正确知识,在休谟看来,那我们唯一能做的就是利用奢侈品来引导人类的激情和欲望,将其转化为勤勉的劳动,进而创造财富。很显然,基于人性的事实和对理性之局限性的清醒认知③,面对激情和欲望,休谟所采取的应对策略是,引导并利用之,以便最大限度降低其负面作用,发挥其正面作用,而非古典观念所认为的运用理性控制并教化之。激情如能有效引导利用,便可带来商业的繁荣和德性的增长。现实中一个显而易见的事实是,在没有奢侈品的地方,工业和商业的发展因为缺乏激情和欲望的引导而缓慢滞后,而有奢侈品的地方,工业和商业却得到了巨大的发展④。对奢侈品的追求和享受,很大程度上驱动了商业的繁荣,进而培育了与商业社会相符合的个体美德和公共美德。

---

① 休谟:《休谟经济论文选》,陈玮译,商务印书馆 1984 年版,第 12 页。
② 休谟认为,人性本质上是"自私的",人类"心灵的自然倾向"往往受激情和欲望的引导,而非理性的控制,所以奢侈品批评者的论证难以得到人性事实的支持。
③ 在《人性论》中,休谟对理性和情感在人性中的地位、功能及其相互关系进行了重新界定,指出情感相对于理性具有其优先性,并将理性的含义狭义化、作用工具化,进而为理性划出了界限。理性具有其局限性,是以休谟为代表的苏格兰人的普遍共识。
④ E. J. Hundert, "The Achievement Motive in Hume's Political Economy", *Journal of the History of Ideas* (35), 1974, p. 141.

从对商业与奢侈品的辩护可以看出，休谟对商业社会是持肯定态度的，而且对商业的未来充满信心。对于那些可能出现的负面影响，休谟认为关键在于如何更好地弥补和应对，将其控制在合理的范围内。一味地谴责和反对，对于商业和奢侈品而言都是不公正的，即便存在缺陷，它们依然值得肯定，因为它们优于贫穷和怠惰，接受它们远比根除它们更为有益。至于如何弥补和应对商业社会的问题，休谟指出，关键性的策略就是正义规则。正义规则作为一种人为的设计，其目的就在于通过一个安全而公平的法律体系的运作，来保障和维持商业社会的稳定性。正义规则为商业社会提供了稳定的、可持续的制度保障。

（四）商业的现代性意义：道德的与政治的

仅仅从经济维度强调商业的意义是远远不够的。以财产权及其正义规则为内在要求的商业，对经济、政治、道德、文化等多个方面产生着广泛而复杂的影响，从某种程度上讲，商业不仅形塑了现代经济世界，同样也形塑了现代道德世界和政治世界。因此，进一步澄清商业社会与现代文明之间的关系，特别是商业社会对于现代道德世界和政治世界的启蒙意义是极其必要的。

1. 商业的道德意义：社会美德与社会文明

在《论商业》和《论技艺的日新月异》两篇文章中，休谟着重探讨了商业的道德意义，并指出商业的繁荣具有塑造良好道德和培育社会美德的独特能力。虽然休谟没有将慷慨和仁慈这些社会美德视为正义的基础，但他认为，商业社会的正义规则反过来却促进了一些最基本的社会美德，如公平、诚信、礼仪、文明、聪明以及人道。[1]

在《论技艺的日新月异》一文中，休谟指出人类幸福有三个方面：活动、消遣与悠闲。[2] 在人类的各种活动中，休谟认为商业是人类获得

---

[1] 洛兰·贝瑟认为，当人们成为公正社会的一部分时，他们会经历心理转变，这使他们能够更充分地发展自己的激情并参与有意义的社会关系。虽然休谟并不专注于政治经济学，但通过他的经济著作可以清楚地意识到这种转变。(参见 Lorraine Besser, "The Role of Justice in Hume's Theory of Psychological Development", *Hume Studies*, Vol. 32, 2006, pp. 253-276.)

[2] 休谟：《休谟经济论文选》，陈玮译，商务印书馆1984年版，第19页。

幸福最富有成效的活动。他写道："所有人类商业的伟大目标，就是获得幸福。"① 商业不仅让我们享受到一切便利，还享受占有劳动成果的成就感。商业通过对人的性格、知识、能力和行为的改变而产生和促进幸福。首先，通过有目的的、机智的、系统的劳动，人们的心灵得到了扩展，能力得到了培养，创造力得到了激发和鼓励，同时一些具有破坏性倾向的行为得到了约束与规范，这就为幸福创造了条件。其次，商业活动不仅拓展了人类知识的疆域，提高了人们参与复杂事物的价值判断能力，还极大地增强了人们的社交性。在《论技艺的日新月异》中，休谟观察到，在商业社会中，人们不再觉得彼此分开是有吸引力的，相反，他们会"聚集到城市里，热衷于接受和交流知识，显示才智和教养，表明各自的情趣——无论是谈吐的风雅，或生活上的爱好，以及对服饰家具的鉴赏力等"②。人们日益增长的社交能力和知识水平将提高他们的品位和修养，这正是一个稳定而幸福的社会的基本要素。温和的脾气和优雅的举止使人们能够进行更文明的互动，并形成持久而亲切的关系。最后，商业的发展所带来的经济独立和财务自由，为博爱与人道主义逐渐成为普遍的观念共识和行动共识提供了稳定的基础，使得文明在商业社会的成长中逐渐生根发芽，"勤勉、知识与人道就像一条不可分割的链条一样紧紧连在一起"③。

不仅如此，休谟还相信商业社会会促进国家内部人与人之间的平等。在《论商业》中，他写道："公民之间贫富过于悬殊，会使国家受到削弱。人人，如果可能，都应该能享受自己劳动的成果：占有充分的生活必需品以及基本的生活日用品。没有哪一个人会不相信：正是这种平等十分适合于人类的天性，它增进穷人的幸福，却丝毫无损于富人的幸福。"④ 同样，商业社会固有的机制也会促进国家间的平等，而且国际商业还会带来技术和方法的革新，思想与创造力的突破。因为它

---

① David Hume, *Essays, Moral, Political, and Literary*, edited by D. F. Miller, Indianapolis: Liberty Fund, 1985, p. 148.
② 休谟：《休谟经济论文选》，陈玮译，商务印书馆1984年版，第21页。
③ 大卫·休谟：《论政治与经济》，张正萍译，浙江大学出版社2011年版，第146页。
④ 休谟：《休谟经济论文选》，陈玮译，商务印书馆1984年版，第14页。

将世界各地的人们联系在一起,极大地加速了新技术的突破和新观念的传播。此外,国际商业还会带动更多后起国家一起分享经济繁荣的成果。任何勤劳的国家都能够参与其中,只要人们坚持商业社会的规则与秩序,他们就有机会参与休谟所设想的人类物质繁荣和道德进步的历史进程。

消遣或享受是人类幸福的第二个主要组成部分。消遣或享受本身既是目的,也是商业活动最重要的激励因素。激发人们勤奋工作和系统性改进技艺的主要动力便是消遣或享受。这并不是说消遣或享受在休谟心中是最高的乐趣,而是说消遣或享受是一种激励人们从事和开展商业活动的动力。以奢侈品为例。在奢侈品激励下的工业生产和商业贸易,无形中塑造了人们勤勉、进取和文雅的道德品质。在繁荣的商业社会中,人类的道德改善基本上是人们通过消费(奢侈品)追求快乐和享受的无意识后果,这实际上是商业机制和市场制度本身的逻辑所带来的意外结果。但需要注意的是,休谟并没有在商业繁荣与道德进步之间建立起绝对的正向对应关系,也就是说,休谟也承认消费文化可能并不总是能促进道德的完善,有时候某些人的消费习惯会发展为一种恶习,从而最终败坏个人品性,违反礼仪和美德。[1] 但是,只要人们适度消费,不仅能够满足他们的感官快乐,而且还参与并驱动了经济发展,最终促进了整个社会公共效益的增长。因此,休谟认为,奢侈品应该被去道德化,并因其对财富和美德的最终贡献而得到认可。[2] 正如休谟所理解的那样,商业是人类通往文明社会的最佳选择。很清楚,休谟的结论是,以正义规则为核心的商业社会最能促进仁慈、慷慨、信任、勤勉、进取、文雅等社会美德,随着商业的繁荣和经济的发展,人的道德情绪会逐步细化,社会整体的文明程度将趋于良性化。

---

[1] 关于休谟奢侈品的讨论,见 Christopher Berry, "Hume and Superfluous Value", *David Hume's Political Economy*, edited by Carl Wennerlind and Margaret Schabas, London: Routledge, 2008, pp. 49 - 64。

[2] 关于这一点的更全面的讨论,请参阅 Christopher Berry, The *Idea of Luxury*: *A Conceptual and Historical Investigation*, Cambridge: Cambridge University Press, 1994。

2. "商业"的政治意义：法治政府与共和政体

除经济意义和道德意义外，商业也具有重要的政治意义，它是评估和衡量政治活动的主要标准，最重要的是，它界定了政府的职责、权力边界和良好政体所应具备的条件。

18世纪的商业实践使得苏格兰人充分地意识到保护个人财产、维持市场秩序的重要性。在《道德原则研究》中，休谟写道："假如人人都有充足的睿智时时刻刻知觉那种约束他遵奉正义和公道的强大的利益，都有足够的心灵的力量坚定不移地坚持一种一般的和长远的利益，以抵御当前的快乐和好处的诱惑；在那种情况下，就绝不会有任何诸如政府或政治社会之类的事物。"① 他强调，虽然遵守正义符合大家的长远利益，但并不能排除部分违反正义的行为，也就是说，即便大家意识到正义对于维持秩序的必要性，但仍然会有违反的行为发生。之所以如此，是因为"我们的天性却很脆弱或邪恶"②，而且"这是人性中难于医治的一大弱点"③。由于这种弱点在人性中是无法治愈的，人类必须同意建立一个能够妥善维护商业秩序的政府，必须赋予一些人"责任"来制定公平的法律，惩罚犯罪者，纠正欺诈和暴力，这是政府的首要责任，即维持和保障正义。换言之，政府的职责就是通过维护正义规则，进而保护财产、市场和资金的稳定性和安全性，以促进商业的繁荣。

商业不仅催生了政府，界定了政府的职责，而且也简化了政府的治理任务。因为商业的充分发展和有活力的市场，使得"人们的性格和举止立刻变得温文尔雅起来"④，人们变得勤劳、精致、礼貌、更有荣誉感，人类在知性和情感上都得到了提升和锻炼，而这是一个更稳定的自我治理原则。商业也会催生更好、更自由的政府，因为商业的繁荣会改变社会阶层的构成。中间阶层的形成，为自由和民主提供了

---

① 休谟：《道德原则研究》，曾晓萍译，商务印书馆2001年版，第56页。
② 休谟：《休谟政治论文选》，张若衡译，商务印书馆2010年版，第23页。
③ 同上书，第24页。
④ 休谟：《休谟经济论文选》，陈玮译，商务印书馆1984年版，第21页。

坚实的基础，因为中间阶层的富裕、独立和壮大会带来更多"精致"的政治要求，如宪法和更完善的法律。鉴于政府的主要职责是维护正义规则，为了保证政府有效履行职责，避免权力滥用，约束和限制政府权力的宪法就显得极其必要。只有通过宪法，才能有力保护和促进商业的繁荣与发展。将政府的责任界定为维护正义这一消极使命，以及强调宪法对于限制国家和政府权力的重要性，充分表明了休谟在政府问题上的明确态度：适合商业社会的政府只能是"有限政府"和"法治政府"。当然，一个国家和政府的治理能力与权力边界很大程度上取决于其政权组织形式，即政体。对于适合商业社会的理想政体所应具备的条件的探讨则是不可避免的。

通过对君主制历史的研究，休谟得出结论，在文明的君主制国家，违反正义并不比共和国多，君主制仍然可以像共和国一样保护好公民的财产权，然而休谟依然意识到君主制的内在特征使得它与商业社会的兼容性较低，因为君主制依然存在某种等级和特权，这恰恰是商业社会发展的障碍。在《关于理想共和国的设想》一文中，休谟明确表明，共和制才是理想中的最佳政治制度，因为共和制度真正做到了均权与法治。虽然偏爱共和制，但对于当下英国的现实而言，休谟仍然觉得君主制似乎更占优势。在理想的政体无法实践的前提下，君主立宪制是最符合当下英国现实的一种政体。君主立宪制虽然是一种君主制，但它却是法治与君主制的结合，因遵循了法治原则和法治传统，它本质上是一种法治政体，因而也实现了"宪政"。"宪政"与"法治"既防止了君主权力的专断与任性，又保障了公民的自由与财产权，它们共同构成维护商业社会正义规则的制度保障。因此，君主立宪制符合 18 世纪英国的政治与经济现实，能够为英国工业与商业的发展提供有效的制度支撑。在《公民自由》一文中，休谟进一步强调了君主立宪制的时代优势。他注意到"君主制政府有一种引起改进的根源，而民众政府中则有一种产生退化的根源"[①]。退化的根源是"借债和抵押

---

① 休谟：《休谟政治论文选》，张若衡译，商务印书馆 2010 年版，第 59 页。

第七章 政治国家与市民社会

公共收入的做法"①，不断膨胀的国家债务很大程度上损害工业和商业②，休谟对此非常忧虑。因此，在消除债务或停止债务增长方面，君主制具有优势，当面临巨额债务时，可以选择单方面拖欠或违约，从而保护财产和商业；而非君主制处于劣势，因为国家很难利用人民，即公共债权人来应对债务危机，这对自由政府来说是个很大的威胁。

总之，在休谟看来，商业与政治紧密相关，商业规则很大程度上决定了政治规划和政治建构。换言之，政府的权力和职责只有在维护商业规则的基础上才具有其合法性，商业不仅是政府产生的主要动机，也是规定政府职责和划定政府权力界限的主要规则。宪法、法律与良好的政体则是确保政府履行责任和合法运行权力的保障。宪政、法治与有限政府共同构成了商业社会的制度保障。简言之，商业催生与形塑了现代政治与法律的基本原则和制度框架，它不仅是经济发展的核心要素，也是构建现代制度与文明的关键性原则。

---

① 休谟：《休谟政治论文选》，张若衡译，商务印书馆2010年版，第60页。
② 如波考克所指出的那样，如此大规模的财产征用可能会造成商业政府和欧洲商业国家共和国的毁灭。(参见 Pocock, *Barbarism and Religion: Narratives of Civil Government*, Cambridge: Cambridge University Press, 1999, p. 197.)

第八章

休谟与近代政治哲学

在近代政治哲学史上，居于主流的是以霍布斯、洛克和卢梭为代表的契约论政治哲学理论。契约论政治哲学家们以"自然状态"的预设为逻辑起点，以自然法和自然权利学说为理论基础，通过契约理性的方式论证和建构了自己的政治哲学。然而，在休谟看来，契约论政治哲学的理论基础——自然法和自然权利学说从根本上是理性主义和形而上学的，彻底的经验论立场使他断然否定契约论政治哲学的理论基础和理论框架。休谟从对人性和人类生存的自然环境的实际状况的经验考察出发，将"需要"或"利益"作为政治社会及其制度框架建构的基础，以及在德性判定中对"效用"原则的使用，为后来19世纪功利主义政治哲学的兴起与形成，提供了直接性的理论渊源和理论框架，开辟出一条独特的政治哲学思考理路。在契约论政治哲学向功利主义政治哲学的转向中，休谟是一个极其重要的过渡性人物，但他既不属于契约论者，也不是任何形式的功利主义者。

一、休谟与契约论政治哲学

作为生活在18世纪的哲学家，休谟对以霍布斯、洛克和卢梭为代表的契约论政治哲学理论不可能陌生，相反，他在《人性论》第三卷和《道德与政治论文集》中，对契约论政治哲学进行了激烈的批判，尤其是对契约论政治哲学所依赖的理论基础和理论框架——自然法和自然权利学说，明确地予以否定。契约论政治哲学究竟存在什么问题？休谟是如何批判和解构契约论政治哲学的？

（一）契约论政治哲学：霍布斯、洛克与卢梭

17、18世纪居于政治哲学主流的是以霍布斯、洛克和卢梭为代表的契约论政治哲学。契约论政治哲学本质上是一种以现代自然权利论为核心的政治哲学，自然法和自然权利学说是其理论建构的基础，也是其进行合理性论证的主要方法。因此，澄清自然法和自然权利学说的基本含义，对于理解和把握契约论政治哲学的理论实质和理论方法

是至关重要的。

1. "自然法"的近代含义

"自然法"（natural law）是西方哲学思想中一种非常重要的观念，它产生于古希腊，历经罗马时代、中世纪，在近代发展到顶峰，在两千多年的流变中，呈现出十分复杂的内涵及学说。西方"自然法"的观念史记录了人类对自己置身于其中的宇宙和纷繁复杂的世界背后的"玄机"和"本质"的思考和追寻，展现了人类很久以来为自身的社会行为、利益诉求以及所主张的政治制度与社会秩序寻找某种客观依据的思想努力。

自然法的观念起源于古希腊，一般认为，其概念正式形成于斯多葛学派，但一些理论家还是把研究的源头追溯到柏拉图的正义乃至荷马时代。① 在早期古希腊的观念世界中，人们认为，在我们所看到的这个纷繁复杂的现象世界背后必定有一个永恒不变的、确定的始基，我们的世界则是由这一不变的、确定的始基而来，因而，对这种永恒的东西的追问则是人类哲学思考的本能之一。寻找万物的永恒始基，追问现象世界的终极原因，即万物据以生成的"逻各斯"，便是古希腊自然哲学的使命。古希腊人认为，宇宙世界并非偶然和随意而总是依据某种固定的规则运行，这一固定的规则即"逻各斯"是世界赖以生成的原始依据，是自然万物的"理性"，它是不变的、永恒的，是宇宙万物背后的客观法则。在苏格拉底完成古希腊自然哲学向人文哲学的转向后，柏拉图以"理念"作为人与自然所共有的最高理想，是人和自然应该遵循的最高"逻各斯"，"理念"既是自然之本质，也是伦理之根据，它是宇宙万物的最终根据。作为最高的理念，"善"是一切现实的绝对目的。在柏拉图的哲学中，自然、善、理性、灵魂、逻各斯和正义等都在"理念"之中。在柏拉图这里，虽然还没有出现"自然法"这一概念，但已经蕴含着"自然法"概念的胚胎。就思维方式而言，

---

① Weinreb. Llold L, *Natural Law and Justice*, Boston: Harvard University Press, 1987, pp. 15-30.

承认现象世界与本质世界以及后者对前者的决定作用的二元思维方式和人们对"逻各斯"的不懈追问,对于"自然法"观念的产生具有重大意义。在斯多葛学派中,"宇宙"既是创造世界秩序的神,也是与人和物一起构成整个宇宙的一种客观存在,它具有内在的某种必然性。宇宙中的一切都是按照命运的安排发生的,而命运则是"万事万物的根据"或"宇宙理性"。斯多葛学派把自然法理解为自然之理性,而人是自然的有机组成部分,那么人的理性也就构成了自然法本体的一部分,同时,人之为人的唯一依据就是其理性,自然法对所有人都有效,因而一切人都是平等的。可见,斯多葛学派的自然法思想已经孕育并预示着近代自然法观念的形态。晚期斯多葛学派不仅承认服从自然的必要性,而且还认识到,自然既然是一个有伦理目的并在其自身的理性规范下而形成的完美的秩序系统,那么它也就必然有着永恒不变的规律——作为主宰或统治宇宙原则的命运。这种命运就是"宇宙理性,或是被神意所控制的宇宙万物的法则,或是过去、现在、将来的事物据以发生的理性"①。这里的"命运",也就是所谓的"自然法"。"自然法"的一些基本要素已经具备了,就等着西塞罗把它翻译为拉丁文了。②而在西塞罗那里,"自然法"第一次成为一个完备的概念。

到了中世纪,由于基督教对社会生活的广泛影响和渗透,自然法观念中出现了明显的神学主义倾向。其代表人物托马斯·阿奎那把法分为永恒法、神法、自然法和人法四种。永恒法代表上帝的理性,是一切法的渊源;神法即圣经,是对抽象的自然法的具体化和补充;自然法是上帝统治理性动物即人类达到至善的理性命令;人法是君主制定的法,人法不得违背永恒法、神法和自然法。托马斯·阿奎那的神学主义自然法学说虽与非神学的自然法哲学水火不容,但他以自然法戒规(或原则)形式来表达自然法内容的做法为近代自然法学家普遍吸取。

---

① 转引自涅尔谢相茨:《古希腊政治学说》,蔡拓译,商务印书馆1991年版,第215页。
② Weinreb. Llold L, *Natural Law and Justice*, Boston: Harvard University Press, 1987, p. 39.

第八章 休谟与近代政治哲学

近代自然法汲取古代自然法和中世纪自然法，尤其是亚里士多德和托马斯·阿奎那自然法学说中的理性主义因素，并排除其朴素直观的自然主义和蒙昧的神学主义，逐步发展成型。因此，近代自然法与理性结合在一起，从而称为理性自然法。近代自然法的特征，就在于它是理性主义的。那么，近代自然法是如何与理性结合并以其为理论基础的呢？

随着近代自然科学的发展，科学知识的自明性和普遍必然性得到了论证。尤其是在数学和几何学领域，人们依靠无可争议的普遍性的逻辑前提，通过严格的演绎推论得出了确定性的知识。前提的自明性和推论过程的严谨性保证了结论的正确性。近代的自然法学家们无不以数学和几何学等自然科学的方法论作为建立自然法理论体系的有效工具。格老秀斯把自己从事自然法的研究视为类似于笛卡尔从事几何学研究和伽利略从事物理学研究那样的工作，他把自然法命题与数学中的命题相类比，以说明他对自然法确定性、自明性和逻辑一致性的坚信不疑。而斯宾诺莎的《伦理学》不仅在内容上按照几何学方法进行论证，而且在写作体例上也模仿几何学的格式，按照公理、定理、证明的顺序来展示自己的思想内容。以霍布斯和洛克为代表的经验主义哲学家，同样以理性主义的方法论证自然法则的自明性。

近代自然法学家们一致性地看到了，存在于数学和几何学中的理性方法和理性原则，在论证科学知识中所具有的逻辑必然性、自明性和确定性。因而，他们也试图将科学的理性方法引入人类道德和政治领域，依靠理性的自明性和确定性来说明自然法的普遍性和绝对有效性，从而为人类行为和道德确立起普遍的、绝对有效的准则和规范，以避免人类在道德实践领域中的种种分歧和争论。通过理性的自明性和确定性论证自然法的普遍有效性和永恒性，就成为近代自然法学说不同于古代自然法学说的独特特征。因而，在近代自然法学家那里，理性是自然法普遍性和绝对性的保证，自然法就是一种理性法则。理性不仅保证了自然法规则的自明性、普遍性和永恒性，而且也保证了以自然法为基础推导和建构起来的一切结论的确定性和有效性。总之，"理性"是近代自然法的核心。

需要注意的是，理性不仅仅意味着一种客观的道德和政治准则，还意味着一种特定的主观认识形式和认识能力。在近代自然科学逐渐摆脱宗教神学的束缚而取得了独立地位的同时，人的理性也随之获得了自身的独立地位。近代唯理论哲学家笛卡尔为了给知识寻找一个确定性的基点，提出"我思故我在"的命题，从而确立了人的主体地位，突出了人的自我意识或理性能力。理性被视为人的本质，成为一切知识的基础和出发点。近代理性主义相信，作为主体的人具有充分的理性能力，每一个体都是理性秩序和自然法的认识者、解释者和运用者；人通过理性可以进行自我设计和自我建构。换言之，在近代自然法和理性主义者那里，理性不仅赋予了科学知识以确定性，而且也赋予了道德知识以确定性。

可以看出，自然法与理性主义的结合，使得近代自然法具有了以下几种含义。第一，自然法就是人的理性法。格老秀斯认为，自然法是正确理性的命令，是否合乎理性指引人们辨别某种行为是否合乎道德。霍布斯认为，"自然律是理性所发现的诫条或一般法则。这种诫条或一般法则禁止人们去做损毁自己的生命或剥夺保全自己手段的事情，并禁止人们不去做自己认为最有利于生命保全的事情"①。而洛克说道："理性，也就是自然法，教导着有意遵从理性的全人类。"② 第二，自然法是自然界和人类社会的事实法则，或者说客观事物的必然规律。自然法是人类社会和自然界共同的法则，这是古代自然法概念的含义。中世纪的自然法以"神的理性"的名义，统摄人、动物和自然界所有的行为或现象。近代启蒙思想家虽然对自然法作为人的理性法的作用和价值情有独钟，但他们大都或有意或无意地保留了自然法作为事实法则的含义。尤其是斯宾诺莎认为，自然法即自然法则，包括人的生存与活动规律在内的一切自然规律，并非特指人的理性。第三，自然法是一切价值原则和规范的最高理性法则，即自然法赋予了一切道德

---

① 霍布斯：《利维坦》，黎思复、黎廷弼译，商务印书馆1985年版，第97页。
② 约翰·洛克：《政府论》（下），叶启芳、瞿菊农译，商务印书馆1964年版，第4页。

法则以必然性，如自由、公平、正义等，都是符合自然法的道德必然。

基于近代自然法所具有的普遍有效性和绝对性，以及它作为自然界和人类社会的必然性法则，近代契约论政治哲学家们便以自然法学说为理论基础，论证了"自然状态"中人们的"自然权利"的普遍性和绝对性，并在此基础上论证了他们以个人自由和权利为目的的政治社会及其制度框架的建构。

2. 霍布斯与洛克的自然法思想

在近代政治哲学史上，霍布斯和洛克都是自然法学说的典型代表，他们都是以对自然状态的预设以及将先验的自然权利界定为人的基本性质为前提展开政治哲学论证的。换言之，自然法学说是霍布斯和洛克进行政治哲学论证的理论基础。那么，霍布斯和洛克是如何以自然法学说为基础进行政治哲学论证的呢？

首先来看霍布斯的自然法思想。霍布斯告诉我们，在人类政治社会产生之前，人们生活在一种"自然状态"下，在自然状态中，人人自由而平等，智识与能力彼此不相上下，所欲甚多得之者却寡，而"自然的人性"是恶的，每个人都是自私自利的，为了生存，人与人之间相互侵犯、伤害和争斗，人们处在一种极其悲惨的生活境地，人与人之间简直就是狼与狼的关系。在自然状态中，人并没有道德自觉，只有利益和欲望的诉求，人们为了满足自己的私利，就势必掠夺和伤害他人，为了保全自我，也势必压制甚至消灭他人，这样的侵害和争斗永无休止，人们的安全永无保障，人类处于一种极端混乱的状态。为了摆脱这种状态从而自我保存，理性使人们意识到，必须建立起人人遵守的秩序和法则，从而保障和平，这种保障和平的法则就是霍布斯所说的"自然法"。在自然法的指导下，人们通过权衡和思考，订立了这样一个契约：为了避免彼此之间的伤害，并保证我们的生存，我们都放弃自我管理的权利，把这种权利转让给一个"第三者"，我们都绝对地服从"第三者"，让"第三者"来管理和统治我们。在这个契约中，人人都放弃了自我管理的权利而成为臣民，而"第三者"成为主权者或统治者，政治社会由此产生。霍布斯认为，统治者或主权者必须具有绝对的权力、足够的威慑力和统治力，因为人性是恶的，人们不会自觉地遵守自然法，为了保证人们都能够遵守自然法，建立和平的秩序，就必须使政治社会的统治者具有强大的威慑力和统治力。也就是说，在霍布斯看来，只有通过具有绝对权力的主权者的专断统治，才能建立和平的秩序，保障社会的安宁。这便是霍布斯从自然状态入手对其政治社会进行合理性论证的基本思路。

在霍布斯看来，在政治社会之前人生活在自然状态中。人作为自然之物，与自然中的其他动物一样，也有自然的肉体欲求和苦乐感觉，除此之外，他们的行为没有任何先在的道德目的，也无所谓善恶。既然对欲望和利益的追求是其自然属性，并且没有所谓道德善恶，那么人们追求自然欲望之满足的行为就是合理的、正当的，即这是人的"自然权利"。但是，在"自然状态"中，人的自然权利是无法得到保障的，"尽管权利具有浓厚的个人色彩，但没有一个'人权'的阐释者愿意去荒无人迹的地方，在与世隔绝的孤岛上享受这些权利"[①]。为了保障人的自然权利，人们需要进入政治社会，通过政治社会的规范和秩序来保证人们正当权利的实现。在霍布斯的论证逻辑中，自然权利先于道德和政治社会而存在，它既不由先在的道德目的所决定，也不是政治社会建构的产物。在个人权利与政治社会建构的逻辑链条中，个人是首要的，政治社会则是次生的，国家和政府都是由自然权利所派生出来，并以保护个人权利为目的。

洛克的政治哲学论证同样是以对"自然状态"的描述和预设为逻辑起点的。与霍布斯将"自然状态"描述为一种极其残酷的状态所不同的是，洛克所描述的"自然状态"相对乐观：自然状态是一种相对完备的状态，其中人人自由、平等且具有理性，"人的自由和依照他自己的意志来行动的自由，是以他具有理性为基础的，理性能教导他了解他用以支配自己行动的法律，并使他知道他对自己的自由意志听从到

[①] 汤姆·L. 彼彻姆：《哲学的伦理学——道德哲学引论》，雷克勤等译，中国社会科学出版社1990年版，第312页。

什么程度"①。但洛克强调，这种前政治社会的"自由状态"并非一种自由放任的状态，而是必须同时承认他人和自己一样拥有处分自己人身和财产权利的自由。在洛克的"自然状态"中，人人都是自由的并且享有许多"自然权利"，如生命权、自由权和财产权，但这种自由和自然权利都是以遵守"自然法"为前提和基础的。

应该强调的是，洛克的"自然状态"之所以是一种相对完备的状态，其原因在于："自然状态有一种为人人所应遵守的自然法对它起着支配作用；而理性，也就是自然法，教导着有意遵从理性的全人类：人们既然都是平等和独立的，任何人都不得侵害他人的生命、健康、自由或财产。"② 可以看出，在洛克的"自然状态"中，人们大都能够遵守"自然法"，而在霍布斯看来，人们不能也不会自觉地遵守"自然法"。这一差异的根源在于他们对"自然的人性"之善恶及其程度的判断上。霍布斯认为，人性是极恶的，人是极端自利的，人们不能也不会自觉遵守自然法，为了维持和平与秩序，就必须由具有强大威慑力的统治者（强权者）来统治，虽然这种集权专制制度并不理想，但相比自然状态，对于自我保存和保障和平还是有利的多。而洛克对人性的判断没有像霍布斯那样极端，但也并不认为人性是完善的。在洛克看来，如果人人都能自觉遵守"自然法"，那么"自然状态"就是一种完美无缺的人类生活状态，如此一来，就取消了建立政治社会的必要性。相反，如果人人都不能也不会遵守"自然法"，那么建立政治社会无疑是非常必要的。洛克对"自然状态"及其人性的判断，或者说对"人们到底在多大程度上能够遵守自然法"的推断，处于两种极端的可能状态之间。洛克认为，"自然状态"中，人们大多都能够遵守"自然法"，但并非人人在任何情况下都能遵守"自然法"，违反"自然法"的行为依然是存在的，尤其是当人们的利益发生冲突时，因缺乏共同的权威和准则来裁决，自然状态还是面临着安全威胁。为了保证"自

---

① 约翰·洛克：《政府论》（下），叶启芳、瞿菊农译，商务印书馆1964年版，第39页。
② 同上书，第4页。

然法"能够得到普遍的遵守，进而维护每个人的自然权利，就需要订立契约，建立政治社会的公共政治权威，而这一公共政治权威并不需要绝对权力或进行专断统治，只需要保证人们都能够普遍遵守"自然法"就可以了。也就是说，公共政治权威的职责也仅在于，确保"自然法"被普遍遵守和公正执行，越过此则是不必要的僭越行为。这便是洛克政治哲学论证的基本逻辑与思路。洛克对"自然状态"不同于霍布斯的勾画，自然而言地导致他和霍布斯在论证和建构的政治社会的具体形式和样态上，存在着根本性的差异。

在此，我们需要对洛克的"自然法"做进一步的讨论。洛克宣称，自然法支配着自然状态中人们的行为，那么这一自然法究竟是何种性质的存在呢？是经验的还是先验的呢？对此问题，从论述的细节来看，洛克并未作出清晰的界定，而且其自然法思想仍然带有某种形而上学的痕迹，即便他是一位经验论者。因为当洛克强调自然法是人们应当遵守的法则时，实际上是将自然法视为一种非经验的且具有普遍必然性的"理性自然法"，它已然存在并规定了人的自然权利，因而生活在自然状态中的人们所拥有的自然权利当然是必然的、普遍有效的，它是人本来就有的，是先天存在的。很显然，自然法是一种先天的存在，正是自然法赋予了人们先天的自然权利以存在的必然性和正当性。那么问题来了，这种对自然法带有形而上学的解释明显违背了其经验论立场，如果遭到经验论的追问，不仅自然法的存在及其合理性将受到质疑，而且以自然法为理论基础的一切政治建构也将受到极大的挑战，这也是后来的休谟从经验主义立场出发，批判以自然法和自然权利学说为理论基础的契约论政治哲学的原因所在。

那么我们不禁要问：休谟究竟是如何看待近代契约论政治哲学的？他是如何理解"自然状态""自然法"以及"自然权利"的？

(二)"理性"的反思与"自然法"的解构：休谟对契约论政治哲学的批判

1. 对"自然状态"的否定

休谟是如何理解"自然状态"的呢？对这个问题，我们可以从休

第八章 休谟与近代政治哲学

谟政治哲学的思考理路中看出其态度。如前文所述,休谟的政治哲学是从对人性和人类生存的自然环境的经验考察开始的。经验地观察和确认人性和人类生存的自然环境实际上是怎样的,是休谟政治哲学思考的逻辑起点。因此,休谟反对一切对人性的不切实际的臆想,以及对人类生存的自然环境的虚幻想象。通过经验的考察和确认,休谟认为,人性既不是极端的恶,也不是全善,人性是自私和有限的慷慨的结合;而人类生存的自然环境的供给既不是丰足的,也不是极度贫瘠,而是处于相对稀缺的状态,人性和人类生存的自然环境"不平衡的结合",使得正义成为必要的和必需的。

对于自然状态,休谟宣称,人类历史上既没有关于自然状态的记载,也没有任何经验可以追寻到每个人都孤立自存的那样一种原初状态,"它没有写在羊皮纸上,也没有刻写在树叶或树皮上,它先于书写文字和其他文明生活技艺"[1]。因此,如果坚持追寻前政治社会的人类生活状态,就只能依据猜测或臆想。休谟认为,人类最初的生活状态就是一种社会状态,每个人不可能孤立存在,他们只有依赖于社会合作和社会分工才能满足自己的需要。"人们在一个相互依赖的体系中结合得如此紧密,以至于任何人的完全独立行为都是难以想象的。"[2] 就是说,即使前政治社会的人类生活状态可以臆想出来,它也远不是霍布斯和洛克所描述的那个样子,完全孤立的个人是不存在的。因此,如果把"自然状态"视为一种历史事实,显然无法得到经验的证实,即便历史上曾经的确存在过这样的一种状态,那又何以能够为近代政治哲学家们建构和论证政治社会提供基础和依据呢? 如果自然状态不是一种历史事实,那便是契约论政治哲学家们为了政治哲学论证在逻辑上的一种预设。那么,政治哲学家们为什么要进行这样的预设呢? 其实不难理解。政治哲学家们为了建构和论证政治社会,为了界定和澄清政治社会(或政府)的性质、目的及其功能,有必要在逻辑上追

---

[1] 休谟:《休谟政治论文选》,张若衡译,商务印书馆 2010 年版,第 121 页。
[2] Duncan Forbes, *Hume's Philosophical Politics*, Cambridge: Cambridge University Press, 1975, p. 105.

溯到一种前政治社会的人类生活状态，而这种前政治社会的人类生活状态是否是一种历史事实，则是无关紧要的。在逻辑上所追溯和设定的"自然状态"，其具体状态是什么样的，关系到政治哲学家们由以建构和论证的政治社会及其制度框架的形式和样态。但自然状态究竟是一种什么样的状态，哲学家们已不可能通过经验的方式获知，因而为了确定自然状态的具体情况，政治哲学家们必须进行思想推断和观念建构。① 可见，不论是霍布斯还是洛克，自然状态都是为其政治哲学论证在逻辑上的观念建构。对此，休谟同样持否定态度。

在休谟看来，即使自然状态是契约论政治哲学家们进行政治哲学论证的一种逻辑预设和观念建构，那也只是一种"应当"。因为他们对"人性"和"自然环境"的想象和体认是在观念层面构建和勾画自然状态的依据和基础，而对"人性"和"自然环境"的实际状况，他们又不可能从经验上追溯到那个自然状态中去予以确认，因而自然状态作为政治哲学论证的依据和基础，是一种逻辑上的"应当"，而非"经验事实"或"历史事实"，这恰恰是休谟所不能接受的。

2. "理性"的反思与"自然法"的解构

对于近代契约论政治哲学而言，自然法学说是其政治哲学论证的理论基础，而与其紧密相连的则是"理性"概念。休谟对近代自然法理论的解构，最致命的一击就在于对自然法理论中"理性"概念的分析和反思。近代启蒙哲学家们借助于"理性"作为逻辑必然的天然权威，赋予事实的知识以确定性和道德的知识以无可置疑的神圣性，并在事实与道德两者之间建立了必然的逻辑联系，也为近代"自然法"理论提供了内在依据和基础。休谟认为，近代政治哲学中对"理性"概念的解释和理解所蕴含的内在混淆必须得到澄清和界定。

首先，休谟区分了"逻辑必然"与"事实必然"。他指出，人类理性的对象可以分为两部分：观念的比较关系和事实之间的关系。凡是直

---

① 宋宽锋：《论证与解释》，复旦大学出版社2010年版，第40页。

觉到或经过论证而成为确实的一切论断均属第一部分,而唯有第一部分即通过观念比较得出的才是可以称为理性的必然真理,才具有不证自明的确定性。休谟认为,这类真理只能在几何和算术这样的数学知识当中找到,而且有其具体特点,如几何命题和数学命题等。它们仅仅来自思想上的推论——假如某项命题为真,另一命题也必真;假如某项前提能够成立,其结论也就随之成立。这类真理所表达的只是观念之间的关系,和事实无关。即使自然界没有正方形和三角形,三角形定理仍然具有确定性和自明性。显然,休谟所说的"观念的比较关系"指的是概念(语词)、判断(命题)在推理形式上的关系。休谟认为,"观念的比较关系"并不能证明事实问题,事实之间的关系并非符合上述逻辑必然,而是来自于因果关系。因果关系的知识统统来自于感觉经验,因和果之间只存在着经验的相互关联。我们之所以会有因果观念或因果关系的知识,是因为因和果的现象反复出现,我们的头脑里就形成了一种习惯性的联想,联想使我们产生了因果关系的观念。这一观念不是一种客观规律,只是我们主观上的习惯性联系而已,只是一种心理上的事实而不是一种客观的事实。因而,我们不可能在逻辑形式上找出其必然性。我们不能"合理地"证明天下雨地会湿、太阳晒石头热,它们之间没有必然的逻辑蕴涵。我们对于事实关系的判断是习惯性的联想,联想是一种主观建构,既然是主观建构,那它也会发生错误,每一事实的相反情况仍然是可能的,明天的太阳将不升起,这个命题并不蕴涵着什么逻辑矛盾。因此,事实的"必然"和理性的"必然"不一样,我们有关事实的知识不是确定的、自明的知识,而是概然性的知识,也就是说,关于事实的知识并不具有普遍必然性。

对于"道德必然",休谟认为,道德属于价值范畴,道德判断或者说价值判断,既不同于逻辑必然,也不同于事实必然。自然法一向宣称,存在着自由、平等、权利、公正等理性原则,并且证明这些原则是必然的。休谟指出,这又是一种关于"理性"的观念混淆。道德上的区分也即价值判断并非得自于理性,因为善和恶既非观念间的关系,也非事实的推理,不可能是理性的对象。休谟反对道德理性论者的主张，即认为道德善恶的区分是由理性思辨和推论而来。他认为理性不适用于道德领域，不能用来解决道德的起源、善恶和评价问题。对休谟而言，理性关涉"抽象的关系"和"观念的世界"，理性的作用在于发现知识的真假、澄清事实，弄清因果关系和观念。休谟说："理性的作用在于发现真或伪。真或伪在于对观念的实在关系或对实际存在和事实的符合或不符合。"① 所以，理性只对真假关系和观念进行辨别、区分和判断。

其次，休谟认为，哲学分为思辨和实践两部分，道德被归于实践领域，它是与人的行为和情感相关的。而理性的思辨是冷静的、超越情感的，它不适用于道德领域。经验告诉我们，道德原则可以被实践，可以影响和改变人们的行为，而冷静的、思辨的理性并不具有这一特性，因而"道德准则刺激情感，产生或制止行为。理性自身在这一点上是完全无能为力的，因此道德规则并不是我们理性的结论"②。所以，道德善恶的区别不可能从理性推导而来。在一切道德现象中，通过理性的辨别和判断，我们只能发现一些事实，但是找不到"善"或"恶"，找不到道德善恶的标准，因而无法做出道德善恶的判断。以故意杀人为例，我们无论怎样观察，只能得到一些事实，但就这些事实，无法判断其道德上的善恶，只有在我们心中，找到杀害无辜者的谴责情感时，才能对此做出恶的道德判断。就是说，只有在人的情感层面和情感结构中，才能发现道德善恶的区别和标准，情感才是道德区分的主要根据。理性只是辅助情感，理性可以运用因果关系的知识告诉我们，按某种方式行事将会出现何种结果，但并不保证此结果与人的意向相吻合。"理性是行为的指南"的确切含义是：理性指明用何种手段才能达到合意的目的，或者如何做才能避免不合意的结果。比如，理性告诉人们，爬上梯子才能方便地摘取墙外好吃的水果。至于令人满意的结果本身既无所谓合理，也无所谓不合理。总之，在休谟看来，

---

① 休谟：《人性论》（下册），关文运译，商务印书馆 1980 年版，第 494 页。
② 同上书，第 493 页。

理性涉及的是事实问题，而道德涉及的是应不应当的价值问题，由事实命题并不能导致价值命题，所以通过理性的思辨和推理，并不能得出道德结论。

休谟对"逻辑必然""事实必然"和"道德必然"的不同性质和作用的细致区分，指出了近代"自然法"理论中"理性"概念的混淆，那么"自然法"就在休谟的分析中被解构了。总之，休谟彻底的经验论立场以及在此基础上对"理性"的性质及其功能的理解和解释，使他不可能接受任何基于宇宙理性、上帝意志以及先验理性的自然法学说。因此，洛克对"自然法"这一"应当"原则的先验解释，休谟是绝然不能接受的。

3. 对"自然权利"的否定

近代契约论政治哲学家认为，在自然状态中，人们拥有"自然权利"。霍布斯宣称，在自然状态中，人们追求自然欲望和个人利益的满足，是人之自然属性的体现，无所谓道德善恶，其满足欲望和追求利益的行为是合理的、正当的，这是人的"自然权利"。洛克也宣称，在自然状态中，人人都是自由的并且享有许多"自然权利"，人们不仅有处分自己人身、自由的权利，而且具有对劳动对象和劳动成果的"财产权"。既然，休谟的经验论立场使他不可能接受近代自然法学说，那么以霍布斯和洛克为代表的近代契约论政治哲学家们所谓"自然状态"中的"自然权利"，当然也是休谟不可能接受的。但是，对于近代契约论政治哲学家们论证政治社会中人们的"个人权利"的某些政治观点和主张，休谟是持认可态度的，诸如对人的权利的保护和尊重等。换言之，休谟对"自然权利论"的否定，并非对人之权利的否定，只是他不愿意接受和认可"自然权利论"的理论框架和理论预设——自然法学说。在休谟看来，"权利"不存在于所谓的前政治社会，而只能存在于因人类的需要而以"人为方式"（human artifice）建构起来的政治社会中，它是人为正义的产物。人们因利益和需要建构了正义的规则，而正义的核心就是财产权。财产权根本不是一种所谓的"自然权利"，人本身单纯依靠自然权利是不可能达到对财产的稳定占有的，因此要获得稳定的占有必须人为地设计出一套补救的办法，这样就从自然社会进入了政治社会。财产的占有通过政治社会的一套正义规则而得到保障，并转换成一种在法权上得到保障的财产权。所以，规则是权利的基础，有了规则，占有才会存在，正义的规则生成和确认了财产权和其他各种权利。没有正义规则，就没有所谓的"权利"。"权利"究其本质建立在一套政治社会的规则基础之上，因为"权利"的稳定拥有只有通过规则、通过人为设计的措施才能得到保证。如果不先充分地了解正义的本性，不先指出正义的起源在于人为的措施和设计，就去想象人们拥有任何财产观念，其本身是很荒谬的。只有在人为建立的政治社会的基础上才有所谓的"权利"可言。显然，休谟的财产权理论不可能是一种自然权利的权利理论，只能是一种政治社会的规则理论。休谟并不否定人有各种权利，他只是反对契约论者对"权利"的先验主义解释。休谟对自然权利学说的批判和否定，究其根源在于，他不能接受这一学说的形而上学立场和理性主义论证。彻底的经验主义立场，使他不仅断然拒绝一切先验的形而上学理论，而且也对任何形式的理性主义立场，以及以理性主义方法论证和建构起来的道德秩序和政治秩序都持否定态度。

（三）休谟与卢梭：两种政治哲学进路的分野

在近代政治哲学史上，除了霍布斯和洛克，卢梭也是契约论政治哲学不可忽视的重要代表。虽然休谟和卢梭并没有进行过直接的理论交锋，但从休谟对契约论政治哲学的批判态度可以推断，卢梭政治哲学的理论基础、理论框架和理论方法，同样是休谟所不能接受的。

卢梭的政治哲学思考同样是以"自然状态"的预设为逻辑起点的。卢梭认为，在前政治社会，人们处于一种自然状态中。生活在自然状态的自然人，不仅享有天赋的自由、权利和平等，还拥有淳朴的感情和自爱、怜悯的自然美德，这种感情和美德使他们互相关爱，彼此平等地生活在一起。虽然自然状态被卢梭描述为一个黄金时代，但这并不意味着人类不需要进入政治社会。人类从自然状态到社会状态，有其必然性。人类之所以进入社会状态,并非因为自然状态所存在的种种缺陷和弊端,而是因为人类拥有一种自我完善和自我实现的能力,这种能力为人类进入社会状态提供了可能性,而自然状态的客观条件则为这种可能性提供了现实条件。自然状态中的人们"要寻找出一种结合形式,使它能以全部共同力量来卫护和保障每个结合者的人身和财富,并且由于这一结合而使得每一个与全体相联合的个人又不过是在服从其本人,并且仍然像以往一样地自由"[1]。因此,人们便订立了契约,交出自己所有的权利,但这些权利不是交给某些特定的人,而是交给"整个集体"。"只是一瞬间,这一结合行为就产生了一个道德的与集体的共同体,以替代每个订约者的个人;组成共同体的成员数目就等于大会中所有的票数,而共同体就以这同一个行为获得了它的统一性、它的公共的大我、它的生命和它的意志。"[2] 这个集体就是主权者或国家。在卢梭的政治哲学思考逻辑中,自然状态为政治社会的建构提供了必要性,但政治社会的建构并不是以自然状态为基础的,因为自然状态是一种完美的状态。政治社会的建构完全是出于人类自我完善的要求,那么订立契约和建立政治社会,就不仅仅是为了保障结合者的个人权利,更重要的在于从积极意义上实现一个道德目标,即建立一个人类的道德共同体,那么政治社会就承担着人类自我重塑与改造的道德义务。很显然,卢梭以自然法为理论基础,以自然状态的预设为逻辑起点,通过理性主义方法论证和建构了一种具有道德目标的政治哲学体系。毋庸置疑,他和霍布斯、洛克都是典型的契约论者,只是在政治哲学结论上存在差异而已。当然,关于卢梭的"自然状态",不论是对其做历史解释也好,还是做逻辑解释也好,对休谟而言都是无法认同的。休谟的经验论立场使他不可能接受契约论学说,至于卢梭式的"瞬间契约"行为,更是休谟所断然否定的。这清楚地表明,休谟和卢梭在政治哲学的进路与气质上,分属于两个完全不同

---

[1] 卢梭:《社会契约论》,何兆武译,商务印书馆1980年版,第19页。
[2] 同上书,第21页。

的阵营，他们之间很难有思想上的一致性，即便是在探讨同一问题时，他们的意见可能都大相径庭。

事实上，休谟和卢梭之间并没有思想方面的对话和碰撞，不论是在他们患难与共的日子里，还是后来反目成仇日子里，都缺乏严肃意义上的学术探讨和思想切磋。就政治哲学的形态与气质而言，他们分属于两个完全不同的阵营，很难有思想上的一致性。虽然没有进行过理论上的交锋，但两人之间那段从盟友到陌客的经历却成为历史上的一桩公案，这桩公案或许能够从另一个维度印证两个人在思想品性上的巨大反差。

1761—1762年，卢梭在《新爱洛伊丝》《社会契约论》和《爱弥儿》陆续出版后，遭到了他严厉批判的卢森堡宗教和政治势力的迫害，连法国和日内瓦都禁止出版他的作品，并对其下达了逮捕令，卢梭只能逃离法国。1762—1765年，卢梭在伊韦尔东（Yverdon）、莫蒂埃（Motiers）和圣·皮埃尔岛（Isle St Pierre）等地辗转避难后，在休谟的帮助下，最终于1766年落脚英国避难。一到英国，卢梭便受到了各方邀请和礼遇，在休谟的帮助下，卢梭在斯塔福德郡（Staffordshire）的一个乡间别墅——沃顿庄园（Wooton Hall）安顿了下来（因为离德比郡比较近，人们常常误以为它属于德比郡）。不久之后，卢梭和休谟之间就发生了纠纷。纠纷的直接原因是，休谟为卢梭向英国国王申请了一笔年金，这一申请是得到卢梭同意的，但是卢梭又觉得国王希望对年金保密的做法过于挑剔，后来拒绝了这一资助。休谟误以为卢梭是因为得知有一封普鲁士国王写的奚落他的信件才拒绝这一资助，实际上"信件"事件纯属霍勒斯·沃波尔（Horace Walpole）的编造，休谟为此致信卢梭，希望他不要拒绝国王的资助。但休谟并不清楚，卢梭恰恰是因为年金保密的要求觉得自己受到了伤害才拒绝资助的。事实上，更让卢梭感到受伤的是，休谟在两件事情上对他的"欺骗"。在卢梭看来，休谟对于普鲁士王书信一事明知内情，却谎称不知，还隐瞒了该事件的真正制造者，并夸大了自己在为卢梭赢得"年金"一

第八章　休谟与近代政治哲学

事上的功劳，这是第一个"欺骗"；在"返程邮车事件"① 中，休谟为了替卢梭省钱（休谟觉得作为一个流亡者，卢梭在经济上可能并不宽裕），编造了一个谎言，声称有一辆邮车正空车返回伍顿附近的阿什本，让卢梭一行搭乘顺风车，价钱低廉，但实际上，这辆马车是善良的达文波特先生自掏腰包补差价专门租下来的，但这在卢梭看来就是一种"欺骗"，即便是一种善意的谎言。

后来，卢梭在给休谟的回信中，指责休谟背叛他、取笑他甚至想谋害他，称休谟是一个"最阴险的人"。他说："您趁我危难之时，给我提供关照，介绍朋友；对您的慷慨感激之余，我进了您的怀抱；您把我带到英国来，表面上好像是为我找到了避难所，实际上是要我身败名裂；您为了完成这篇杰作不遗余力，真不愧您的良心……我不想和您再有任何往来……这是我给您的最后一封信。"②

休谟收到信件后感到十分冤枉，极力澄清和劝说卢梭，但为时已晚。休谟认为是卢梭挑起事端让自己深受伤害，为了回应卢梭的攻击，休谟发表了他们交往的信件，说明了卢梭当时多疑和偏执的性格状况，这又加深了卢梭对休谟的怀疑和憎恨。1766 年 7 月 16 日，达朗贝尔告诉伏尔泰："休谟经卢梭同意为他向英国国王申请津贴；他费尽周折得到了津贴；于是立即把好消息告诉卢梭；卢梭却报之以辱骂，说休谟把他带到英国来就是为了让他身败名裂，他既不接受国王的津贴，也不需要休谟的友谊，决定和休谟断绝一切往来。"③ 达朗贝尔的曲解，更是加剧了休谟和卢梭之间的纠纷和误解。从此，两人分道扬镳。④ 对于此事，英国学者索利在《英国哲学史》一书中也写道："一七六六年一月，休谟由卢梭陪同回到伦敦，他对卢梭以朋友相待，而几个月后，

---

① 该事件的来龙去脉，请参见《卢梭与休谟：他们的时代恩怨》一书中的"在'俪人街'的一晚"一节。（大卫·埃德蒙兹、约翰·艾丁诺：《卢梭与休谟：他们的时代恩怨》，周保巍、杨杰译，上海人民出版社 2016 年版。）
② 亨利·古耶：《卢梭与伏尔泰：两面镜子里的肖像》，裴程译，华东师范大学出版社 2010 年版，第 459 页。
③ 同上书，第 461 页。
④ 关于休谟所写的书信与回应以及这一事件的来龙去脉，可参见《卢梭与伏尔泰：两面镜子里的肖像》一书中的第十五章"黑暗事件"（1766—1767 年）。

卢梭却以挑起文人间一起最著名的争吵来回敬他的款待。"① 这里的"争吵"是指卢梭疑神疑鬼，怀疑在英国有人要谋害他，并怀疑休谟是这一谋害的同伙，此事使得这位一向温和绅士的休谟非常恼火。

　　对于这一事件，后来休谟大方地写道："他（指卢梭）太敏感了，经不起一丁点的伤害，我简直没有办法说明。他就像一个不仅衣服被扒光，连皮都被扒光了的人，任何粗暴的或不小心的举动都会让他跳起来。"② 休谟与卢梭的分道扬镳，与卢梭多疑敏感的性格不无关系，两个人的决裂事实上并非由思想上的分歧所造成。但如果就思想而言，他们是否存在某些一致性和相似性呢？或者说，他们是否存在某些共同的学术论题和研究旨趣呢？答案似乎是否定的。大卫·埃德蒙兹（David Edmonds）和约翰·艾丁诺（John Eidinow）在《卢梭与休谟：他们的时代恩怨》③ 一书中，以生动流畅的笔触为我们描绘了休谟与卢梭从相识相惜到彻底决裂的完整过程，通过大量的私人信件和文献材料的解读展现了整个事件中的诸多具体细节，并佐证了他们对于休谟和卢梭在思想与品性上存在巨大差异的基本判断。大卫·埃德蒙兹和约翰·艾丁诺指出："尽管对于勾勒他们之间的分分合合而言，休谟和卢梭之间的往来信函（总共有20多封）十分有用，但是，这些信函避而不谈的一些问题也同样令人着迷：例如这两位伟人之间令人肉麻的相互吹捧；他们所谈的生活琐事；他们之间的互通消息；他们之间的争吵。但是，他们之间并没有思想方面的对话或碰撞。在某种程度上，这或许是因为：即使是在探讨同一问题时，他们的意见可能都大相径庭。"④ 接着，他们列举了休谟和卢梭在方方面面的不同，如"在经济学上，卢梭是一位保护主义者，而休谟（和亚当·斯密一样）则是国

---

① 索利：《英国哲学史》，段德智译，山东人民出版社1992年版，第177页。
② 尼格尔·罗杰斯、麦尔·汤普森：《行为糟糕的哲学家》，吴万伟译，新星出版社2006年版，第24页。
③ 该书英文版书名为 ROUSSEAU'S DOG: Two Great Thinkers at War in the Age of Englightenment，中文书名为《卢梭与休谟：他们的时代恩怨》。
④ 大卫·埃德蒙兹、约翰·艾丁诺：《卢梭与休谟：他们的时代恩怨》，周保巍、杨杰译，上海人民出版社2016年版，第155页。

第八章 休谟与近代政治哲学

际贸易壁垒的坚定反对者;在政治上,卢梭主张彻头彻尾的变革,而休谟则天生是一个保守主义者:他主张谨慎的、缓慢的、渐进的变革,担心激进的变革会干扰不列颠精微的实用主义和脆弱的宪制平衡;至于人性,卢梭坚持认为,人性会随时间的变化而变化,也即人本性良善,但后来却走向了堕落。而休谟则认为,人性基本上是恒定不变的"[1]。当然,对于宗教的批判,两人也大相径庭。如此看来,休谟和卢梭的确在任何方面都存在巨大的差异,"是对彼此成就的尊重,是休谟对这位流离失所的流亡者的同情,是卢梭对于一个庇护所的需要,是他们共同的朋友,是那个时代的礼俗和风尚使他们走到一起"[2],并成为亲密的盟友。实际上,他们之间交往的根基很薄弱,就任何方面或任何领域的问题而言,他们的见解都大不相同,如果让他们两人展开一场严肃意义上的哲学对话,恐怕不会达成任何思想共识。丹尼斯·C. 拉斯穆森在《异端与教授:休谟、斯密与塑造现代思想的一段友谊》一书中也写道:"他们之间一共有 25 封书信来往。而在这 25 封书信中,休谟和卢梭完全没有讨论任何实质性的哲学问题,这和休谟与斯密之间的通信内容截然不同。休谟和卢梭之间的关系最终以分道扬镳而收场,这并非是他们之间思想差异的结果,而是他们之间人格品性上的巨大反差导致的不可避免的结局。"[3] 因此,休谟和卢梭的分道扬镳似乎是注定的,"休谟是一个理性之人,秉持怀疑主义,对一切都抱着'存疑'的态度,而卢梭是一个感性之人,生性孤僻、富于幻想、凡事都要分个是非对错"[4]。这种人格品性上的巨大反差似乎注定两个人最终会成为陌客。

虽然休谟和卢梭的分道扬镳并非源于思想碰撞或哲学对话,但就

---

[1] 大卫·埃德蒙兹、约翰·艾丁诺:《卢梭与休谟:他们的时代恩怨》,周保巍、杨杰译,上海人民出版社 2016 年版,第 155—156 页。
[2] 同上书,第 160 页。
[3] 丹尼斯·C. 拉斯穆森:《异端与教授:休谟、斯密与塑造现代思想的一段友谊》,徐秋慧译,格致出版社、上海人民出版社 2021 年版,第 191 页。
[4] 大卫·埃德蒙兹、约翰·艾丁诺:《卢梭与休谟:他们的时代恩怨》,周保巍、杨杰译,上海人民出版社 2016 年版,第 160 页。

政治哲学的形态和气质而言,两者的差异和分歧是异常清晰的。卢梭是近代契约论政治哲学的重要代表,其政治哲学的理论基础依然离不开近代自然法和自然权利学说的支持,而这一学说在休谟看来,都是未经经验证实的形而上学假设,无法为政治社会的建构提供合理性论证,而休谟的政治哲学则展现了一种完全不同于卢梭的新的思考路径和理论形态。如果说,卢梭代表了一种理性主义的政治传统,那么相比较而言,休谟则明显地代表了后来在哈耶克那里所划分开来的、所谓的演进主义的政治传统。这两种相互对应的政治传统进路,对后来西方政治思想的分野产生了重大影响。在此,做一个戏剧性的类比,休谟和卢梭的分道扬镳,似乎也意味着这两种不同的政治传统的分野。

二、休谟与功利主义政治哲学

在近代政治哲学史上,休谟不仅批判和解构了主流的契约论政治哲学,而且为19世纪功利主义政治哲学的兴起与形成,提供了直接性的理论基础和理论框架。那么,休谟是如何影响功利主义政治哲学的?他与功利主义政治哲学之间存在什么样的理论关联呢?

(一)功利主义政治哲学的理论基础:"功利"与"功利原则"

"功利"(utility)一词,来源于拉丁文"utilias",是利益、好处的意思。在英文中,"utility"有功利、功用、效用等意思。作为道德哲学中的重要概念,"功利"与"功利主义"完整观念是在近代功利主义哲学家杰里米·边沁(Jeremy Bentham)那里形成的。边沁并非"功利"一词首创者,他对功利概念的发展以及功利原则的提出,不可否认得自于休谟效用概念的启发。

对于功利主义原则,边沁说:"任何行动中导向幸福的趋向性我们称之为它的功利;而其中的背离的倾向则称之为祸害。"[①] 边沁将此功利原则定义为:我们对任何一种行为的道德判定,取决于这种行为是增

---

① 边沁:《政府片论》,沈叔平等译,商务印书馆1995年版,第115—116页。

加还是减少了我们的幸福,或者说是否实现了"最大化的幸福"(maximum happiness)。边沁的功利主义是以"个人的苦乐感受或个人利益"为出发点建立起来的,快乐与痛苦是能够量化计算的。"最大化的幸福"则必须依靠此行为所涉及的每个个体之苦乐感觉的总和,其中每个个体都被视为具有相同分量,且快乐和痛苦可以换算,痛苦仅是"负的快乐"。根据这种量化的计算,可以引申出边沁功利主义的结论:道德的标准在于功利,准确地讲,在于最大多数人的最大幸福,这被称之为"最大多数的最大幸福"原则。边沁认为,合乎道德的行为,实际上是使个人快乐的总和超过痛苦的总和的行为,凡是能带来快乐和幸福总量最大化的行为,就是一种道德行为,即"最大多数人的最大幸福"是善与恶的衡量标准。这就意味着:"它按照看来势必增大或减少利益相关者之幸福的倾向,亦即促进或妨碍此种幸福的倾向,来赞成或非难任何一项行动。"① 此外,除了作为判定个人行为的道德标准,"最大多数人的最大幸福"也是判定一切政府行为和立法行为的道德标准,这就意味着,政府的公共行为及其决策必须以追求和维护最大多数人的最大幸福或社会整体的最大幸福为依据和目的。边沁相信,将"最大多数人的最大幸福"作为个人行为和政府公共行为的道德标准和目的,是可行且内在一致的。

在边沁功利主义学说的基础上,约翰·斯图亚特·密尔(John Stuart Mill)② 通过修正和弥补边沁理论的缺陷,进一步发展和完善了功利主义学说。与边沁一样,密尔也将功利原则作为道德判定的标准,但在什么东西具有价值的问题上却存在分歧。边沁坚信快乐的获得和痛苦的免除是唯一具有价值的东西,密尔则认为只有"幸福"是唯一应当追求的东西。

在密尔看来,边沁的功利主义存在以下缺陷:第一,如果仅仅将快乐作为人生的最高目的,否定人有更高贵的追求,等于将人降格为动

---

① 边沁:《道德与立法原理导论》,时殷弘译,商务印书馆 2000 年版,第 59 页。
② "John Stuart Mill"有译为"约翰·密尔"的,也有译为"约翰·穆勒"的,两者均有使用,本文将使用最常见的"约翰·密尔"。

物,因而"那是全然卑鄙无耻的想法,是一种仅仅配得上猪的学说"①,显然密尔无法认同这一观点;第二,边沁将快乐的总量作为道德判定的标准并主张快乐可以计算,在密尔看来,这无法解释现实生活中的这种情况:一个坏人欺负一个弱者时,恶人作恶所得到的快乐的总量可能大于势单力薄的弱者所受的痛苦的总量,但如果称这种行为在道德上是可行的,则是极其荒谬的,道德显然不能只诉诸快乐的数量;第三,如果快乐和痛苦是可以计算的,并且只有数量上的差别,那么,人的行为和偏好的价值判定只能根据其所能提供给人的快乐的数量来确定,这就面临一个问题:我们如何测量和计算一种行为和偏好给我们带来的快乐和痛苦的多少呢?换言之,快乐和痛苦的数量难以衡量,我们在生活中根本无法找到衡量和计算快乐和痛苦的客观标准与方法。因此,边沁的功利主义的确存在理论上的缺陷。

为了回应批评者的攻击,密尔对边沁的理论作出了必要的修正。他提出快乐不仅有量上的区别,也有质上的区别。他说:"承认某些种类的快乐比其他种类的快乐更值得欲求,更有价值,这与功利原则是完全相容的。荒谬的倒是,我们在评估其他各种事物时,质量和数量都是考虑的因素,然而在评估各种快乐的时候,有人却认为只需考虑数量这一个因素。"② 所谓快乐品质的差别,是指人不仅有着肉体感官上的快乐,而且还具有相比于动物更为高尚的快乐,即精神上的快乐,主要是理智的、情感的、想象的以及道德的快乐。所以,根据幸福最大化原理,人类行为的最后目的就是在质和量两方面追求快乐。通过对快乐的量与质的区分,密尔实际上否定了行为的善与它所产生的快乐的数量成正比例的观点,显然这已经背离了纯粹的快乐主义理论。为了区别于边沁,密尔重构了幸福概念。在边沁那里,幸福是指快乐的增加与痛苦的减少(或免除痛苦);不幸福是指痛苦的增加和快乐的丧失,幸福与快乐的感受成正比,与痛苦的感受成反比。而在密尔看

---

① 约翰·穆勒:《功利主义》,徐大建译,商务印书馆2019年版,第9页。
② 同上书,第10页。

来，幸福是一个具有丰富内涵的概念，它涵括了各种各样的内容，既包括肉体性的，也包括精神性的，比如追求自由、崇尚德性、热爱艺术等，它们都是幸福的组成部分。密尔也不再将快乐作为道德判定的标准，而代之以幸福作为道德判定的标准和人生的最终目的。通过对幸福的解释，密尔完成了对边沁快乐主义理论缺陷的修正，以一种幸福主义功利原则代替了边沁的快乐主义功利原则。

不论边沁"快乐主义"和密尔的"幸福主义"存在多大的理论差异，他们始终在功利主义的基本原则上保持着高度的一致性，即：人类的行为完全以快乐和痛苦为动机，"功利"（快乐、幸福、利益等）是人类行为的唯一目的，也是对一切行为进行道德判定的准则。边沁和密尔都从人总是趋乐避苦的事实认定中推断出，人应该追求功利并且追求功利是正当的价值判断。密尔说："人生的终极目的，就是尽可能多地免除痛苦，并且在数量和质量两个方面尽可能多地享有快乐，而其他一切值得欲求的事物（无论我们是从我们自己的善出发还是从他人的善出发），则都与这个终极目的有关，并且是为了这个终极目的的……在功利主义者看来，这个终极目的既然是全部人类行为的目的，就必然也是道德的标准。"[①] 趋乐避苦是人的本性，也是人所追求的唯一目的，那么，快乐或幸福就必须成为对人们行为和偏好进行道德评判的根本准则。"关于'目的'的问题，换言之，就是关于什么事物是可欲的（或可追求的）问题，功利主义的理论，认为幸福是可欲的，是唯一作为目的而可欲求。一切其他的事物，只是作为致此目的的手段而可欲求"[②]。也就是说，以边沁和密尔为代表的功利主义者们从人趋乐避苦的事实中得出这样的结论："功利"是人的应然目的，应当以"功利"作为道德判定的基础。

从思想渊源上来看，功利主义来源于古希腊早已形成的快乐主义、近代经验论以及英国情感主义道德理论。昔勒尼学派的亚里斯提卜认

---

① 约翰·穆勒：《功利主义》，徐大建译，商务印书馆 2019 年版，第 14—15 页。
② 周辅成：《西方伦理学名著选辑》（下卷），商务印书馆 1987 年版，第 263 页。

为，追求快乐与避免痛苦是所有生物的本性，人生的唯一目的就是寻求快乐和愉快的感受，肉体的快乐与痛苦高于精神的快乐与痛苦。德谟克利特说："快乐和不适构成了那'应该做或不应该做的'的标准。"① 这里实际上已经提出了后来的功利主义的基本命题。苏格拉底认为，善不是别的，就是快乐；恶不是别的，就是痛苦。在这里，快乐与痛苦被视为衡量人们行为的依据。伊壁鸠鲁则说："快乐是幸福生活的开始和目的，"② 而且"幸福生活是我们天生的最高的善"③，这些快乐主义学说为近代功利主义的形成提供了思想渊源。近代经验论哲学家洛克说："事物所以有善、恶之分，只是就其与苦、乐的关系而言。所谓善就是能引起（或增加）快乐和减少我们痛苦的东西；要不然它亦得使我们得到其他的善，或消灭其他的恶。在反面说来，所谓恶就是能产生（或增加）痛苦或能减少快乐的东西；要不然，就是它剥夺了我们的快乐，或给我们带来任何痛苦。"④ 在前人思想的基础上，边沁明确将快乐与痛苦的感受性作为道德判定的准则。而英国情感主义道德哲学将情感作为道德之基础的思想，则为功利主义从功利角度解释道德行为及其道德现象提供了理论模式。

（二）休谟的"效用"概念：向功利主义的过渡

在近代功利主义的形成中，休谟作为一个关键的过渡性角色，长期以来被研究者们所忽略。而实际上，从哈奇森到边沁完备的功利主义体系的形成过程中的诸多延续和内在脉络，休谟在其中所扮演的角色是不容忽视的。具体而言，休谟在情感主义道德哲学中对"效用"（utility）概念的使用，对边沁产生了直接影响。

"效用"概念最早出现在《人性论》第二卷"论情感"中。在该卷，休谟坚持以"效用"作为道德评判的依据。之后于 1751 年发表的《道德原则研究》，是休谟对之前发表的著作——《人性论》第三卷

---

① 周辅成：《西方伦理学名著选辑》（上卷），商务印书馆 1987 年版，第 73 页。
② 同上书，第 103 页。
③ 同上。
④ 同上书，第 717 页。

"道德学"的改写。在该书中,休谟进一步明确了道德判定的四个标准:对自己有用、对他人有用、令自己愉悦、令他人愉悦。概括起来,一个是有用性(或效用性),另一个是愉悦性。他说:"有用性是令人愉快的,博得我们的赞许。"① 在这里,休谟明确地将"效用"作为道德评判的标准。后来的边沁——通常被大家视为功利主义(utilitarianism)② 的第一位系统的倡导者——在《政府片论》中承认自己是从休谟那里吸收的"效用原则",并特意指出休谟的"效用"概念为他重新思考和确立道德基础问题提供了重要启发。这句话出现在《政府片论》一个补充说明中,边沁宣称当他在阅读休谟的德性理论时,"顿时感到眼睛被擦亮了"③,而边沁的功利主义传统后来卓有成效地成为一种占统治地位的功利主义。鉴于这一特别的说明,不少研究者也因此视休谟为功利主义的先驱,并认为他将效用性作为道德评判的标准瓦解了道德的自然基础,从而对边沁和密尔产生了重大影响。效用原则在休谟这里究竟扮演着何种角色以及在何种意义上对后来的功利主义产生了影响?要澄清这些问题,我们有必要进一步地辨析休谟"效用"一词的含义。

休谟对"效用"的解释与众不同且颇为独到。他并没有从常规的方式,即个人对物品的占有着手,而是从他人或所谓的"旁观者"(spectator)对所有者利益的同情着手来进行解释的。所以要理解休谟的"效用"概念及其意义,必须依赖其"同情原则"和"旁观者理论"。比如,房主向他人夸赞自己的房子时,总要特别地指出房间的位置优势及其舒适程度等,因为旁观者能够通过同情体察到他的舒适与快乐,而这种舒适和快乐与人们的利益毫无关系,人们之所以快乐是因为通过同情感受到了房主的利益和快乐。所以,一个事物之所以能

---

① 休谟:《道德原则研究》,曾晓平译,商务印书馆 2001 年版,第 69 页。
② 将"utilitarianism"译为"功利主义"存在着诸多争议,因为功利主义的基本原则是寻求"最多数人的福祉最大化",所依凭的并非通俗意义上的功利、名利等,而是"效用"或"有用性",因此也有学者主张将其译为"效用主义""效益主义"等,但一般采用的是最常用的"功利主义"译法。
③ 边沁:《政府片论》,沈叔平等译,商务印书馆 1995 年版,第 149 页。

够得到人们的赞许，只能是因为它为所有者带来了利益，休谟将其称之为"利益之美"（beauty of interest）。事实上，这些利益与旁观者无关，但是之所以能够得到旁观者的道德肯定，是由于旁观者对所有者利益的同情。也即，旁观者们通过同情机制感受到了所有者获得利益后的快乐，从而给予道德赞许。可见，效用论并没有否定道德区分的自然根源，只是将这种根源归结为他人或"旁观者"的利益和幸福。"对于这些，我们虽然没有分享的希望，可是我们借着想象的活跃性而在某种程度上与业主分享到它们。"① 休谟将效用作为道德判定的标准，既不是像霍布斯那样将善恶归于个体性的意志或偏好，也没有像曼德维尔那样将德性视为一种完全人为构造的产物。休谟想表达的意思是：效用作为道德评判的依据和准则，在于效用给旁观者带来了愉悦感，而旁观者之所以产生愉悦感则因为他们通过同情体察到了效用给当事人带来的愉悦性。这样一来，效用产生的愉悦感就具有了道德意涵。简言之，在休谟的道德哲学中，效用性之所以作为道德评判的依据和标准，并非效用自身的缘故，而是效用所带来的愉悦感。效用性并不是人们进行道德评判的直接依据，而是效用性所产生的愉悦感构成了人们进行道德评判的直接依据。因而，一切对个人或社会有用的行为和活动，其道德评判的直接依据是因效用性所带来的愉悦感。因为"同情"机制的作用，我们得以对他人的感情感同身受，同时也使我们公正无偏，我们不仅能够考察效用给社会整体带来的效用，也能考察给他人所带来的私利，无论公益还是私利都会带来快乐，快乐的情感才是道德判断的依据。

在政治哲学相关讨论中，休谟考察了政治秩序与规则的起源及其所依赖的真实基础。同样，效用是通过与同情原则和旁观者的相互关联而产生道德意涵的。休谟正义理论的核心思想是，正义"乃是由于应付人类的环境和需要所采用的人为措施或设计"②。一方面，外部世

---

① 休谟：《人性论》（下册），关文运译，商务印书馆1980年版，第398页。
② 同上书，第513页。

界中财产具有稀缺性和易于传递性;另一方面,人类心灵的仁爱之心具有局限性,即自私大于同情,正义正是为了弥补人性和人类生存环境之间结合的不稳定而人为建构的发明物。总之,正义对于人类的生存和发展而言是"有用的"和"必需的",其"有用性"就在于它能有效弥补人性与自然环境之间实际状态的缺陷,从而达到维护人类公共利益的目的。如果一种规则能有效维护公共利益,那么,由于同情机制的作用,我们予以道德认同,反之,如果有损甚至破坏了公共利益,我们予以道德谴责。因为,实现社会和平所必需的长治久安,其核心就是正义,利己是遵守正义规则这一自然义务的基础,"而对于公益的同情是那种德所引起的道德赞许的来源"①。基于"对公益(或公共利益)的同情",便产生了正义感与非义感的区分。凡是遵守正义规则进而维护公共利益的行为,会引起人们的正义感,反之,凡是违反和破坏正义规则进而损害公共利益的行为,则引起人们的非义感。正义的"有用性"正体现为:它是维护和保障公共利益的手段和工具。

总之,在休谟的道德哲学中,"效用性"是进行道德评判的重要依据和标准,也是政治社会产生的真实基础。但是,引起人们道德赞许的直接原因,并非"效用性",而是"效用性"所引起的"愉悦感"这一"道德感"。效用性并不直接构成道德评判的依据,而是因其引起的愉悦感才具有了道德意涵。很显然,"效用性"在休谟的道德哲学和政治哲学中扮演着手段性或工具性的角色,并没有成为一种规范性原则。正如哈耶克所分析的那样,休谟的功利主义和后来边沁的功利主义是不同的,前者是解释性的,其重点是从功利的角度解释某种制度的起源,因此休谟不是一个严格意义上的功利主义者。就休谟在手段意义上对"效用"的强势使用而言②,他无论如何也不能被归入像边沁和密尔那样的"目的-效用"理论的功利主义者行列。但不可否认的是,休谟对"效用"的手段式或工具性使用,或从效用论的角度对道德评判

---

① 休谟:《人性论》(下册),关文运译,商务印书馆 1980 年版,第 536 页。
② 努德·哈孔森:《立法者的科学:大卫·休谟和亚当·斯密的自然法理学》,赵立岩译,浙江大学出版社 2010 年版,第 50 页。

问题和政治社会起源问题的解释和论证,为后来的哲学功利主义提供了富有意义的探索思路和理论框架。

(三)边沁、密尔与哲学功利主义的兴起

"功利主义"这一观念最广为人知的模样是直到边沁才塑造成型的。边沁在道德本质的哲学概念的基础上,第一个提出了功利主义规范性原则,从而发明了哲学上的功利主义。近代功利主义的完整体系,确切而言完成于边沁。然而,"功利"概念却并非由边沁首创。边沁对"功利"一词的使用,不可否认地来自于休谟效用概念的启发,并在此基础上进行了创造性转化。在《政府片论》第一章第三十六节中,边沁曾专门做了一个注释,指出休谟对其功利主义哲学观的形成所产生的重要影响。他写道:"当我读了这本著作中有关这个题目(指一切善德的基础蕴藏在功利之中——译者)的部分,顿时感到眼睛被擦亮了。从那个时候起,我第一次学会了把人类的事业叫做善德的事业。"[①] 很清楚,正是受到休谟《人性论》和《道德原则研究》的启发,边沁才进一步将效用论予以修正和完善,并发展出一套功利主义的原则和规范。边沁说:"任何行动中导向幸福的趋向性我们称之为功利;而其中的背离的倾向则称之为祸害。"[②] 功利主义原则表明,幸福的增减是评判行为及其活动道德与否的唯一准则。因此,功利原则一方面涉及个人的利益(个人自身行为的目的是追求快乐和幸福);另一方面涉及社会的整体利益,即最大多数人的最大幸福。这一整体利益或社会中善的最大化是区分一切个人行为及公共行为的唯一道德准则。即便后来的密尔在此基础上进一步修正和完善了功利主义理论,但其基本原则是始终如一的,即:利益的增减是道德判定的基础和依据,也是人类行为和活动的唯一目的。

那么,以边沁和密尔为代表的功利主义者是如何发展和运用了休谟的"效用"概念?"功利"原则与"效用"观念又有何本质区别?在

---

① 边沁:《政府片论》,沈叔平等译,商务印书馆1995年版,第149页。
② 同上书,第115—116页。

休谟道德哲学中,道德判定的依据是人们的道德感,即利益主体的"特殊的苦乐感"。"效用"不仅是道德判定的依据,也是解释人们行为与活动的依据。因而,"效用"(或有用性)无论是对个体行为而言,还是对公共政治行为而言,都因其能够带来情感上的苦乐反应而成为道德的基础与依据。很清楚,在休谟的论证思路中,"效用"在道德判定中所扮演的并非决定性角色,而仅仅是一种"工具性"角色,即:效用并不直接成为道德判定的依据,而是要经过促进公共利益(public interest)或公共效用(public utility)而引起愉悦感这一过程,效用所产生的愉悦感才构成道德判定的直接依据,情感才是决定性的判定依据。因此,在休谟那里,效用的作用也止于此——只是达至公共利益的手段和工具,既非人们行为和活动的唯一目的,也非判定人们行为正当与否的唯一价值原则。总之,"效用"在休谟那里,并不是一种规范性原则。

但是,后来功利主义的创始人边沁则不局限于休谟对"效用"的工具化解释,他第一次在休谟的基础上发展出了一套功利主义的规范性原则,或者说,边沁实际上并没有将休谟与功利主义者联系在一起,而只是向他借用了"效用"这个词,并在其基础上建立了他的功利主义体系,和休谟相比,边沁走得更远。之所以这么说,原因有二。其一,"效用"含义的扩展。约翰·布鲁姆(John Broome)认为,边沁扩大了效用的含义,从可计算的层面上讲,似乎一切都可以纳入理性计算范围加以权衡[1];其二,效用目的论的确立。在边沁看来,道德哲学和政治哲学的人性基础必须具有牢固可靠的原则,休谟对人性之两面性的解释不足以支撑道德哲学和政治哲学的建构。边沁指出,休谟把人视为一个利益主体的同时也承认了人有其慷慨和仁爱的一面,那么,利益就不是一种完全确定且具有规范性的原则,因而无法为道德哲学和政治哲学提供坚固的人性基础。因此,边沁声称他发现了这一牢不

---

[1] John Broome, *Utility*, *Ethics and Economics*, Vol. 1, Edward Elgar Publishing Limeted, 1996, pp. 110 – 111.

可破的基础,即"功利"。功利是人的基本天性,人总是趋乐避苦的,这是一个无需证明的事实,它不需要任何形式的形而上学辩护和先验神学论证,它是清楚的、无可争议的。"趋乐避苦"是人一切行为的根本动机和最终目的,也是道德评判的唯一基础和根据。这便是边沁功利主义的基本原则。在边沁的解释中,"功利"不仅被视为人之本性和道德判定之依据,更是人类行为和活动的应然目的。密尔同样持此观点。他们从人趋利避害的事实推导出人应当追求功利这一价值判断,在此,功利目的论获得了价值正当性。

与边沁同属功利主义阵营的密尔,在边沁基础上进一步修正和完善了功利主义原则,是功利主义坚定的捍卫者。密尔坚持对人类政治行为与现象的功利主义解释,他认为人类生活的根本性原则只能依赖于现实经验,在人类的现实利益和现实需要中去寻找。对人类政治行为和现象,也只能从利益的角度去加以解释和评价。

在密尔看来,我们应当从人类的实际利益、需要和经验习惯出发来寻找人类政治社会的根本性原则,解释人类政治生活和政治现象,因此,近代契约论政治哲学试图以理性主义的方式为人类政治生活和政治现象寻求根本原则和规范的主张是靠不住的。契约论者所谓的自然状态是不存在的,人类的原初生活状态就是社会状态,人在本性上寻求社会。政治社会或政府、国家并非契约理性的产物,恰恰是人类实际需要和经验习惯的产物,是人类现实利益诉求的产物。人们的政治义务或对权威的服从也并非出于契约论者所说的"许诺的义务",而是出于人们的现实需求和对现实利益加以权衡后的自然选择。也就是说,"功利"(最大多数人的最大幸福)是人类政治社会及其制度框架得以建立的原始基础,也是其合法性与正当性的判定准则。因此,密尔反对契约论政治哲学的理论基础——自然法和自然权利学说,他说:"凡是可以从抽象权利的概念(作为脱离功利而独立的一个东西)引申出来而有利于我的论据的各点,我都一概弃置未用。"[①] 他认为,契约

---

① 约翰·密尔:《论自由》,许宝骙译,商务印书馆1959年版,第12页。

第八章 休谟与近代政治哲学

论者所谓的抽象权利无论如何也无法推导出一个现实的政治社会及其制度框架,唯一能诉诸的合理解释只能是人类的现实需要——"利益",这才是政治社会建构的确定性基础。对人类政治社会及其制度框架的解释和评价只能建立在功利分析基础之上。政治社会及其制度框架是人类需要的产物,它对于人类而言,合理性在于其工具性,即增进人类福祉。当然,对密尔而言,这种福祉可以从质和量两个方面加以计算和评估。可见,"利益"或"功利"不仅是一切政治建构的基础和目的,也是衡量和评价一切政治建构的价值标准。

密尔对政治社会的"功利性"解释,从某种程度上而言符合了19世纪的思想要求,也清晰地展现了功利主义政治哲学独特的理论视角和理论框架。与契约论者以自然法和自然权利学说为基础进行政治哲学论证不同的是,功利主义者更强调从经验事实的领域寻求人类政治生活的基本原则和价值规范,其实质就是"把经验论与价值论结合起来,由经验的内容来规定价值标准"[①]。因而,"功利"就自然而然成为19世纪功利主义政治哲学的理论基础和理论框架。当然,需要强调的是,从近代政治哲学史发展的内在理路来看,在契约论向功利主义的转向过程中,休谟作为一个过渡性的角色,为功利主义提供了直接性的理论框架。换言之,从某种意义上而言,是休谟促成了后来哲学功利主义的兴起。

然而,与休谟相比,功利主义者则走得更远,他们不满足于休谟对"效用"的手段性运用,在此基础上完善并发展出一种具有规范性原则的"目的-效用"理论。功利原则是最高的规范性原则,是所有政治问题赖以评价的基础。不论是边沁还是密尔,其对功利主义的贯彻在理论上导致了与休谟一致的结论:对近代契约论政治哲学的解构。不论是休谟还是以边沁和密尔为代表的功利主义者,事实上都断然否定了契约论政治哲学的理论基础。休谟的经验论立场使他不可能接受近代契约论政治哲学的理论基础——自然法与自然权利学说,而功利主

---

① 黄伟合:《为功利主义辩护》,载《文汇报》1989年1月7日。

义政治哲学家将功利作为人的目的，事实上否定了人具有任何先天的目的和本质，也消解了自然权利论者的理论主张。然而，区别之处在于，边沁和密尔的功利主义解释，依然是基于休谟所反对的理性主义。无论是边沁还是密尔，他们都相信人们不仅能够通过理性的计算区分出行为和偏好带给人们快乐和痛苦的数量，以此作为道德判定的基础和依据，而且也可以通过理性的衡量建构一个正当的政治社会及其制度框架，实现个人利益和社会利益的一致。与边沁和密尔对理性的信任不同的是，休谟明确否定了理性优先于情感的观点，确立了情感在人性构成中的主导性角色，他反对一切以理性主义方法建构起来的道德秩序与政治秩序的根本性原则及其规范。如果让休谟来面对功利主义原则，他当然是持否定态度的，至于功利主义政治哲学家对"功利"从事实认定到价值认定的僭越性解释和运用，更是休谟所不能接受的。①

总之，"快乐"和"效用"的思想在休谟的道德理论中无疑是突出的，特别是在《道德原则研究》中。休谟用"效用"来描述和解释给人们造成影响的行为和品格所带来的令人愉悦的效果，以及用现实功利代替理性的先验原则的政治解释，不可否认地为19世纪功利主义的兴起提供了新的理论思路和理论框架。但是，一个毋庸置疑的事实是：不论是契约论还是功利主义，休谟都不能被归于其中任何一个阵营，它既不是契约论者，也不是功利主义者，即便他从某种程度上"为哲学功利主义开辟了空间"②。与功利主义者的"目的-效用"这一规范性原则相比，休谟的观点仍然是有其明确界限的。

---

① 这里实际上涉及休谟的"是-应当"问题，休谟认为，"是"与"应当"分别是理性和情感发挥作用的领域，两者的功能和运用领域是不能混淆的，从理性之所司的事实领域不能直接过渡到情感之所司的价值领域。在"道德学"的第一章第一节最后一段，休谟批评说，以往的道德理论家都是从各种各样的"是"和"不是"陈述开始，然后"突然"形成一些其系词是"应当"或"不应当"的陈述，但并未对这一过渡作出解释和说明。因此，边沁等功利主义者试图超越休谟而积极建构的功利原则的根据，正是休谟所批评和反对的从"是"推导出"应该"来的"自然主义的谬误"。

② Darwall Stephen, "Hume and the Invention of Utilitarianism", *Hume and Hume's Connexions*, edited by M. A. Stewart and John P. Wright, University Park: Pennsylvania State University Press, 1995, pp. 283 - 314.

结语

鉴于休谟政治哲学研究的相对薄弱，以及对休谟政治哲学或在整体理论或在具体观点上的诸种误解，本书在原典基础之上试图更为系统、全面而准确地梳理休谟的政治哲学思想。本研究始终秉承一个基本原则：立足原典。在休谟的文本基础之上展开分析和讨论，力求忠实于休谟的原意，从而准确理解和把握休谟的政治哲学思想。休谟政治哲学思想的系统表达主要集中于《人性论》的第三卷"道德学"，该卷是分析和理解休谟政治哲学思想最为核心的内容。此外，《道德与政治论文集》和《英国史》也是研究休谟政治哲学重要的补充文本。

本研究是从三个维度展开的。第一个维度是对休谟政治哲学基础理论的研究。通过本维度的研究发现，第一，休谟的政治哲学与整个人性科学研究直接相关并与人性科学研究保持着内在的理论统一性和连贯性。没有人性研究，政治哲学研究就是不可能的；没有政治哲学研究，人性科学研究就是不完整的。政治哲学是休谟人性科学体系中不可或缺的构成部分。在此意义上，休谟的政治哲学具有其自身完整的内在结构和内在逻辑。这一完整的结构和逻辑，一方面，表现在它与整个人性科学研究的结构和逻辑的内在统一；另一方面，表现在他的政治哲学具有自身独特的思考理路和思考框架。无论是其理论基础还是理论结构和逻辑都具有自身的连贯性、完整性和独特性。第二，对人性和人类生存的自然环境的经验考察是休谟政治哲学思考的逻辑起点，也是休谟政治哲学思考的独特理路。人性与人类生存的自然环境的实际状况共同构成了休谟政治哲学的内部依据与外部依据，而情感主义的德性论为休谟政治哲学提供了德性评判的理论框架和准则。因此，自然主义人性论与情感主义德性论共同构成了休谟政治哲学的基础。第三，作为休谟政治哲学基础的"人性论"，就其性质而言，是自然主义的而非经验主义的。第四，"正义"在休谟政治哲学中具有双重涵义：作为规则的"正义"和作为"德性"的正义。作为规则的正义，起源于人类的利益和需要，是人们为了应付人类的环境和需要所采取的人为补偿性的发明和设计。正义的内容是财产权，确立和稳定财产权是建立正义规则的核心所在，这是休谟政治哲学最独特最重要的内核。作为"德性"的正义或"正义"作为人为的德性，有两重意思：正义感和正义行为是一种德性，而非指正义的规则和制度是一种德行；正义感和正义行为都是在人为建立的正义规则之上产生的。因此，"正义"既是一种德性，又是"人为的"。休谟关于正义与正义感、政府与权威问题的讨论是其政治哲学研究的核心内容，这一理论具有不同于近代契约论政治哲学的自身独特性。休谟的政府理论是其正义理论的进一步延伸和扩展，是正义理论的制度性建构。正义理论和政府理论共同构成休谟政治哲学的核心内容。在这里，休谟指出了政府起源于保证正义规则能够被普遍遵守的需要而采取的人为建构，并不是人们契约理性的产物，而是人们出于对自身利益关切的经验产物。基于此，政府是有限的，它的职责仅在于维护和执行正义规则，必须受到法律的制约。至于政府的权威，其根源在于"利益"，而非"许诺"或"同意"，利益构成了人们服从政府权威的现实基础。而对于政体的看法，休谟认为共和制才是他理想中的最佳政治制度。

第二个维度着重于休谟的自由观、政治国家与市民社会关系理论的研究。休谟很少被纳入自由主义的视域中加以考察，人们并不认为他与自由主义之间存在多少关联。对于"休谟是否是一个自由主义者"，学界一直以来富有争议且难有定论。然而，以苏格兰启蒙运动之后所形成的"主义"来标示和界定休谟政治哲学的性质，的确不合实际且难有结论，因此，不如将这一问题转化为：从自由主义的视角出发，休谟政治哲学中包含了哪些自由主义的结论。从自由主义的角度审视，我们不难发现，休谟政治哲学中的确保留和坚持了诸多自由主义的基本原则和结论。就自由观而言，本书认为，休谟的自由是基于法治的自由；就国家观而言，休谟的经验论立场以及对理性性质和功能的解释，使他不可能接受近代国家学说的理性主义基础，因而他将国家视为人类实际需要的经验产物，国家的职责是维护和执行正义规则、保障社会的和平和稳定，这一职责决定了国家的权力界限，即国家的权力是有限的，国家是一种"有限国家"或"法治国家"。休谟对近代理性主义国家观的批判表明，在18世纪苏格兰启蒙语境中，"国家"与"社会"已经发生了明确的区分，因而，以休谟、斯密与弗格森为代表的苏格兰启蒙思想家们重新界定了"国家"与"社会"的关系，摆脱了以洛克和孟德斯鸠对"国家"与"社会"之关系的传统界定，走出了一条平衡"国家"与"社会"之关系的第三条道路，并强调"社会"先于"国家"。在此基础上，休谟充分肯定了商业社会的合法性，从而为市民社会的形成和商业文明的兴起提供了理论辩护。休谟与斯密、弗格森的政治哲学理论对18世纪苏格兰启蒙运动产生了重大而深远的影响。

第三个维度是考察休谟在西方近代政治哲学史上的地位及其意义。通过本维度的研究发现，休谟的经验论立场使他不可能接受近代契约论政治哲学的理论基础和理论框架——自然法与自然权利学说，也使得他拒绝一切对人类政治生活根本性原则的理性主义和形而上学的解释。休谟从"利益"和"需要"的角度解释人类政治建构的起源与基础，为后来19世纪功利主义政治哲学的兴起提供了直接性的理论框架。休谟在"契约论"向"功利论"政治哲学的转向中扮演了极为重要的过渡性角色，在政治哲学史上，其地位与意义是不容忽视的。

任何一种政治哲学理论和思想，无论其理论形态、思考方式和具体观点的论证存在多大的差异和不同，都隐含着哲学家们对现实时代与人类生活的强烈关怀。他们以各自不同的理论方式为人类政治生活寻求更为合理的基础和原则，也为人类社会生活与行为探求更为有效的规则与制度。他们的理论努力折射出对更为合理、文明、有序的人类社会共存规则和制度的追求与探索。正是这些丰富多彩的思想探索，为人们认识自我、理解所置身于其中的人类社会及其生活，提供了无限维度。休谟的探索，不仅为我们展现了一种独特的、审慎的政治哲学，也为我们深入理解和把握18世纪苏格兰启蒙运动思想的丰富内涵、独特气质以及现代意义提供了重要的启发。通过对休谟政治哲学的思考和研究，笔者意外地感触到，休谟政治哲学的思想姿态竟然与他温和的性格与审慎的为人惊人地相似。让我们用休谟的自评来作为本书

结语

最后的结尾吧！

　　我的为人，或者宁可说，我从前的为人（因为我现在说到自己时，应该用这种过去说法；这样一来，倒使我鼓起勇气来，吐露自己的意见），和平而能自制，坦白而又和蔼，愉快而善与人亲昵，最不易发生仇恨，而且一切感情都是十分中和的。我虽是最爱文名，可是这种得势的情感也并不曾使我辛酸，虽然我也遭遇过几度挫折。青年人和不自检束的人也乐与我相处，正如勤恳的人和致力文艺的人乐与我相处似的。我因为与谦抑的女子相处，觉得特别快乐，所以她们待我也很好，使我没有什么不满意的地方。总而言之，许多人虽然在别的方面都超卓，可是也往往遇到人的诽谤，致使自己不悦。至于我，则不曾被诽谤的毒齿所啮、所触。我虽然置身于各政党和各教派的狂怒之下，可是因为我对他们平素的忿怨处之泰然，他们反似乎失掉了武器。我的朋友们从来没有遇见任何机会，来给我的品格和行为的某些地方辩护。热狂的信徒们非不愿意捏造并传播不利于我的故事，但是他们从来找不出令人可以有几分相信的事实来。我并不是说，我对我自己所写的这种安葬演说中没有任何虚荣心在内，不过我希望，我这种虚荣心并没有错置了。这是一件容易弄明，容易稽查的事实。

参考文献

休谟的著作

David Hume, *A Treatise of Human Nature*, Edited by L. A. Selby-Bigge, Second edition by P. H. Nidditch, Oxford: Clarendon Press, 1978.

David Hume, *Enquiries concerning Human Understanding and concerning the Principles of Morals*, The 1777 edition, edited by L. A. Selby-Bigge; Third edition by P. H. Nidditch, Oxford: Clarendon Press, 1975.

David Hume, *Political Essays*, Edited by Knud Haakonssen, Cambridge University Press, 1994.

David Hume, *Essays, Moral, Political, and Literary*, edited by Eugine Miller, Indianapolis: Liberty Fund, 1987.

David Hume, *The Letters of David Hume*, Edited by Y. T. Greig, Oxford: Oxford University Press, 1932.

David Hume, *New Letters of David Hume*, Edited by Paymond Klibansky and E. C. Mossner, Oxford: Clarendon Press, 1954.

David Hume, *The Natural History of Religion and Dialogues concerning Natural Religion*, Oxford: Clarendon Press, 1976.

David Hume, *The History of England: From the Invasion of Julius Caesar to the Revolution in 1688*, 6 Vols. edited by William B. Todd, Indianapolis: Liberty Fund, 1983.

《人性论》，关文运译，郑之骧校，商务印书馆1980年版。
《人类理解研究》，关文运译，商务印书馆1957年版。
《道德原理探究》，王淑芹译，中国社会科学出版社1999年版。
《道德原则研究》，曾晓平译，商务印书馆2001年版。
《自然宗教对话录》，陈修斋、曹棉之译，郑之骧校，商务印书馆1962年版。
《宗教的自然史》，徐晓宏译，上海人民出版社2003年版。
《休谟政治论文选》，张若衡译，商务印书馆2010年版。
《休谟经济论文选》，陈玮译，商务印书馆1984年版。
《人类理智研究　道德原理研究》，周晓亮译，沈阳出版社2001年版。
《人性的高贵与卑劣：休谟散文集》，杨适译，生活·读书·新知三联书店1988年版。
《休谟散文集》，肖聿译，中国社会科学出版社2006年版。
《休谟论说文集：论政治与经济》，张正萍译，浙江大学出版社2011年版。
《休谟论说文集：论道德与文学》，马万利、张正萍译，浙江大学出版社2011年版。
《英国史》，刘仲敬译，吉林出版集团有限责任公司2012年版。

中文

[1]　柏拉图：《柏拉图对话集》，王太庆译，商务印书馆2004年版。

参考文献

[2] 柏拉图:《理想国》,郭斌和、张竹明译,商务印书馆2009年版。
[3] 亚里士多德:《政治学》,颜一、秦典华译,中国人民大学出版社2003年版。
[4] 涅尔谢相茨:《古希腊政治哲学》,蔡拓译,商务印书馆1991年版。
[5] 阿奎那:《阿奎那政治著作选》,马清槐译,商务印书馆1963年版。
[6] 格劳秀斯:《战争与和平法》,何勤华等译,上海人民出版社2005年版。
[7] 牛顿:《光学》,周岳明等译,北京大学出版社2007年版。
[8] 霍布斯:《论公民》,应星、冯克利译,贵州人民出版社2003年版。
[9] 霍布斯:《利维坦》,黎思复、黎廷弼译,商务印书馆1985年版。
[10] 洛克:《政府论》,叶启芳、瞿菊农译,商务印书馆1964年版。
[11] 洛克:《人类理解论》,关文运译,商务印书馆1959年版。
[12] 卢梭:《论人类不平等的起源和基础》,李常山译,商务印书馆1962年版。
[13] 卢梭:《社会契约论》,何兆武译,商务印书馆1980年版。
[14] 孟德斯鸠:《论法的精神》,许明龙译,商务印书馆2012年版。
[15] 亚当·斯密:《国富论》,郭大力、王亚南译,商务印书馆2015年版。
[16] 亚当·斯密:《道德情操论》,余涌译,中国社会科学出版社2003年版。
[17] 亚当·弗格森:《文明社会史论》,林本椿、王绍祥译,浙江大学出版社2010年版。
[18] 亚当·弗格森:《道德哲学原理》,孙飞宇、田耕译,上海人民出版社2005年版。
[19] 托马斯·潘恩:《潘恩选集》,马清槐等译,商务印书馆1981年版。
[20] 康德:《历史理性批判文集》,何兆武译,商务印书馆1990年版。
[21] 边沁:《道德与立法原理导论》,时殷弘译,商务印书馆2000年版。
[22] 边沁:《政府片论》,沈叔平等译,商务印书馆1995年版。
[23] 约翰·密尔:《代议制政府》,汪瑄译,商务印书馆1982年版。
[24] 约翰·密尔:《论自由》,程崇华译,商务印书馆1996年版。
[25] 约翰·穆勒:《功利主义》,徐大建译,商务印书馆2019年版。
[26] 约翰·穆勒:《约翰·穆勒自传》,吴良健、吴衡康译,商务印书馆1998年版。
[27] 伯纳德·曼德维尔:《蜜蜂的寓言:私人的恶德·公众的利益》,肖聿译,中国社会科学出版社2002年版。
[28] 托克维尔:《论美国的民主》,董果良译,商务印书馆2009年版。
[29] 汉密尔顿、杰伊、麦迪逊:《联邦党人文集》,程逢如等译,商务印书馆1980年版。
[30] 贡斯当:《古代人的自由与现代人的自由:贡斯当政治论文选》,阎克文、刘满贵译,商务印书馆1999年版。
[31] 伊丽莎白·S.拉德克利夫:《休谟》,胡自信译,中华书局2002年版。

[32] 巴里·斯特德:《休谟》,周晓亮、刘建荣译,山东人民出版社 1992 年版。

[33] 阿尔弗雷德·艾耶尔:《休谟》,曾扶星、郑莹译,中国社会科学出版社 1990 年版。

[34] 欧内斯特·C. 莫斯纳:《大卫·休谟传》,周保巍译,浙江大学出版社 2017 年版。

[35] 亚历山大·布罗迪编:《剑桥指南:苏格兰启蒙运动》,贾宁译,浙江大学出版社 2010 年版。

[36] 亨利·洛瑞:《民族发展中的苏格兰哲学》,管月飞译,浙江大学出版社 2014 年版。

[37] 卡尔·贝克尔:《18世纪哲学家的天城》,何兆武译,生活·读书·新知三联书店 2001 年版。

[38] 马克·戈尔迪、罗伯特·沃克勒编:《剑桥十八世纪政治思想史》,刘北成、马万利、刘耀辉、唐科译,商务印书馆 2017 年版。

[39] 列奥·施特劳斯:《自然权利与历史》,彭刚译,生活·读书·新知三联书店 2003 年版。

[40] 列奥·施特劳斯:《政治哲学史》,李天然等译,河北人民出版社 1998 年版。

[41] 列奥·施特劳斯:《霍布斯的政治哲学》,申彤译,译林出版社 2001 年版。

[42] 乔治·萨拜因:《政治学说史》,邓正来译,上海人民出版社 2015 年版。

[43] 迈克尔·H. 莱斯诺夫:《二十世纪的政治哲学家》,冯克利译,商务印书馆 2015 年版。

[44] 汤姆·L. 彼彻姆:《哲学的伦理学——道德哲学引论》,雷克勤等译,中国社会科学出版社 1990 年版。

[45] 努德·哈孔森:《立法者的科学:大卫·休谟和亚当·斯密的自然法理学》,赵立岩译,浙江大学出版社 2010 年版。

[46] 威尔·金里卡:《当代政治哲学》,刘莘译,上海三联书店 2004 年版。

[47] 迈克尔·欧克肖特:《政治中的理性主义》,张汝伦译,上海译文出版社 2003 年版。

[48] 以赛亚·伯林:《浪漫主义的根源》,吕梁等译,译林出版社 2011 年版。

[49] 以赛亚·伯林:《自由论》,胡传胜译,译林出版社 2003 年版。

[50] 以赛亚·伯林:《启蒙的时代》,孙尚扬、杨深译,译林出版社 2005 年版。

[51] 以赛亚·伯林:《自由及其背叛》,赵国新译,译林出版社 2005 年版。

[52] 艾伦·布卢姆:《美国精神的封闭》,战旭英译,译林出版社 2011 年版。

[53] A. 麦金太尔:《德性之后》,龚群、戴扬毅译,中国社会科学出版社 1995 年版。

[54] 阿拉斯代尔·麦金太尔:《谁之正义？何种合理性?》，万俊人等译，当代中国出版社 1996 年版。

[55] 拉齐恩·萨丽等:《哈耶克与古典自由主义》，秋风译，贵州人民出版社 2003 年版。

[56] 弗里德里希·冯·哈耶克:《哈耶克文选》，冯克利译，江苏人民出版社 2007 年版。

[57] 弗里德里希·冯·哈耶克:《自由宪章》，杨玉生等译，中国社会科学出版社 1999 年版。

[58] 弗里德里希·冯·哈耶克:《致命的自负》，冯克利译，中国社会科学出版社 2000 年版。

[59] 圭多·德·拉吉罗:《欧洲自由主义史》，杨军译，吉林人民出版社 2001 年版。

[60] 诺尔曼·P.巴利:《古典自由主义与自由至上主义》，竺乾威译，上海人民出版社 1999 年版。

[61] 戴维·罗伯兹:《英国史:1688 年至今》，鲁光桓译，中山大学出版社 1990 年版。

[62] 约翰·罗尔斯:《政治哲学史讲义》，杨通进、李丽丽、林航译，中国社会科学出版社 2011 年版。

[63] 约翰·格雷:《自由主义的两张面孔》，顾爱彬、李瑞华译，江苏人民出版社 2002 年版。

[64] 罗宾·科林伍德:《自然的观念》，吴国盛等译，华夏出版社 1999 年版。

[65] 约翰·格雷:《自由主义》，傅铿、姚欣荣译，台北桂冠图书股份有限公司 1991 年版。

[66] 约翰·罗尔斯:《道德哲学史讲义》，张国清译，上海三联书店 2003 年版。

[67] 霍布豪斯:《自由主义》，朱曾汶译，商务印书馆 1996 年版。

[68] 尼格尔·罗杰斯、麦尔·汤普森:《行为糟糕的哲学家》，吴万伟译，新星出版社 2006 年版。

[69] 克里斯托弗·贝瑞:《苏格兰启蒙运动的社会理论》，马庆译，浙江大学出版社 2012 年版。

[70] 克里斯托弗·贝里:《苏格兰启蒙运动中的商业社会观念》，张正萍译，浙江大学出版社 2018 年版。

[71] 克里斯托弗·贝里:《大卫·休谟:启蒙与怀疑》，李惯峰译，华中科技大学出版社 2019 年版。

[72] 阿瑟·赫尔曼:《苏格兰:现代世界文明的起点》，启蒙编译所译，上海社会科学院出版社 2016 年版。

[73] 丽莎·希尔:《激情社会——亚当·弗格森的社会、政治和道德思想》，张江伟译，华东师范大学出版社 2018 年版。

[74] 昆廷·斯金纳：《国家与公民》，彭利平译，华东师范大学出版社 2005 年版。

[75] 尼古拉斯·菲利普森、昆廷·斯金纳主编：《近代英国政治话语》，潘兴明、周保巍译，华东师范大学出版社 2005 年版。

[76] G. F. 穆尔：《基督教简史》，郭舜平等译，商务印书馆 1981 年版。

[77] 罗兰·斯特龙伯格：《西方现代思想史》，刘北成、赵国新译，中央编译出版社 2005 年版。

[78] 欧内斯特·莫斯纳、伊恩·辛普森·罗斯：《亚当·斯密通信集》，林国夫等译，商务印书馆 1992 年版。

[79] 唐纳德·温奇：《亚当·斯密的政治学》，褚平译，译林出版社 2010 年版。

[80] 皮埃尔·罗桑瓦隆：《乌托邦资本主义——市场观念史》，杨祖功、晓宾、杨齐译，社会科学文献出版社 2004 年版。

[81] 亨利·古耶：《卢梭与伏尔泰：两面镜子里的肖像》，裴程译，华东师范大学出版社 2010 年版。

[82] 大卫·埃德蒙兹、约翰·艾丁诺：《卢梭与休谟：他们的时代恩怨》，周保巍、杨杰译，上海人民出版社 2016 年版。

[83] 丹尼斯·C. 拉斯穆森：《异端与教授：休谟、斯密与塑造现代思想的一段友谊》，徐秋慧译，格致出版社、上海人民出版社 2021 年版。

[84] 斯图亚特·布朗：《英国哲学和启蒙时代》，高新民等译，中国人民大学出版社 2009 年版。

[85] 杰里·马勒编著：《保守主义：从休谟到当前的社会政治思想文集》，刘曙辉、张容南译，译林出版社 2010 年版。

[86] 李宏图：《理解苏格兰启蒙运动——李宏图与克里斯托弗·J. 贝瑞教授访谈录》，载《学海》2014 年第 1 期。

[87] 邓正来、J. C. 亚历山大主编：《国家与市民社会——一种社会理论的研究路径》，中央编译出版社 1998 年版。

[88] 阎吉达：《休谟思想研究》，上海远东出版社 1994 年版。

[89] 周晓亮：《休谟哲学研究》，人民出版社 1999 年版。

[90] 高全喜：《休谟的政治哲学》，北京大学出版社 2004 年版。

[91] 夏纪森：《正义与德性——哈耶克与休谟正义理论比较研究》，上海人民出版社 2009 年版。

[92] 宋宽锋：《论证与解释》，复旦大学出版社 2010 年版。

[93] 蒋先福：《契约文明：法治文明的源与流》，上海人民出版社 1999 年版。

[94] 王彩波：《西方政治思想史——从柏拉图到约翰·密尔》，中国社会科学出版社 2004 年版。

[95] 张桂琳：《西方政治哲学——从古希腊到当代》，中国政法大学出版 1999 年版。

- [96] 李强:《自由主义》,中国社会科学出版社 1998 年版。
- [97] 刘军宁:《保守主义》,天津人民出版社 2007 年版。
- [98] 唐士其:《西方政治思想史》,北京大学出版社 2002 年版。
- [99] 顾肃:《自由主义基本理念》,中央编译出版社 2003 年版。
- [100] 周辅成:《西方伦理学名著选辑》,商务印书馆 1987 年版。
- [101] 石元康:《当代西方自由主义》,上海三联书店 2000 年版。
- [102] 应奇:《从自由主义到后自由主义》,生活・读书・新知三联书店 2003 年版。
- [103] 王焱:《自由主义与当代世界》,生活・读书・新知三联书店 2000 年版。
- [104] 王焱编:《宪政主义与现代国家》,生活・读书・新知三联书店 2003 年版。
- [105] 朱德米:《自由与秩序——西方保守主义政治思想研究》,天津人民出版社 2004 年版。
- [106] 萌萌主编:《启示与理性——哲学问题回归或转向》,中国社会科学出版社 2001 年版。
- [107] 周保巍:《走向文明——休谟启蒙思想研究》,浙江大学博士学位论文,2009 年。
- [108] 杨伯峻译注:《孟子译注》,中华书局 2010 年版。
- [109] [宋]黎靖德编:《朱子语类》,中华书局 1986 年版。
- [110] 陈荣捷:《王阳明传习录详注集评》,华东师范大学出版社 2009 年版。
- [111] 严存生:《法律与自由》,南开大学出版社 1987 年版。

外文

- [1] Adam Ferguson, *An Essay on the History of Civil Society*, Cambridge: Cambridge University Press, 1995.
- [2] Adam Ferguson, *The Principles of Moral and Politicla Science*, London: A. Strahan and T. Ccdell, 1792.
- [3] Adam Smith, *Essays on Philosophical Subjects*, edited by W. P. D. Wightman, Oxford: Oxford University Press, 1980.
- [4] Adam Smith, *The Theory of Moral Sentiments*, edited by D. D. Raphael and A. L. Macfie, Oxford: Oxford University Press, 1976.
- [5] Alexander Broadie, *The Cambridge Companion to the Scottish Enlightenment*, Glasgow: Glasgow University *Press*, 2006.
- [6] Ann Bousfield, The Relationship between Liberalism and Conservatism: Parasitic, Competitive or Symbiotic?, Cambridge: Athenaeum Press, 1999.
- [7] A. Ryan, *The Idea of Freedom*, Oxford: Oxford University Press, 1977.
- [8] Ashley Cooper, Anthony, *Characteristics of Men*, *Manners*, *Opinions*

Timesed, edited by Lawrence E. Klein, Cambridge: Cambridge University Press, 1999.
[9] Baillie James, *Hume on Morality*, London: Routledge Press, 2000.
[10] Christopher J. Berry, *David Hume*, London: Bloomsbury Academic, 2009.
[11] Christopher J. Berry, *Essays on Hume, Smith and the Scottish Enlightenment*, Edinburgh: Edinburgh University Press, 2018.
[12] Christopher J. Berry, "Hume and Superfluous Value", in *David Hume's Political Economy*, edited by Carl Wennerlind and Margaret Schabas, London: Routledge, 2008.
[13] Christopher J. Berry, *The Idea of Luxury: A Conceptual and Historical Investigation*, Cambridge: Cambridge University Press, 1994.
[14] Darwall Stephen, "Hume and the Invention of Utilitarianism", *Hume and Hume's Connexions*, edited by M. A. Stewart and John P. Wright, University Park: Pennsylvania State University Press, 1995.
[15] David Boucher&Kelly. Paul (eds.), *Social Justice: From Hume to Walzer*, London and New York: Routledge, 1998.
[16] David Fate Norton, *The Cambridge Companion to Hume*, Cambridge: Cambridge University Press, 1993.
[17] David Miller, *Philosophy and Ideology in Hume's Political Thought*, Oxford: Oxford University Press, 1981.
[18] David Allan, *Virtue, Learning and the Scottish Enlightenment: Ideas of Scholarship in Early Modern History*, Edinburdh: Edinburgh University Press, 1993.
[19] David Kettler, *The Social and Political Thought of Adam Ferguson*, Columbus: Ohio state University Press, 1965.
[20] Donald W. Livingston, *Hume's Philosophy of Common Life*, Princeton: Princeton University Press, 1985.
[21] Donald W. Livingston&Marie Martin (eds.), *Hume as Philosopher of Society, Politics and History*, Rochester: Rochester University Press, 1991.
[22] Donald W. Livingston, *Philosophical Melancholy and Delirium: Hume's Pathoiogy of Philosophy*, Chicago: Chicago University Press, 1998.
[23] Duncan Forbes, *Hume's Philosophical Politics*, Cambridge: Cambridge University Press, 1975.
[24] Donald W. Livingston, " On Hume's Conservatism ", *Hume Studies*, vol. 21.
[25] E. C. Mossner, *The Life of David Hume*, Oxford: Clarendon

Press, 1980.
- [26] Ernst Cassirer, *The Philosophy of the Enlightenment*, Princeton: Princeton University Press, 1951
- [27] Franco Venturi, *Utopia and Reform in the Enlightenment*, Cambridge: Cambridge University Press, 1971.
- [28] Flew, Antony, *David Hume, Philosopher of Moral Science*, Oxford: Basil Blackwell Ltd 1986.
- [29] Frederick G. Whelan, *Order and Artifice in Hume's Political Philosophy*, Princeton: Princeton University Press, 1985.
- [30] G. Taylor, "Hume's View of Moral Judgments", in *David Hume: Critical Assessments*, vol. 6, edited by Stanley Tweyman, London: Routledge Press, 1995.
- [31] Hall Roland, *Fifty Years of Hume Scholarship: A Bibliographical Guide Edinburgh*, Edinburgh University Press, 1978.
- [32] Harrison, *Hume's Moral Epistemology*, Oxford: The Clarendon Press, 1976.
- [33] Herman, *How the Scots Invented the Modern World*, Portland: Broadway Books Press, 2002.
- [34] H. L. A. Hart, "Between Utility and Rights", in *The Idea of Freedom*, edited by A. Ryan, Oxford: Oxford University Press, 1977.
- [35] H. O. Mounce, *Hume's Naturalism*, London and New York: Routledge, 1999.
- [36] J. A. Herdt, *Religion and Faction in Hume's Moral Philosophy*, Cambridge: Cambridge University Press, 1997.
- [37] James Fieser (ed.), *Early Responses to Hume's Moral, Literary and Political Writings*, Bristol: Thoemmes Press, 1999.
- [38] James Fieser, "Hume's Motivational Distinction between Natural and Artificial Virtue", *British Journal of the History of Philosophy*, Vol. 5, 1997.
- [39] Jerry Z. Muller, *Conservation: An Anthology of Social and Political Thought from David Hume to the Present*, Princeton: Princeton University Press, 1997.
- [40] J. H. Burns (ed.), *The Cambridge History of Political Thought 1450~1700*, Cambridge: Cambridge University Press, 1991.
- [41] J. L. Mackie, *Hume's Moral Theory*, London: Routledge&K. Paul, 1980.
- [42] John Dwyer, *The Age of The Passions — An Interpretation of Adam Smith and Scottish Enlightenment Culture*, East Linton: Tuckwell Press,

1998.
[43] John B. Stewart, *The Moral and Political Philosophy of David Hume*, Columbia: Columbia University, 1963.
[44] John B. Stewart, *Opinion and Reform in Hume's Political Philosophy*, Princeton: Princeton University Press, 1992.
[45] John B. Stewart, *The Moral and Political Philosophy of David Hume*, New York: Columbia University Press, 1963.
[46] John Bricke, *Mind and Morality: An Examination of Hume's Moral Psychology*, Oxford: Clarendon Press, 1996.
[47] John J. Jenkins, *Understanding Hume*, Edinburdh: Edinburgh University Press, 1992.
[48] Jonathan Harrison, *Hume's Theory of Justice*, Oxford: Oxford University Press, 1981.
[49] John Rawls, *Lectures on the History of Moral Philosophy*, Boston: Harvard University Press, 2000.
[50] John Broome, *Utility, Ethics and Economics*, Vol. 1, Edward Elgar Publishing Limeted, 1996.
[51] J. P. Wright, *The Sceptical Realism of David Hume*, Manchester: Manchester University Press, 1983.
[52] Knud Haakonssen, *Natural Law and Moral Philosophy*, Cambridge: Cambridge University, 1996.
[53] Knud Haakonssen, *The Science of a Legislator: The Natural Jurisprudence of David Hume and Adam Smith*, Cambridge: Cambridge University Press, 1981.
[54] Knud Haakonssen, *Natural Law and Moral Philosophy*, Cambridge: Cambridge University, 1996.
[55] Knud Haakonssen (ed.), *The Cambridge Companion to Adam Smith*, Cambridge: Cambridge University Press, 2006.
[56] Laurence L. Bongie, *David Hume: Prophet of the Counter-Revolution*, Indianapolis: Liberty Fund, 2000.
[57] Leslie Stephen, *The History of English Thought in the Eighteenth Century*, Vol. 2, New York: Peter Smith Pub Inc, 1949.
[58] Llold L. Weinreb, *Natural Law and Justice*, Boston: Harvard University Press, 1987.
[59] Lorraine Besser, "The Role of Justice in Hume's Theory of Psychological Development," *Hume Studies*, Vol. 32, 2006.
[60] M. A. Stewart (ed.), *Studies in the Philosophy of the Scottish Enlightenment*, Oxford : Clarendon Press, 1990.

[61] M. G. Marshall, "Luxury, Ecomomic Development, and Work Motivation: David Hume, Adam Smith, and J. R. McCulloch," *History of Political Economy*, Vol. 32, 2000.

[62] N. Bobbio, *Thomas Hobbes and the Natural Law Tradition*, Chicago: Chicago Press, 1993.

[63] Norman Kemp Smith, *The Philosophy of David Hume: A Critical Study of Its Origins and Central Doctrines*, London: Macmillan and Co. Ltd, 1941.

[64] Paul Wood (ed.), *The Scottish Enlightenment: Essays in Reinterpretation*, Rochester: Rochester University Press, 2000.

[65] Paul Russell, *Freedom and Moral Sentiment: Hume's Way of Naturalizing Responsibility*, Oxford: Oxford University Press, 1995.

[66] Pocock, *Barbarism and Religion: Narratives of Civil Government*, Cambridge: Cambridge University Press, 1999.

[67] Raphael. D. D, *British Moralists: 1650 - 1800*, Oxford: Clarendon Press, 1969.

[68] R. G. Collingwood, *The Idea of History*, Oxford: Clarendon Press, 1946.

[69] Richard Posner, *The Problems of Jurisprudence*, Boston: Harvard University Press, 1990.

[70] Russell Hardin, *David Hume: Moral and Political Theorist*, Oxford: Oxford University Press, 2007.

[71] Snare, Francis, *Morals, Motivation, and Convention: Hume's Influential Doctrines*, Cambridge: Cambridge University Press, 1991.

[72] Stephen Buckle, *Hume's Enlightenment Tract*, Oxford: Oxford University Press, 2004.

[73] Stephen Buckle, *Natural Law and the Theory of Property Grotius to Hume*, Oxford: Oxford University Press, 1991.

[74] Terence Penelbum, *David Hume: An Introduction to His Philosophical System*, Purdue: Purdue University Press, 1992.

[75] Walter Brand, *Hume's Theory of Moral Judgment: A Study in the Unity of A Treatise of Human Nature*, Boston: Kluwer Academic Publishers, 1992.

[76] William Robert Scott, *Francis Hutcheson (1900)*, New York: Kelley reprint, 1966.

[77] William Robert Scott, *Francis Hutcheson: His Life, Teaching and Position in the History of Philosophy*, Cambridge: Cambridge University Press, 1900.

[78] William B. Todd (ed.), *Hume and the Enlightenment*, Edinburdh: Edinburgh University Press, 1974.

[79] W. L. Taylor, *Francis Hutcheson and David Hume as Predecessors of Adam Smith*, Durham: Duke University Press, 1965.

后记

临近不惑之年，忽感缘分这个东西似乎是注定的。记得读本科时，就有不少形而上学意义上的困惑，但因问题意识不清，胡乱读了一些书，曾被卢梭迷得神魂颠倒，后来又被海德格尔鬼使神差般地拐走，现在回想起来，多是一知半解，不得其要。后来仔细梳理自己关心的那些支离破碎的问题时才发现，它们都属于"政治哲学"这个学科范畴，同时也意识到卢梭和海德格尔在政治思想上并不那么"靠谱"。因此，回归并关注自洛克以来，到休谟、斯密的古典自由主义传统，似乎更符合我的问题关切、思想气质和观念倾向。休谟作为近代政治哲学史上的一个独特符号，进入了我的视野。

对休谟政治哲学的关注和研究，至今已有12年了，这本书算是我思考和研究的一个总结。由于时代问题意识和观念的巨大差异，理解和解读休谟的政治哲学还是颇有难度的。本书于2017年底完成初稿，当时还存在不少疑惑，觉得仍需进一步修改和完善，于是2019年赴英国格拉斯哥大学访学一年，在此期间，针对"苏格兰启蒙运动"这一主题进行补充性学习，并对文稿做了进一步修改。后虽成书，但总觉得研究没有达到完全的"通透感"，深度和广度还需拓展，偶有问题时常萦绕心头，即使兴趣转移，依然挥之不去，或许，这就是学术研究与思考的魅力所在。这也常常提醒我，需要始终保持好奇心和求知欲，持之以恒地思考，永无止境地探索。哲学问题永远不会有终极答案，那些永恒的、根本性的问题一直都在，我们所要做的就是，真诚地面对问题本身，面对当下的时代，不断调整自己的姿态，从那些伟大的头脑中去寻找启示和灵感，从而做一个启蒙了的现代人。学术研究的过程，其实就是我们与那些最伟大的头脑交流碰撞的过程，这一过程既是艰难的冒险，又是丰富的享受，既是思想的反复操练，又是心灵的自我完善，既带来了智性上的打磨，也带来了灵性上的扩张。当然，我们会或多或少地受到研究对象的影响，从而间接地塑造我们的思维方式和思想品性，对此我深有感触。休谟，他的温和、审慎与谦卑，不仅表现在个人性格上，也渗透于思想品性上，在阅读和研究中，潜移默化地引导着我们如何思考、如何生活以及如何做人。

政治哲学和现实的日渐疏离，似乎是这个时代知识人的共同感受。美国哲学家理查德·罗蒂生前来访中国，说过这样一句话："哲学有一种日益增长的无关紧要性（increasing irrelevance）。"的确，我也未曾避免这种怀疑：规范性的政治哲学研究究竟在多大程度上能够影响现实？它们的相关性何在？我们能够真切地感受到，似乎思想是一回事，现实逻辑又是另一回事。但这是否意味着我们应该失望和消沉呢？当然不是，即便现实不尽如人意，我们也不应失落和气馁，起码在这个复杂纷扰的时代，可以努力地去做一个清醒的、坚守底线和精神自救的人。哲学，是思想的事业，对于思想，我们当保持敬畏之心。

最后，我必须表达我的谢意。这本书能够完成得益于很多人的帮助和关怀。首先感谢我的硕士生导师宋宽锋教授，他为我的研究最早指明了方向，也是我从事政治哲学研究和思考的启蒙老师。读博期间，我的博士生导师佘碧平教授给了我莫大的鼓励和耐心细致的指导，使得我的研究得以深入，黄颂杰教授的一些建议也让我很受启发，两位老师对我格外关爱，心中感激之情难以言表。还应该感谢格拉斯哥大学的克里斯托弗·贝瑞教授和克雷格·史密斯博士，访学期间，两位指导老师在研究上对我给予了最热情的帮助，每周的定期会面都让我受益匪浅。还要感谢高全喜教授，高老师是国内最早从事休谟政治哲学研究的学者，成果丰硕且极具深度，2019年10月，高老师访问苏格兰，在两天的陪伴和交流中，请教了不少相关问题，获益良多。

本书从初稿到成书，时隔多年，觉得有不少问题尚需深入，修订工作总是走走停停，虽然今日成书，但诚惶诚恐，对于力不从心之处，只能留待日后继续完善。本书的出版得到了长安大学马克思主义学院的大力支持，在此深表谢意。复旦大学出版社的编辑对全文作了通读校对，并纠正了不少细节上的问题，感谢编辑老师的付出！

对于书中失当之处，盖由本人负责，敬请读者批评指正。

图书在版编目(CIP)数据

休谟政治哲学与苏格兰启蒙运动/汶红涛著.—上海：复旦大学出版社，2022.9
ISBN 978-7-309-16250-9

Ⅰ.①休… Ⅱ.①汶… Ⅲ.①休谟(Hume，David 1711-1776)-政治哲学-思想评论②启蒙运动-研究-苏格兰 Ⅳ.①B561.2②D0

中国版本图书馆 CIP 数据核字(2022)第 104929 号

休谟政治哲学与苏格兰启蒙运动
汶红涛 著
责任编辑/黄 丹

复旦大学出版社有限公司出版发行
上海市国权路 579 号 邮编：200433
网址：fupnet@fudanpress.com http://www.fudanpress.com
门市零售：86-21-65102580 团体订购：86-21-65104505
出版部电话：86-21-65642845
上海四维数字图文有限公司

开本 787×960 1/16 印张 18.75 字数 261 千
2022 年 9 月第 1 版
2022 年 9 月第 1 版第 1 次印刷

ISBN 978-7-309-16250-9/B·754
定价：68.00 元

如有印装质量问题,请向复旦大学出版社有限公司出版部调换。
版权所有 侵权必究